将就 1611—1680

——黄周星研究

胡正伟　著

中国出版集团　东方出版中心

图书在版编目（CIP）数据

将就：1611-1680：黄周星研究 / 胡正伟著. 一
上海：东方出版中心, 2022.12
ISBN 978-7-5473-2068-6

Ⅰ. ①将… Ⅱ. ①胡… Ⅲ. ①黄周星－人物研究
Ⅳ. ①K825.6

中国版本图书馆CIP数据核字（2022）第212975号

将就：1611—1680——黄周星研究

著　　者　胡正伟
策划编辑　马晓俊
责任编辑　黄升任
装帧设计　钟　颖

出版发行　东方出版中心有限公司
地　　址　上海市仙霞路345号
邮政编码　200336
电　　话　021-62417400
印 刷 者　上海万卷印刷股份有限公司

开　　本　890mm×1240mm　1/32
印　　张　10
字　　数　237千字
版　　次　2022年12月第1版
印　　次　2022年12月第1次印刷
定　　价　68.00元

目录

九煙小影

余何人會欬學本便圖弍幅紙
丗罡司仙圖真令阿枉止恥喻
將就主人言肇

黄周星像

（载于《夏为堂别集》，康熙二十七年刻本，藏于国家图书馆）

序

序

将就人生写精神

今年盛夏大暑后的一个傍晚，雷雨之后天又马上放晴，气温虽不算太高，但空气湿度较大，沉闷燥热。我正在书房的空调下面悠闲乘凉，突然一向沉默无语的手机铃声大作。本以为是推销产品的电话，我慢慢拿起手机，漫不经心地说了声打发应付对方的套话："请问哪位？""老师，我是正伟。"声音有点熟悉，再一看来电是北京地区号码，于是马上联想到，有一位二十多年前的研究生胡正伟在北京工作。于是，"你是胡正伟吗？"便脱口而出。"是的……"啊，果然是他，由于久未联系，心里不由得涌起一阵莫名的惊喜。

一

正伟是本世纪初进入南京师范大学文学院攻读古代文学硕士研究生的，经过双向选择，领导将他分到我名下。在我印象之中，他是一位朴实勤奋、学习认真的学生，攻读硕士研究生期间，就坚持给大学低年级同学讲授大学语文课，教学效果很好，深受大家欢迎。搞科学研究更是他的强项，他态度认真，一丝不苟，肯坐冷板凳，自然成果较多。南京师大的古代文学学科的科研有一个不成文的传统，一个人一生心无旁骛，主要研究一个专项，就是一个作家、一部书，或者一个流派专题。在前辈教授当中，唐圭璋先生一生从事宋词、金元词的收集整理，孙望先生专力于《全唐诗》补遗，诸祖耿先生搞《战国策》；老一辈的陈美林教授研究《儒林外史》，郁贤皓教授致力于唐代伟大诗人李白研究，谈凤梁教授研究《红楼梦》，李灵年教授研究《聊斋志异》，曹济平教授研究张元幹词，等等，都持续有几十年时间，好在天道酬勤，他们都取得了卓著的成就，不仅蜚声国内，在海外也产生了很大影响。这些专家的成功为我们开创了先河，指明了道路，也树立了榜样。有鉴于此，在历届研究生新生进校后的见面会上，我都会对他们提出一个小小的建议：入学后刚开始阅读面可以广阔，要留心最新的学术研究动态，最后注意选择一个作家，或一本书作为研究对象，这样比较容易成功；有些好的选题甚至可以研究一辈子。在这一届研究生论文开题座谈会上，正伟选择了明末清初的作家、学者黄周星作为研究对象，并陈述了理由，说明了已掌握的资料，又提出了研究思路和设想。他胸有成竹，又言之成理，经过反复论证，便得到导师组的首肯。由于他准备比较充分，论文写作比较顺利。

我历来主张做学问要注意考论结合，写论文则要考据、论述两者并重，不可缺一。正伟就是这样做的。其学位论文考据很有分量，如对于黄周星的姓氏名号、籍贯里居，生卒时间、地点等生平事迹的考证，颇见功力，旁征博引，言之有据，具有很强的说服力；其对于黄氏的文言小说、戏曲创作的分析、论述也比较到位，不乏精彩之笔。其学位论文在南京大学张洪生教授主持的论文答辩会上，不仅获得全票通过，而且深得评委的好评。在我印象中，他的学位论文是唯一没有被评委挑出瑕疵的作业，当然也是我指导的硕士学位论文中最优秀的一篇；可以毫不夸张地说，这篇学位论文在南京师范大学文学院前一段时期古代文学硕士学位论文中，质量名列前茅。当时，由于专门研究黄周星的论文不多，比较而言，这是一篇全面研究黄周星而且多有创见的论文。后来，论文公开后引起了学术界很多学人的关注。记得南京师大特聘教授董志翘先生刚从外地其他高校来到南京师大工作不久，就设法联系我。他的一位朋友想参考胡正伟撰写的研究黄周星的论文，希望我能提供论文原件。于是，我翻箱倒柜，找出论文文本，让他复印了一份，他马上办好寄去，他的友人如获至宝，论文也就派上了用场，产生了社会效益。我记得另外还有人来看过这篇论文，可惜由于记忆力衰退，具体细节已经想不起来了。这无疑说明，他的研究得到了社会的关注和肯定。

与其说正伟选择了研究黄周星，不如说是黄周星选择了胡正伟。一个真正的科研工作者，随时随地都在关注最新动态，推进自己研究项目的进展。离开南京师大之后，正伟并没有停止前进的脚步，心灵深处经常与古代历史文化名人进行超越时空的对话。他又继续收集材料，从事黄周星研究。黄周星是明清少数值得进行全面研究的作家、学者之一。他的诗歌、散文、文言小说、戏曲创作，他的曲论、小说评点，他的诗歌选集，等等，虽然有的门类成果有限，但都自有个性，取得独到的成就，都应该认真研究。有人说，黄周星的文言小说创作就是《补张灵崔莹合传》一篇，而戏曲就是传奇《人天乐》加另外两本杂剧，曲论《制曲枝语》仅仅一千三百多字而已。是的，没有错，他的这几类文学创作数量确实不多。君不见，扬州著名诗人张若虚一生只留下两首诗，而以《春江花月夜》一诗便赢得"孤篇压全唐"的美誉。这可以说明学术界并不单纯以作品数量来评论作家成就。黄氏的文言小说、传奇、曲论均被学术界公认为清初文艺创作和理论的佳构，都是不可多得的精品。一个严谨的学者，并不以创作数量论其短长。正伟在南京师大得到百年老校古代文学研究传统的熏陶，治学方法比较规范，他就是这样做的。他以硕士学位论文为基础，采用滚雪球的方法，以敏锐的科研眼光，勤奋读书，收集材料，不断扩大研究范围，孜孜不倦，坚持数年，终于汇成了研究专著《将就：1611—1680——黄周星研究》。他打来那个令我惊喜交加的电话，就是因他的专著刚刚杀青，希望我能写一篇序言。出于师生兼校友之间相互信任的情谊，我虽然目前精力不足，健康状况也不算太好，但当时就爽快地答应了他的请求。

二

《将就：1611—1680——黄周星研究》书稿，厚厚一叠，近三百页，拿在手里觉得沉甸甸的，很有分量。我披阅一过，反复审视，觉得正伟用心良苦，用力尤多，其黄周星研究已经进入了一个全新的阶段。概括起来，这本专著有几个特点：

其一，全面发力，思虑周详。这本研究专著涉及古代人物研究的各个方面，对其生平事迹，特别是姓名、居里、生卒、科举、生命历程以及交游，搜罗殆尽，考订精详；对其文学创作、文化领域的活动和建树，举凡他的诗文、文言小说、戏曲创作，曲论、小说评点、诗歌选集，等等，都有比较深入的探讨。本书已经建立起全面研究历史人物的基本架构，其中有些研究还比较深入，比如，在硕士学位论文基础上进行的人物姓名字号、籍贯里居、生父养父、生卒时间地点的考据，综合各家意见，运用多种文献证据，提出新的见解，具有相当强的说服力。尽管各个方面研究用力有多有少，但已经为更加深入全面的研究指明了前进方向，打下了坚实基础。这不仅是黄周星研究的新成果，而且在黄周星研究史上具有里程碑意义。

其二，考据缜密，多可定谳。考据是作者多年积累起来的看家本领，在这本专著中，作者考据的功夫比较成熟，各种手法左右逢源，运用自如。旁征博引，兼采百家，自不待言。难能可贵的是他还有所发明创造。在考订黄周星姓名过程中，他发现，作家巧妙地运用其戏曲《人天乐》中主要人物轩辕载，隐喻作者黄周星自己，作为有力旁证。因为轩辕就是黄帝，隐喻黄姓；载，射"星一周"，即"周星"。这样，《人天乐》中的主要人物轩辕载，明白无误，就是隐喻作者黄周星。这不是所谓的索隐方法，而是一种神奇的特殊论证方法。大家都知道，作家个人独立创作的小说、戏曲以及诗文等文艺作品中，在其第一号正面人物身上，或多或少都有作者的自我寄托，从古至今无不如此。其中古代小说表现较为明显，清代讽刺小说《儒林外史》中的杜少卿，就是作者吴敬梓本人的写照，其友人金和称，杜少卿"乃先生自况"（金和《儒林外史跋》）；《红楼梦》中贾宝玉就是作者（未必是曹雪芹）的化身，很多人认为，小说《红楼梦》就是作者的自传；《老残游记》中的老残，就是作者刘鹗本人的精神寄托。现当代小说则更加明显，"激流三部曲"第一部《家》中的觉慧就有作家巴金的影子，《林海雪原》中主要人物少剑波的形象，就是作者曲波战斗历程的真实反映，《青春之歌》中女主角林道静的革命道路，就是女作家杨沫本人战斗生涯的再现，等等。现代文学史上创造社著名作家郁达夫说："我觉得'文学作品，都是作家的自叙传'这一句话，是千真万真的。"（《过去集·创作生活的回顾》）他创作了不少自传体小说，无论《出奔》《沉沦》，还是《银灰色的死》；不论是运用第一人称，还是第三人称，其小说都是"表现自我"的自叙传。诚如正伟在专著中所言："从某种意义上说，张灵这个由历史走进小说的人物形象就是艺术化了的黄周星。"（《将就》第二章第二节）说明他的思路就是如此。因此，本书考订的结论大多可以一锤定音。我相信，有学术见识的读者都能够明鉴。

其三，论述明畅，新见迭出。作者构思严谨，思路清晰，条理清楚，自有令人信服的力量。第一章第三节，作者论述黄周星七十年的人生历程，用"痛并快乐着"概括，应该说比较准确。黄周星虽然是科举的幸运儿，于明崇祯十三年（1640），高中二甲第四十一名进士。他本来可以取得一个理想的官职，实现治国平天下的抱负；但天有不测风云，无奈养父去世，只好守制丁忧三年。而三年之后，又物是人非，明清易代，狼烟四起，战火纷飞，只能颠沛流离，浪迹四方。为了生计，只好以教书糊口。同时，他在写诗之外，兼搞文艺创作、曲论研究，选编诗集等文化活动。这样将就走完了七十年的艰辛历程。他的痛苦，被作者分为"身世之感""家国之痛""治生之艰""苍生之苦"，还是实事求是，相当准确的。他的快乐则分为"进学之顺""子嗣之喜""山水之趣""交游之乐"，也比较允当稳妥。人生的每一层内涵、每一种况味，均有简洁的分析说明，恰到好处。值得注意的是，正伟在分析论述的同时，常常出现灵感，加以适当发挥，就成为精彩文字，这也是专著的闪光之处。在分析文言小说《补张灵崔莹合传》的细节描写时，他忽然由张灵投虎丘剑池自戕的细节，联系到作家黄周星最后自沉的归宿，这不是一种巧合，而是天意。黄氏从自己笔下的人物身上受到启发，进而来安排自己的人生结局。当然也可以解释为，黄氏本来就考虑将来以投水作为归宿，因此在创作文言小说时，就先安排在寄托自己理想的主要人物身上。无论选择哪一种解释，这一观点都是可信的，因为文学作品中的一号正面人物身上，肯定有作者的投影。这就是专著的新颖观点，就是新意所在。有了新意，著作就有了价值，有了生命。

其四，语言有味，可读性强。一本比较成熟的古代文学研究论著，大多以浅近的文言来呈现内容。这样，论著语言与研究对象所处时代的语言环境比较接近。其优点在于文言比较精练干净，表现力强；读者阅读论著仿佛置身于古代社会，觉得论著内容更加真实可信，更愿意接受研究成果。其缺点就是语言有点枯燥，有时显得生硬、冷漠，与当今语言习惯有一定差距，易于产生阅读疲劳。这部专著想方设法，力避此弊，巧妙地嵌入一些中外文学名著中的名句，以及当代一些顺应潮流的语句。比如，"生存还是毁灭"，是莎士比亚著名戏剧《哈姆雷特》中的经典名言，"人生自是有情痴"是脍炙人口的古代诗词名句，"诗与远方""痛并快乐着"等等，则是当今妇孺皆知，耳熟能详的话语。这些语句虽然数量不多，但如电光石火，深入人心，具有一种神奇魅力。读者在可能遭遇疲倦时，中枢神经受到刺激，又马上兴奋起来。这样，就有效地加强了可读性。所以，这本专著不同于老学究式的论文，显示出一个目光敏锐，与时代潮流同步的研究者的蓬勃朝气与无限生机。

三

说来话长，我十多年前退休之后，又接受南京师大泰州学院和中北学院的返聘，连续从事教学活动十来年时间。自从三年前第二次退休之后，便隐身于山水田园之间，闲居在紫金山东麓小山脚下的一座居民小区，读读书，看看报，散散步，偶尔写点小文章，如闲云野鹤，悠然自得；自然也成了被社会遗忘的角落，与外界的联系基本中断。当今社会生活节奏特别快，年轻人事情多，工作忙，子女们知道我不通庶务，没有与我交流的兴趣，于是我的手机也就成为摆设，多年来也一直使用老人手机。偶尔听到铃声，不是推销，就是贷款、装修等骚扰电话。自新冠疫情以来，外出办事，医院看病，银行取款不能扫码，手机里也没有任何行程记录，只好老老实实走老年通道，填写身份证号码，既费时间，又麻烦工作人员。怎不？我们退休教师居住的小区，三年来一直是低风险地区，2021年小区东大门尚且可以测温放行，2022年3月没有疫情居然关门大吉。到了7月份，管控翻新，东大门一律刷脸通行。在职教师可以自动抬杆，退休人员却难以识别。本来十分钟就可以到学校医院看病拿药，到西区食堂用餐，现在只好绕道仙隐北路，来回要走两个小时。于是我们退休老年人往往只能闲坐家中，百无聊赖。一个长期关在笼中的断鸿，自然想与外界交流。这时能听到一个久不联系的熟人的声音，不啻天外福音。那么，惊喜之情也就不足为怪了。更令人惊喜的是，正伟携研究专著而来。

正伟以这本专著当然可以跻身于古代文学研究专家的行列，但并不意味他的研究到了终点，可以止步歇脚。举例来说，专著人物交游考部分做得不错，但人数似乎不多。黄氏纵横江苏、浙江、安徽、湖南很多地域，到过南京、苏州、扬州、镇江、常州、杭州、嘉兴、湖州、芜湖、湘潭等大都会，这些地方算是大码头，不仅交通便捷，车水马龙，而且人文荟萃；他本人并非等闲之辈，既是进士出身，又是著名诗人。所到之处，肯定能得到当地文人的及时呼应，有关方面的诸多关照。他晚年还被浙江地方当道热情推荐出山为官，就是最好的证明。以此估计其交游人数不少，当不在百人以下。现有资料中交游线索还有不少，应该再加以考索挖掘，肯定有助于精确了解其思想和性格，更加准确地对人物进行评价和定位。这是一个值得讨论而且非常有意义的严肃课题，需要挖掘历史背后的更多细节与真相。

黄周星研究还有很多事要做，而现在要研究黄周星经常会遇到一些困难。黄氏文学创作门类不少，诗歌、散文、戏曲、文言小说都有涉及；学术研究方面有曲论、小说评点、唐诗选集，等等。但资料比较零碎、分散，给研究学习带来不少困难。这一现状与当下的文化生态不太相称，所以，编辑出版一本《黄周星全集》成为当务之急。现在全国上下形势喜人，政通人和，国泰民安，文化出版事业兴旺发达，整理出版黄周星的全部著作，正当其时。看来各方面条件都已成熟，可谓万事俱备，只欠东风。我想，正伟刚过不惑，年富力强，正是处在科研的黄金时代，也是多出成果、快出成果的阶段。多年来他对黄周星研究有素，各种材料十分熟悉，堪称黄氏知音。加之其思维敏捷，读书勤奋，应该是整理黄氏著作的合适人选。不知正伟能否将其列入科研计划？黄周星的著作是中国古代文化艺术宝库中一颗闪烁着奇光异彩的明珠，绝对不会缺位。虽然已经有点迟到，但报到时间屈指可数，指日可待。估计富有战略眼光的出版社也会饶有兴趣，热忱支持。这是一个功在当代、利在千秋的大项目，希望学术文化界多方努力，共襄盛举，玉成其事。当然这只是一种设想和建议，正伟的教学科研工作千头万绪，时间也比较紧张，最终要看正伟自己的安排。期望在不久的将来能看到正伟新的学术研究成果问世。

壬寅年立秋日草于金陵亚东仙林茶苑百世堂，时年七十有七。

沈新林

2022 年 8 月 8 日

引言 细说从头

在赵瓯北（1727—1814）笔下，才不甚大的元遗山（1190—1257），"值金源亡国，以宗社丘墟之感，发为慷慨悲歌，有不求而自工者"。[①]幽兰夜火，乔木秋风，沧桑的文字背后永远都是曾经鲜活的生命。或许，瓯北终究也未能体会数百年前的遗山的心事，就像今天的人们难以理解数百年前将就一生的黄周星。

1234年隆冬，退守蔡州（今河南省汝南县）近两年的金哀宗完颜守绪（1198—1234）目睹溃败之势，决绝地表示："古无不亡之国。亡国之君往往为人囚絷，或为俘献，或辱于阶庭、闭之空谷。朕必不至于此。卿等观之，朕志决矣。"[②]在将皇位传给元帅完颜承麟（1202—1234）后，于幽兰轩自缢而亡。旋即，

---

① 赵翼. 瓯北诗话 [M]. 北京. 人民文学山版社，1963：117.

② 脱脱等. 金史 [M]. 北京：中华书局，1975：402.

在南宋和蒙古南北夹击之下，蔡州沦陷。金末帝完颜承麟在突围中为乱军所杀——金朝覆亡。

前此，时任翰林知制诰的元好问（号遗山）与金朝大批留守官员在汴京（今河南省开封市）被俘，继而被押往聊城（今山东省聊城市）拘系羁管。在此期间，他痛心于金朝有天下一百一十余年后的沦亡，创作了广泛而深刻地反映国破家亡现实与白发累臣心境的丧乱诗，并心生纂辑一代诗史之志，以彰显金源正统，缅怀宗主故国："每以著作自任，以金源氏有天下，典章法度，几及汉、唐，国亡史兴，己所当为。……曰：不可遂令一代之美，泯而不闻"。① 晚年以国亡史作，己所当任，构"野史亭"，著述其上，凡金源君臣遗言往行，采撷所闻，有所得辄以寸纸细字为记录，杂录金源世事至百余万言。

诗人的心志、建树与时代的关系，得到了评论家的确认与强化。清代学者顾嗣立在《元诗选》中说："先生（按，元好问）天才清赡，邃婉高古，沈郁太和，力出意外。巧缛而不见斧凿，新丽而绝去浮靡。杂弄金碧，糅饰丹素，奇芬异彩，动荡心魄。以五言为雅正，而出奇于长句。杂言乐府不用古题，新意特出。歌谣慷慨，挟幽并之气。晚年尤以著作自娱。……自中原板荡，风雅道衰。汴京之亡，故老都尽。先生蔚为一代宗工，以文章独步者几三十年。"② 兼具史学家与文学家身份的赵翼（号瓯北）则在《题遗山诗》里作出定性："国家不幸诗家幸，赋到沧桑句便工。"

金元易代400年后，烽烟再起，神州陆沉。

审视任何一种历史文化现象的生成与变迁均不可忽视气候、地理因素。具体到明清鼎革，就不得不提及"明清小冰期"。在气象史上，

---

① 郝经. 郝文忠公陵川文集 [M]. 太原：山西人民出版社，2006：479.
② 顾嗣立. 元诗选 [M]. 北京：中华书局，1987：5.

自15世纪至19世纪，全球气候呈现下降趋势，高纬度、高海拔地区处于酷寒模式。在中国，以17世纪平均气温最低，在很多年份的冬季秦岭淮河以南地区屡屡跌至冰点，甚至在五岭以南地区也出现了霜雪。[①]科学研究表明，作物的生长与气候关系密切；对于北半球来说，一般情况下，随着温度的下降，适宜作物生长的区域在纬度上势必南移。与气温下降相伴而生的是降雨量的锐减，屡现天道亢旱，赤地千里。[②]特定区域出现极端气候对于底层民众的打击几近于致命：

> 自去岁一年无雨，草木枯焦。八九月间，民争采山间蓬草而食，其粒类糠皮，其味苦而涩，食之仅可延以不死。至十月以后而蓬尽矣，则剥树皮而食。诸树惟榆皮差善，杂他树皮以为食，亦可稍缓其死。迨年终而树皮又尽矣，则又掘其山中石块而食。石性冷而味腥，少食辄饱，不数日则腹胀下坠而死。民有不甘于食石而死者始相聚为盗，而一二稍有积贮之民遂为所劫，而抢掠无遗矣。有司亦不能禁治。间有获者亦恬不知怪，曰："死于饥与死于盗等耳，与其坐而饥死，何不为盗而死，犹得为饱死鬼也。"[③]

一岁无雨，乃至旱灾频仍，加之黄河流域气温入冬之后快速降低，食不果腹，衣难蔽体，基本就是民生常态了。极端情况下，饥民们为了活命只能吃蓬草、吃树皮、吃石，甚至出现"人相食"的惨剧。"气候变化，尤其是对人类的生存环境产生不利影响的变化，会对人类社会的政治、

---

① 竺可桢. 中国近五千年来气候变迁的初步研究 [J]. 中国科学，1973（2）：168-189.

② 陈关龙，高帆. 明代农业自然灾害之透视 [J]. 中国农史，1991（4）：8-15.

③ 计六奇. 明季北略 [M]. 北京：中华书局，1984：105-107.

经济、文化等方面产生种种消极影响，甚而是一种毁灭性的打击，这在明清易代这一重大历史事件上表现得尤其突出"。①曾经煊赫一时的大明帝国在小冰期的苦寒里走进风雨飘摇、山河破碎的17世纪。

早在16世纪末，农民起义已渐呈星火燎原之势。万历十六年戊子（1588），刘汝国在今安徽、江西、湖北交界处领导上万农民起义。紧随其后的1589年，李园朗、王子龙在广东始兴、翁源一带起义。危及王朝政局的局部区域暴动、起义由万历朝绵延至天启朝。天启七年丁卯（1627），饥寒交迫的陕北澄城农民与戍卒在青黄不接中再起暴动，拉启了明末农民起义的大幕。崇祯二年己巳（1629），陕西户部侍郎南居益在《请发军饷》奏疏中说：

> 去岁阖省荒旱，室若磬悬，野无青草，边方斗米，贵至四钱。军民交困，嚣然丧其乐生之心，穷极思乱，大盗蜂起，劫杀之变，在在告闻。适青黄不接，匮乏难支，狡寇逃丁，互相煽动，狂锋愈逞，带甲鸣锣，驮驰控弦者，千百成群，横行于西安境内。耀州、泾阳、三原、富平、淳化、韩城、蒲城之间，所过放火杀人，劫财掠畜，庐舍成墟，鸡犬一空。泾、富二邑，被祸尤酷。屠掠淫污，惨不忍言，即有存者，骇鹤惊风，扶老携幼，逃窜无门。时势至此，百二河山，危若累卵，揆厥所由，皆缘饥军数数鼓噪，城中亡命之徒，揭竿相向，数载以来，养成燎原之势，遂至不可向迩。②

李自成、张献忠领导的义军在生存遭遇挑战之际，铤而走险，揭竿而

---

① 李忠明，张眹丽.论明清易代与气候变化之关系［J］.学海，2011（5）：159-163.

② 计六奇.明季北略［M］.北京：中华书局，1984：104.

起。数年之间，义军迅速发展，明王朝的内控形势已经危如累卵。

与此同时，天下的局势也在气候的影响下悄悄发生着变化。

随着气温降低，来自西北的季风持续延长，加之雨水匮乏，自北向南，万碛千山，平川沃野，渐成穷荒绝漠。这对北方游牧、渔猎民族的生存造成了压力，并不断激发其东进、南迁的动力。

万历四十四年丙辰（1616）正月，爱新觉罗·努尔哈赤（1559—1626）在赫图阿拉（今辽宁省新宾县境内）称"覆育列国英明汗"，立国号"大金"（史称后金），成为后金大汗，年号天命。东北部地理、气候对农牧，尤其是"耕田艺谷"所带来的影响，是促使努尔哈赤统一各部进而反明的不容忽视的重要因素。后金天命三年，万历四十六年戊午（1618），努尔哈赤以"七大恨"[①]告天，将战略重点从原先统一女真诸部转移到南下中原上，从而开启了后金与明朝决裂并最终颠覆朱明王朝的大幕。《清史稿·太祖本纪》中说：

> 太祖天锡智勇，神武绝伦。蒙难艰贞，明夷用晦。迨归附
> 日众，阻贰潜消。自摧九部之师，境宇日拓。用兵三十余年，

① 据《清实录·太祖高皇帝实录》："我之祖父，未尝损明边一草寸土，明无端起衅边陲，害我祖父，此恨一也；明虽起衅，我尚修好，设碑勒誓，凡满汉人等，无越疆土，敢有越者，见即诛之，见而顾纵，殃及纵者，讵明复渝誓言，逞兵越界，卫助叶赫，此恨二也；明人于清河以南，江岸以北，每岁窃逾疆场，肆其攘夺，我遵誓行诛，明负前盟，责我擅杀，拘我广宁使臣纲古里、方吉纳，胁取十人，杀之边境，此恨三也；明越境以兵助叶赫，俾我已聘之女，改适蒙古，此恨四也；柴河、三岔、抚安三路，我累世分守，疆土之众，耕田艺谷，明不容刈获，遣兵驱逐，此恨五也；边外叶赫，获罪于天，明乃偏信其言，特遣使遗书诟言，肆行凌辱，此恨六也；昔扈达助叶赫二次来侵，我自报之，天既授我哈达之人矣，明又挡之，胁我还其国，已而哈达之人，数被叶赫侵掠，夫列国之相伐也，顺天心者胜而存，逆天意者败而亡，岂能使死于兵者更生，得其人者更还乎？天建大国之君，即为天下共主，何独构怨于我国也？今助天谴之叶赫，抗天意，倒置是非，妄为剖断，此恨七也！"

建国践祚。萨尔浒一役，翦商业定。迁都沈阳，规模远矣。比于岐、丰，无多让焉。[①]

两年后，努尔哈赤乘万历皇帝去世之际集结了大量的军队攻打明朝，迅速占领了沈阳、辽阳等地。后金天命十年乙丑（1625）早春，努尔哈赤迁都沈阳——在力所不能及的前提下，都城迁移自东向西的经度变迁作为权宜之计，在一定程度承载着努尔哈赤率领部族自北向南实现纬度变迁的初衷与期待——当然，这一期待需要到1644年才得以最终实现。

从西北义军的狼烟四起到东北后金的虎视眈眈，明王朝应对时局的窘迫可以在崇祯十年丁丑（1637）出任兵部尚书的杨嗣昌所采取的军事筹备中窥得一斑：

> 嗣昌因定议：宣府、大同、山西三镇兵十七万八千八百有奇，三总兵各练万，总督练三万，以二万驻怀来，一万驻阳和，东西策应。余授镇监、巡抚以下分练。延绥、宁夏、甘肃、固原、临兆五镇兵十五万五千七百有奇，五总兵各练万，总督练三万，以二万驻固原，一万驻延安，东西策应。余授巡抚、副将以下分练。辽东、蓟镇兵二十四万有奇，五总兵各练万，总督练五万，外自锦州，内抵居庸，东西策应。余授镇监、巡抚以下分练。汰通州、昌平督治二侍郎，设保定一总督，合畿辅、山东、河北兵，得十五万七千有奇，四总兵各练二万，总督练三万，北自昌平，南抵河北，闻警策应。余授巡抚以下分练。又以畿辅重地，议增监司四人。于是大名、广

---

① 赵尔巽等.清史稿［M］.北京：中华书局，1977：18.

平、顺德增一人，真定、保定、河间各一人。蓟辽总督下增监军三人。议上，帝悉从之。[①]

随着辽东后金迅速崛起，不断出兵南犯，辽东边防空虚，军民困甚，供应艰难。为了应付这笔庞大的军费，万历四十六年戊午（1618），明神宗先后三次下令加派全国田赋，时称"辽饷"。这一笔军费由神宗末年的五百二十万银两，至崇祯初年增至六百六十万银两。杨嗣昌主事后，以势有缓急，请先行畿辅、山东、河南、山西。"至是，复增剿饷、练饷，额溢之。先后增赋千六百七十万，民不聊生，益起为盗矣。"[②] 辽饷、剿饷、练饷——明末"三饷"的加派非但无济于事，反而激起了全国人民的强烈不满。

天灾人祸，内忧外患。在荒寒的大环境下，农民起义、辽东战事和绵延半个世纪的东林党争交相作用，彻底动摇了王朝的根基。汪有典在《贺文忠传》中对明季之势有着冷峻的认识："崇祯之季，满目尽燎原之火，举世无可寝之薪，而大臣宰相犹坐啸从容，曲徙之计不闻，焦烂之事不预，巢且焚如，有笑无跳。斯其所以为狂国也，夫不亡何待。"[③] 自明天启七年丁卯（1627）饥民王二于陕西澄城首义，经过十三年的辗转与蓄势，至崇祯十三年庚辰（1640）底，以李自成、张献忠为首的农民义军在对抗由杨嗣昌、孙传庭统领的明朝官军过程中占据了主动。李自成据河洛以取天下，势不可当：

> 冬十月，自成陷潼关，传庭死，遂连破华阴、渭南、华、商、临潼。进攻西安，守将王根子开东门纳贼。……改西安曰

---

① 张廷玉等.明史［M］.北京：中华书局，1974：6510.
② 张廷玉等.明史［M］.北京：中华书局，1974：6515.
③ 汪有典.史外［M］.同治三年庐陵寻乐山房重刻本.

长安，称西京。……自成兵所至风靡。……移攻兰州，甘肃巡抚林日瑞等亦死。进陷西宁，于是肃州、山丹、永昌、镇番、庄浪皆降，陕西地悉归自成。又遣贼渡河，陷平阳，杀宗室三百余人。①

崇祯十七年甲申（1644）正月初一，李自成于西安称王，定国号大顺，年号永昌，改名自晟。两个月后，他旌麾东指，以摧枯拉朽之势，入山西，经大同，径取京师。崇祯帝朱由检于是年农历三月十九自缢于煤山（今北京景山）。就在这个节点上，历史经由偶然的细节昭显了深隐其后的必然。走进京城的踌躇满志，正在酝酿着一场"恸哭六军俱缟素，冲冠一怒为红颜"的闹剧。据传，时任明朝驻山海关总兵吴三桂因爱姬陈沅（别名陈圆圆）为李自成部下刘宗敏掠去，加之，其父吴襄被执，直接导致吴三桂转而求助尚在关外的多尔衮。经山海关一战后，李自成率军节节败退，退守西安。清军于五月二日进入北京城。嗣后十月，清朝定都北京，在历经近二十年之后，再次向南迁移。

"甲申年总不失为一个值得纪念的历史年。规模宏大而经历长久的农民革命，在这一年使明朝最专制的王权统治崩溃了，而由于种种的错误却不幸换来了清朝的入主，人民的血泪更潜流了二百六十余年。这无论怎样说也是值得我们回味的事。"②三百年之后郭沫若所谓的"回味"，对于明清鼎革易代之际的人们而言可能不是回味那么冲淡平和与悠远绵长！王朝覆灭带来的错愕与惊惧，士大夫阶层首当其冲，言及国难，痛心疾首，切齿泣血：

---

① 张廷玉等.明史［M］.北京：中华书局，1974：7957.
② 郭沫若.甲申三百年祭［M］.北京：人民出版社，2004：1.

清初，代明平贼，顺天应人，得天下之正，古未有也。天命既定，遗臣逸士犹不惜九死一生以图再造，及事不成，虽浮海入山，而回天之志终不少衰。迄于国亡已数十年，呼号奔走，逐坠日以终其身，至老死不变，何其壮哉！ ①

由明入清的遗民群体蔚为大观。即便是同样遭遇少数民族政权入主中原的国变，由金入元、由宋入元的遗民在数量上也难以相提并论。明代程敏政（1446—1499）《宋遗民录》记录南宋遗民王炎午、谢翱等十一人的事迹和遗文。其后，《广宋遗民录》采辑旧闻，扩而广之，搜集了四百余人。仅《清史稿·遗逸一》所录"遗逸"之士就达五十四人。当然这实际上只是遗民中极小的一部分。清末孙静庵《明遗民录》所录达八百余人，"而其所遗漏者，尚汗漫而不可纪极也。"②身负生存的艰难而能坚定地抗争，明清之际的遗民堪称"最"。顾炎武（1613—1682）诗作《精卫》对此予以形象、含蓄地记录与传达：

> 万事有不平，尔何空自苦。长将一寸身，衔木到终古？
> 我愿平东海，身沉心不改。大海无平期，我心无绝时！
> 呜呼！君不见西山衔木众鸟多，鹊来燕去自成窠。③

作为遗民群体中的领袖人物，顾炎武在清兵南下后参加了昆山、嘉定一带的人民抗清起义。精卫志在填海，顾炎武志在恢复，退而求其次以"立言"，应该说这种情志的诗作在遗民诗人群体中并不鲜见，以期同声相应、同气相求。

---

① 赵尔巽等.清史稿［M］.北京：中华书局，1977：13815-13816.
② 孙静庵.明遗民录［M］.杭州：浙江古籍出版社，1985：372.
③ 顾炎武.顾炎武全集［M］.上海：上海古籍出版社，2011：331.

如果将甲申之变的本质界定于"亡国"，其心灵震撼更多作用于以士大夫为主体的遗民群体，随后的乙酉之难则可称之为"亡天下"：

四月十九日，清豫王自亳州陆路猝至扬州，兵甚盛，围之。时史可法居城内，兵虽有，能战者少，闭门坚守，不与战。清以炮攻城，铅弹小者如杯，大者如罍。堞堕，即修葺。如是者数次。既而炮益甚，不能遽修，将黄草大袋盛泥于中，须臾填起。清或令一二火卒侦伺，守兵获之，则皆欢呼曰："擒了鞑子矣，进去请赏！"可法赐以银牌，俱喜，殊不知清师甚众。可法日夜待黄得功，等兵至与战。围至六日，乃廿五丁丑也，忽报曰："黄爷兵到矣。"望城外旗帜信然，可法令开门迎入。及进旧城，猝起杀人，有如草菅。众知为大清人所绐，大惊，悉弃甲溃走。百姓居新城者一时哗叫曰："鞑子已入旧城杀人矣。"众不知所为，皆走出城。走不及者被杀，凡杀数十万人。所掠妇女称是，无一人得存者，扬城遂空。①

另据王秀楚《扬州十日记》："自四月二十五日起，至五月五日止，共十日，其间皆身所亲历，目所亲睹，故漫记之如此，远处风闻者不载也。后之人幸生太平之世，享无事之乐；不自修省，一味暴殄者，阅此当惊惕焉耳！"②在"扬州十日""嘉定三屠"凡此种种惨无人道的杀戮暴行以至"剃发令"等民族压制政策强推过程中，罹难的远超天子朝臣的范围。顾炎武《日知录》卷十三《正始》："易姓改号，谓

---

① 计六奇.明季北略［M］.北京：中华书局，1984：204-205.
② 王秀楚.扬州十日记［M］//王云五.明季稗史初编.上海：商务印书馆，1936：476.

之亡国；仁义充塞，而至于率兽食人，人将相食，谓之亡天下。是故知保天下，然后知保其国。保国者，其君其臣肉食者谋之；保天下者，匹夫之贱与有责焉耳矣。"①即便清朝统治者也采取了一些笼络汉族士大夫阶层的手段，被天下将亡点燃的民族气节却熊熊燃烧了半个世纪。

> 依然花雨与秋风，台阁苍凉感慨同。
> 六代兴亡流水外，百年歌哭夕阳中。
> 故乡仅见黄冠返，高座何妨汉语通。
> 地老天荒吾辈在，一樽谁酹大江东。②

天崩地解，烽烟弥漫，正是在此时，黄周星走进了人们的视野。不过，于黄周星们而言，不幸的是"天下"，是"国"，也是"家"，更是他们升浮沉沦、将将就就的一生。

在黄周星去世300年后的1980年，中国古代文学理论学术讨论会在武汉召开。作为会议论文集，由郭绍虞主编的《古代文学理论研究（第四辑）》在一年后出版刊行。关于古代文学理论中的现实主义问题的一组文章，反映了这次会议的主要议题，也是论文集的重心所在。不过，在围绕现实主义创作方法、《文心雕龙》理论体系、风骨美学内涵等热点问题展开的近三十篇论文中，黄周星及其《制曲枝语》出现在人们的视野中。白云《黄周星说"趣"》一文就"制曲之诀"切入，

---

① 顾炎武.顾炎武全集［M］.上海：上海古籍出版社，2011：526.
② 黄周星.仲夏同诸子登雨花台集高座寺［M］//前身散见集编年诗续钞.民国二十八年《南林丛刊次集》铅印本.

指出"黄周星所说之'趣'是指能唤起人们的快感——激发喜怒哀乐之情的艺术手段,而不只是指'令人可喜'者"。①新时期伊始,黄周星的相关研究从文学理论角度实现了突破。

与《制曲枝语》密切相关的《人天乐》。事实上,《制曲枝语》是黄周星在戏曲创作实践的基础上总结出来的戏曲理论,而黄周星戏曲创作实践的主要成果是传奇《人天乐》。1985年,龙华在《试论黄周星及其〈人天乐〉传奇》一文中认为随着时间的推移,黄周星的戏曲作品逐渐为人们所遗忘,而其戏曲论著倒产生广泛的影响,但有关作者的身世,传奇作品的分析,戏曲理论的评价,还有较大的争论和不同的意见,于是他在考证黄周星身世的基础上,分析了《人天乐》的思想内涵,并对《制曲枝语》作出了价值判断。诚如龙文所言:"以往关于黄周星的创作和曲论的研究工作没有很好地开展,现今有必要进行深入的探讨,这对开拓中国文学史和戏曲史的科研领域是有重要意义的。"②1987年,黄建华发表《论散曲的"难"与"易"——从黄周星的"三难""三易"说谈起》。黄文认为,魏良辅、李笠翁、吴梅等戏曲批评史上的大家视散曲创作比起词来愈变愈难,或失之于抓住一点而过分渲染,或失之于攻其一点而不及其余:很少有讲得全面中肯的;难得的倒是明末清初并不太出名的曲论家黄周星,在其篇幅不大、也很少为时人及后人所注意的著作《制曲枝语》中,对此问题析之以"三难""三易",给出了比较简明扼要、持平公允的评说。当然,黄文的落点并不在于黄周星或者《制曲枝语》,而是散曲体式的文学史意义,"散曲比之诗词是愈趋愈易,愈趋愈宽,它在诗歌发展史上,向自

① 白云.黄周星说"趣"[C]//郭绍虞.古代文学理论研究:第四辑.上海:上海古籍出版社,1981:110.

② 龙华.试论黄周星及其《人天乐》传奇[J].中国文学研究,1985(1):11-23,10.

由化和白话化的方向大大前进了一步"。^①令人欣慰的是，经过20世纪
80年代的拓荒后，黄周星的相关研究已悄然走向更为开阔的文艺领域。

1990年，《文史知识》刊登了赵齐平的文章《既情深而兴雅亦恻
恻而洒落》，赏析黄周星的词作《满庭芳·送友人还会稽》，认为是作
"流露出不肯屈仕新朝的湖海之士的豪气，既情深而兴雅，亦恻恻而洒
落，于古今送别词中可谓生面别开"。^②赵文虽为赏析文章，却为学界
进一步打开了观照黄周星的视野。

文献的收集、整理是学术研究的基础工作。柯愈春1991年对黄
周星著述进行梳理，在《屈原式诗人黄周星的著述及其散佚》一文
中，《夏为堂诗略刻》（顺治十三年刻本，南京博物馆藏）、《夏为堂别
集》（康熙二十七年刻本，北京图书馆，按国家图书馆藏）、《九烟先生
遗集》（道光二十九年刻本，中国科学院图书馆藏）、《周九烟集》（咸
丰三年刻本。按柯文：据《贩书偶记》载，另有《周九烟集》三卷、
《外集》三卷，咸丰三年唐昭俭编刊；今未见此书）、《九烟诗钞》（民
国七年上海有正书局铅印本，首都图书馆藏）、《前身散见集编年续钞》
（按，当为：前身散见集编年诗续钞）（民国二十八年上海华丰印刷所
铅印《南林丛刊次集》本，国家图书馆藏）等不同版本的黄周星著述
得到了绍介，作者在此基础上指出，"黄周星……于诗文、书画、篆
刻，以至戏曲、小说、天文等等，无不精通"。^③相较于20世纪80年
代学术领域对黄周星最初的关注聚焦于《制曲枝语》《人天乐》戏曲领
域，柯文更看重黄周星文艺创作的诸多建树，尤其是其屈原一般诗人

① 黄建华.论散曲的"难"与"易"——从黄周星的"三难""三易"说谈起
　［J］.上海大学学报（社会科学版），1987（1）: 61-64.
② 赵齐平.既情深而兴雅亦恻恻而洒落——黄周星《满庭芳·送友人还会稽》试析
　［J］.文史知识，1990（3）: 37-41.
③ 柯愈春.屈原式诗人黄周星的著述及其散佚［J］.高校图书馆工作，1991
　（2）: 38-40, 59.

的身份，为黄周星的相关研究初步厘定了文献基础与研究范围。

1997年，吴圣昔在《明清小说研究》上发表《〈西游证道书〉撰者考辨》一文，将柯文提及的"小说"予以落实。《西游证道书》是清代《西游记》第一部笺评本，也是《西游记》重要版本之一。相比明代百回本《西游记》，《西游证道书》的最大贡献在于增加了唐僧出身的故事，并在后世得到了普遍认可，影响巨大。黄永年早在1993年中华书局出版的《西游记》前言中就认为，黄周星是《西游证道书》的主要编纂评点人。吴文对介乎汪象旭与黄周星之间而存在争议的、笺评并作改编的《西游证道书》的撰者进行考辨，提出了与黄永年不同的观点，"就目前已经了解的资料来看，说《西游证道书》的撰者（包括《西游记》的改编和评点）是汪象旭，或者说是汪象旭和黄周星，都是正确的；相反，若说是黄周星，而根本不可能包括汪象旭，则显然缺乏应有的根据"。[1] 通过对《西游证道书》撰者的考辨，学界对黄周星的认知、关注得到了强化。而更为全面的研究，尚有待展开。

2003年，胡正伟《黄周星研究》在吸收前人研究成果的基础上，第一次从生平、交游、创作等方面对黄周星展开了全面研究。论文认为：黄周星是明清之际为数不多的值得作整体研究的作家。其身世坎坷，人生颇多曲折而能坚守民族气节至终老。其姓氏名号、籍贯里居、卒年卒地等问题存在很多争议。论文在着力解决这些问题的基础上，爬梳勾勒出黄周星的人生轨迹。论文结合历史时局，在遗民群体中审视黄周星颠沛流离的人生，追寻其遍及闽越吴湘的足迹，择要再现了其交游历程。论文认为，黄周星在诗歌、文言小说、戏曲等文艺创作

---

[1] 吴圣昔.《西游证道书》撰者考辨［J］.明清小说研究，1997（2）：59-69.

领域乃至戏曲理论研究领域均有所建树，总体上呈现出鲜明的主体性、时代性等特征：其诗歌思想丰富、情感充沛、形式灵活、风格独特，为明遗民诗的繁荣做出了贡献；其文言小说、戏曲创作既有厚重的现实价值又闪耀着理想的光辉，文言小说的艺术成就尤为突出；其戏曲理论立足于自身的戏曲创作实践，侧重于戏曲文本创作方法的探讨，有不少真知灼见，在戏曲理论史上有一席之地。尤为值得一提的是，论文结合史料文献，参校作家文艺创作，为黄周星从1611到1680年的生命历程考订了年谱。[①]作为黄周星研究的第一篇学位论文，《黄周星研究》承先启后，考论结合，为后续研究的深入、细化完成了开创性、基础性的工作。

在《黄周星研究》之后，黄周星研究的专题乃至热点逐渐形成，主要涉及黄周星的生平行状、戏曲创作与戏曲理论、《西游证道书》署名与评点、诗文小说等文学创作整体及个案、诗歌选本及文艺思想等诸多领域。

其一是生平行状研究。

2007年，陆勇强发表《黄周星生平史料的新发现》一文，指出陈轼《道山堂前集》"文四"中的《黄九烟传》增补了黄周星的生命片段与剪影，或为他人所未及，或不同于流行的说法，其史料价值不容忽视。陆文考辨了明朝亡后黄周星曾南下福建，在南明隆武朝任礼科给事中；另外，认为陈轼《黄九烟传》传记提供了黄周星的另一死因，即拒绝应博学鸿词科试，而当道者逼之，于是投水自杀。[②]

2009年，王汉民《黄周星行实系年》一文根据黄周星创作的诗文

---

① 胡正伟.黄周星研究[D].南京：南京师范大学，2003：1-50.
② 陆勇强.黄周星生平史料的新发现[J].暨南学报（哲学社会科学版），2007（5）：136-138，156.

和戏曲，以及其友人的有关记述，对其一生的交往和创作作考证和梳理。^①同年，赵兴勤在《黄周星之死及其他》一文中，就黄周星研究中存在不同说法的两个问题展开讨论：一是黄周星投什么河而死的问题，二是黄周星死于何年何月的问题。赵文认为黄周星所投之水乃浔溪，即浔河，而时间则当以七月二十三日为准；至于学界以为黄周星自沉于五月五日一说，赵文进一步分析其背后的真相是：矢志为国、至死不渝的贞烈杰士是引放逐沅湘、"怀忧苦毒，愁思沸郁"、愤而投江的屈原为同调的。之所以选择五月五日殉国，实欲踵前人之迹。^②2010年，张静、唐元先后在《文史知识》发表《诗人、酒人、畸人——黄周星》^③《是殉国？还是求仙？——也谈黄周星之死》^④对黄周星作知识性的介绍，并继续探讨了黄周星的死因，认为黄周星之死并不是为了追念故国或反抗新朝，而是求仙飞升。

2012年，在《黄周星研究》的基础上，胡正伟发表《黄周星交游考及其他》《明清之际遗民黄周星生平考略》两文。《交游考》一文指出黄周星身阅鼎革，在颠沛流离中，足迹遍及闽越吴湘，交游甚广，进而梳理了黄周星与陶汝鼐、徐枋、丁蔼生、杜浚、吕留良、林茂之、尤侗、吴之振、吴嘉纪、钱谦益、黄宗羲等人交游始末，认为黄周星的民族气节、文学成就与其交游存在深刻关联。经由文献分析可以看出，黄周星为人操守高洁，刚肠嫉恶，其所交游的圈层具有强烈的民族气节和鲜明的政治态度，相与引为同志，他们以坚定的反清立场和严夷夏之防的思想互相砥砺，而这也对黄周星的文学创作乃至人生道路都产生了深

---

① 王汉民.黄周星行实系年［J］.浙江艺术职业学院学报，2009（1）：50-56.
② 赵兴勤.黄周星之死及其他［J］.古典文学知识，2009（5）：129-132.
③ 张静.诗人、酒人、畸人——黄周星［J］.文史知识，2010（3）：98-103.
④ 唐元.是殉国？还是求仙？——也谈黄周星之死［J］.文史知识，2010（10）：56-62.

刻的影响。^①《生平考》一文指出黄周星是明清之际值得展开整体研究的作家之一，在诗歌、文言小说、戏曲等文艺创作领域乃至戏曲理论研究领域均有所建树的黄周星，身世坎坷，人生颇多曲折，其姓氏名号、籍贯里居、卒年卒地争议颇多，亟待解决。文章认为，九烟实非出于周氏，黄氏才是九烟的本宗：九烟基于复归黄姓本宗和不忘周姓恩情的双重考虑，在中庚辰进士后，上疏复姓，这就是"黄周星"；九烟本金陵上元人，皆因其养父周逢泰为湖广湘潭人，故而九烟也与湘潭有了些许关联；九烟生于明万历三十九年（1611），以此为参，佐以其他文献，其卒年当在清康熙十九年（1680）。至于其卒地，文章认为九烟晚年定居于浙江南浔，在这里"自沉于水"是比较可信的。^②

2022年，唐元《清初遗民诗人黄周星在江南文坛的交游考》一文认为黄周星是明清易代之际遗民文人群体中的传奇人物，后半生主要活动于江南一带。在江南文坛，黄周星交游甚广，好友戚玾、吕留良与尤侗均为黄周星所赞赏。他们以文章相交相知，感情真挚，诗文唱和持续了多年，留下了当时文坛交游的佳话。^③

其二是戏曲创作与戏曲理论研究。

2001年，潘树广在《文学遗产》发表《明遗民黄周星及其"佚曲"》一文，对其1998年在北京图书馆善本部黄周星《夏为堂集》第八册中发现的《试官述怀》与《惜花报》二剧进行介绍，在否定了庄一拂《古典戏曲存目汇考》将《惜花报》和《试官述怀》定为佚曲，解决黄周星佚曲模糊不清的问题同时，认为"黄周星的《试官述怀》

① 胡正伟.黄周星交游考及其他［J］.北京化工大学学报（社会科学版），2012（3）：59-62，37.
② 胡正伟.明清之际遗民黄周星生平考略［J］.社会科学论坛，2012（8）：48-52.
③ 唐元.清初遗民诗人黄周星在江南文坛的交游考［J］.湖南工程学院学报（社会科学版），2022（1）：59-64.

正是这一时期（按，明末清初）单折短剧的优秀代表"，指出"将《看花述异记》与《惜花报》比较，可知后者系据前者敷衍而成。但《看花述异记》仅二千余字，而《惜花报》则铺陈为声情并茂的四折杂剧。全剧构思巧妙，文辞瑰丽，天上人间，想象雄奇"。①两年后，吴书荫在《文学遗产》发表《对〈明遗民黄周星及其"佚曲"〉的补正》对潘文中关涉到黄周星之死与黄周星佚曲展开商榷。吴文依据叶梦珠《阅世编》，否定了"（黄周星）于五月五日沉水而死"的说法；至于潘文给定黄周星佚曲存于《夏为堂集》一说，则修订为《夏为堂别集》。②潘、吴两位先生的研究与拙作《黄周星研究》基本在大致相同的时间段里取得，材料的发现、分析及基本观点亦相合。

2012年，胡正伟在《〈人天乐〉与黄周星的戏曲创作》一文中，对黄周星的戏曲创作进行了整体把握，结合黄周星的遗民与文学多面手的身份，指出作为明末清初著名遗民诗人、文言小说家、小说批评家、戏曲理论家的黄周星，在戏曲创作领域，融合广阔的时代风云、坎坷的人生际遇，创作了代表作传奇《人天乐》，其创作历程复杂且作品承载了厚重的思想、艺术价值；《人天乐》之外，《试官述怀》《惜花报》等杂剧也具备一定的文学价值。③

2017年，崔淑晓在《从〈人天乐传奇〉看黄周星的人格理想》一文中分析了黄周星的爱情理想、救世理念以及神仙思想。④自2019年起，张静、唐元等先后发表了《论清初黄周星〈人天乐〉戏剧中描述

① 潘树广.明遗民黄周星及其"佚曲"[J].文学遗产，2001（2）：134-137.
② 吴书荫.对《明遗民黄周星及其"佚曲"》的补正[J].文学遗产，2003（5）：128-130.
③ 胡正伟.《人天乐》与黄周星的戏曲创作[J].语文学刊，2012（14）：47-48，67.
④ 崔淑晓.从《人天乐传奇》看黄周星的人格理想[J].浙江艺术职业学院学报，2017（3）：44-47.

的理想世界》①《论清初黄周星剧作〈人天乐〉中建构的理想文士形象》②
《论清初科举讽刺杂剧〈试官述怀〉的创作特色》③《时空交错与叠加叙
事——论清代杂剧〈惜花报〉的艺术特色》④，对黄周星《人天乐》《试
官述怀》《惜花报》逐一作细化的解读。

　　戏曲领域的黄周星长期以来为人持续关注的还是他的戏曲理论。
2009年，万伟成、李克和在《黄周星曲学的尊体意识研究》一文中，
通过研究黄周星的曲论《制曲枝语》及其剧作《试官述怀》《惜花报》
《人天乐》，认为黄周星在曲体格律、功能、才性与风格等方面对曲学进
行了较为全面的审视，表现出戏曲尊体的意识，而这种意识又是以诗学
为参照体系建立起来的，强调曲的文体特征与尊体意识，对于传奇向诗
词趋同化趋势来说，尤其具有意义，在清初曲学史上应享应有的历史地
位，受到学术界足够的重视。万文对黄周星及其戏曲领域的成就作出了
比较克制的评价，"黄周星没有曲学专著，《制曲枝语》也只是随笔体，
其他散见于他的诗文剧作，这就决定他的曲学还不系统。特别是他受到
诗学思维的影响，过多地从音律、曲辞、讽谏与教化、雅俗、天然等方
面阐述戏曲的特征，而对于戏曲的情节结构、戏曲冲突、人物造型、歌
舞演出、背景布局等多未涉及，决定了他的剧作诸多不足"。⑤

　　2010年，潘培忠《貌似神离——黄周星与李渔曲论思想辨》一

① 张静，唐元. 论清初黄周星《人天乐》戏剧中描述的理想世界［J］. 上饶师范
　学院学报，2019（4）：43-47.
② 唐元. 论清初黄周星剧作《人天乐》中建构的理想文士形象［J］. 四川戏剧，
　2020（6）：75-78.
③ 唐元. 论清初科举讽刺杂剧《试官述怀》的创作特色［J］. 中国戏剧，2021
　（10）：74-76.
④ 张静. 时空交错与叠加叙事——论清代杂剧《惜花报》的艺术特色［J］. 中国
　戏剧，2022（3）：68-70.
⑤ 万伟成，李克和. 黄周星曲学的尊体意识研究［J］. 戏剧文学，2009（8）：
　23-28.

文，对黄周星及同时代的戏曲家——李渔的戏曲理论展开比较分析，认为二人在戏曲的创作技巧和创作意识上有着貌似神离的区别。①对于戏曲的创作技巧，黄周星与李渔都涉及两个问题——戏曲音律与戏曲之"趣"：黄周星认为制曲在音律方面有严格的限制，戏曲创作要"叶律""合调"，李渔则认为戏曲在音律上有特别严格的限制，浑身束缚，而戏曲音律不过是死的东西，像下棋一样，依格而填即可，戏曲创作最重要的问题在于戏曲的内在结构；黄周星将戏曲创作的最高追求归结为"趣"，而其所指强调的是戏曲在读者接受过程中的社会教化功能，李渔则在对抗"断续痕"与"道学气"的层面，高标戏曲的"机趣"，更侧重强调文本自身的艺术逻辑。

2018年，陈玉平在《主情说、意趣说与教化说——黄周星的戏曲批评理论研究》一文中指出，黄周星"专以趣胜""未有无趣而可以感人"的主张，具有一定的创新性与进步意义；他将"圣贤豪杰""忠孝廉节"乃至宗教内容纳入他的主情、主趣说中，旨在调和主情说与教化说，虽有一定的保守性，但体现了对晚明以来个性解放思潮末流变异的一种反拨。②

其三是《西游证道书》及其相关研究。

2006年，曹炳建发表《〈西游证道书〉评点文字探考》，对《西游证道书》的评点文字进行了探考，认为评点作者表面上宣扬"仙佛同源"，是囿于作品大量的不可回避的佛教内容，实质上却是以佛证仙、以禅证道，其根本目的在于宣扬道教的"金丹大道"，不过，评点者虽然有宣扬道教的热情，对道教金丹学理论却知之甚少，因而其评点

---

① 潘培忠. 貌似神离——黄周星与李渔曲论思想辨［J］. 绵阳师范学院学报，2010（1）：40-42，51.

② 陈玉平. 主情说、意趣说与教化说——黄周星的戏曲批评理论研究［J］. 浙江艺术职业学院学报，2018（2）：25-30，35.

文字显得驳杂不纯。在此基础上曹文进一步指出《证道书》的评点者道教理论知识和道教修炼实践的贫乏，固然造成其所宣扬的金丹学理论驳杂不纯，但也使这部作品没有像后来的《西游真诠》《西游正旨》《西游原旨》那样完全陷入讲道的误区，而是在一定程度上揭示了《西游记》思想和艺术魅力的真正内涵：揭露和批判了社会的种种弊端与不平，揭示了《西游记》的哲理性内涵，赞美了《西游记》的奇幻特色、诙谐幽默的艺术笔法和情节结构的感人魅力，可供借鉴之处良多。在评点文字本身的分析评判之外，曹文结合黄周星、汪象旭的生平、身份与著作，从不同的角度对评点者进行论证、推断，认为《西游证道书》的评点者既非如清人所言为汪象旭，亦非如当今学者所言为黄周星，而是黄周星和汪象旭共同评点：评点文字中哪些是黄周星的手笔，哪些是汪象旭的高见，虽已难以确凿指明，《证道书》的评点者确为汪象旭和黄周星两人。[①]

在黄永年、吴圣昔、曹炳建等人有关《西游证道书》评点者研究的基础上，2009年，赵红娟在《文献》发表《黄周星道士身份与〈西游证道书〉之笺评》一文。作者指出学术界对《西游证道书》笺评者到底是汪象旭还是黄周星，或是两者合作完成，还有激烈的争论。作为一部"证道"之书，《西游证道书》评语不厌其烦地宣扬道教的金丹大道和阴阳五行之说，这种"证道"思想自然来自它的笺评者，因此笺评者的道教思想或是道士身份也就成了论者关注的焦点，而既有研究对黄周星的道士身份多持怀疑或者否定态度。作者认为弄清黄周星的道士身份，将有助于探讨《西游证道书》的"证道"思想和笺评者问题。在这一切口下，通过对黄周星生平和《仙乩纪略》《龙仙八百地

---

① 曹炳建.《西游证道书》评点文字探考（上）（下）[J].淮海工学院学报（社会科学版），2006（1）：17-20，2006（2）：22-24.

仙姓名歌》《人天乐》等创作的考察，作者推断：黄周星并非只是对道教产生兴趣，他就是一个道士，而且是清初清微派道教徒；"笑苍道人"或《西游证道书》上所署的"笑苍子"是他的道号，而不是一般文人以某某道人为别号。①赵文力证黄周星道士身份，力图经由道士身份与证道思想之间的天然联系，确证黄周星之于《西游证道书》的批评权。

然而，批评权归属的确证问题并没有就此结束。2013年，王辉斌发表《"憺漪子"是黄周星吗——为〈西游证道书〉批评者正名》，认为有论者提出黄周星为《西游证道书》独家笺评的说法，中华书局据之将其书名先后改为《西游记——黄周星定本西游证道书》与《西游记》的举措，都是有违于《西游记》版本演变史的历史真实的。《西游证道书》笺评中的"憺漪子"不是黄周星，《西游证道书》中的点评人也不是黄周星，《西游证道书》的书名更不是《西游记》。至于《西游证道书》的点评人到底是谁这一争执日久的问题，王文再次将批评权判给了汪象旭（憺漪子），并从汪并非简单的"书商"，实则"是文学家也是批评家"的身份分析支撑自己的判断。②

其四是黄周星文言小说、诗文等文学创作研究。

2011年，胡正伟就黄周星文言小说创作发表《理想之觞——〈补张灵崔莹合传〉的追求与幻灭》，指出《补张灵崔莹合传》是黄周星的文言小说代表作，也是明清之际最为优秀的文言小说之一。生命与创作在黄周星文言小说《补张灵崔莹合传》中交织于一体。纵观黄周星一生，身处明清鼎革、山河易主的动荡时代，"知己"飘零、"奇缘"难逢，可谓百年一恨。正基于此，作家产生了对爱情的独特理解

① 赵红娟.黄周星道士身份与《西游证道书》之笺评［J］.文献，2009（4）：102-105.
② 王辉斌."憺漪子"是黄周星吗——为《西游证道书》批评者正名［J］.四川文理学院学报，2013（1）：76-81.

和对人格操守的追求，并将其尽数融入笔端。论文认为在小说中，黄周星借张梦晋、崔素琼的爱情表现独特的"奇缘"爱情理想，张梦晋、崔素琼对爱情的追求在表达了作家对真挚情感礼赞的同时，更在道义的层面上激起读者强烈的情感共鸣。论文指出张梦晋的形象，于黄周星而言，具有一定的自况意味，承载了以率真、狂放、痴情作为内涵的自由人格理想。然而，文字的历险无法改变黄周星渴求超越庸常的"奇缘"理想却终归幻灭这一无奈甚或惨痛的现实；在17世纪的中国，黄周星所追求的人格理想也终究无法照进覆水难收的现实。^①2015年，张媛媛在《黄周星〈补张灵崔莹合传〉本事考论》一文中通过对张灵乞食、宁王献美、张崔情事三事分别予以考察，认为：张灵乞食故事以其装乞戏商的史实演绎而成；宁王献美之事，文献无征，笔者猜测或是由宁王进贡方物、武宗贪色、马昂献女、唐寅绘《绝代名姝图》等事实综合嫁接而成；而张崔情事应为后人杜撰，并非实事。^②就此而言，张文考论与《理想之觞——〈补张灵崔莹合传〉的追求与幻灭》正相合：黄周星在艺术虚构与文学创作中寄托生命中难以实现的爱情与人格理想。

2012年，郭文仪《明清之际遗民梦想花园的构建及意义》一文聚焦张岱《琅嬛文集》与黄周星《将就园记》，认为如果说"琅嬛福地"代表的是张岱对少壮秾华的追忆与升华，"将就园"则代表了梦想花园的另一种模式：它是完全面向未来或完全非世间的，它是黄周星向壁虚构的产物，代表了一种全新的理想生活。这两座明清之际的梦想花园，分别代表了花园构建的两种较为纯粹的典型，此后的梦想花园再

① 胡正伟.理想之觞——《补张灵崔莹合传》的追求与幻灭［J］.名作欣赏，2011（20）：43-45.

② 张媛媛.黄周星《补张灵崔莹合传》本事考论［J］.西昌学院学报（社会科学版），2015（1）：17-19，157.

未超出这两个向度。郭文探讨在明清鼎革的大背景下张岱与黄周星于诗文中构建梦想花园的意义所在，力图挖掘出梦想花园的构建背后隐藏的遗民心境及其在园林史上的意义，认为张岱"琅嬛福地"与黄周星"将就园"的构建固然都是出于明遗民对现实中王朝兴替带来的痛苦的规避，但却又各具特色。无论是这两座梦想花园所折射出的遗民的隐秘心境还是它们所代表的人们寻找心灵家园的主题与模式，"琅嬛福地"与"将就园"都具有典型性。梦想花园不仅是遗民对家园永失的痛苦作出的自我规避与弥补，也代表了人类亘古以来重返神迹、寻找精神家园的渴望。①

2020年，王志刚《纸上园林：明清文人诗意栖居的空间想象》认为明清文人，尤其江南文人对于纸上园林的热情远过前代，创作了一系列优秀作品，使其在园林文学中逐渐占有一席之地。文章指出作为一种特殊的园林形态，纸上园林有哪些构建形式，与实有园林存在怎样的映射关系，体现了怎样的文人心态，明清文人又是怎样写景造境，仍有需要讨论之处。对于黄周星笔下的"将就园"多所涉及，认为是园的笔墨构建承载了黄周星的遗民情怀与仙道趣味。②

黄周星最常为人提及的身份是诗人。然而，在《黄周星研究》对诗歌作观照后，一直到2018年，始有进一步研究。杨娟以论文《清初湖南三家遗民诗人之诗歌研究》申请硕士学位。论文认为明清易代的历史特殊性，赋予这一时期的遗民及其创作以极强的个性和时代感。湖南，自战国时期屈原以来，逐渐形成了鲜明的地域文化和地域文学的特色。对明清之际湖南地区的遗民文学进行研究应非常有趣，亦十

---

① 郭文仪. 明清之际遗民梦想花园的构建及意义 [J]. 文学遗产，2012（4）：112-121.

② 王志刚. 纸上园林：明清文人诗意栖居的空间想象 [J]. 苏州大学学报（哲学社会科学版），2020（6）：143-153.

分必要。郭都贤、陶汝鼐及黄周星在清初湖南遗民诗人群体中，诗歌创作丰富，题材多样，风格显著，湖湘文化与湖湘文学特色浓郁。论文对三家遗民诗的题材以两大主线，细分为六小类，一为以自身为着眼点的题材，具体分为血亲之情、交友之谊、归隐之志三类；二为以社会、自然为着眼点的题材，具体分为故国之思与家园之痛、百姓疾苦、自然风光。论文指出三家诗人的诗歌题材丰富多样，遗民情怀浓厚，风格显著、特色鲜明。除了对赋比兴等传统诗歌表现手法的继承与发展外，还传承了屈原《楚辞》的浪漫主义创作手法，体现了浓厚的湖湘文学的风格；不仅如此，三人也深受湖湘文化精神特质的熏陶，三人的诗歌作品中均体现出了浓郁的屈子情结与经世致用思想，诗歌创作极具湖湘文化特色。① 此外，张静等人《论清初遗民诗人黄周星的歌行体名作〈楚州酒人歌〉》、申狄青《试论清初诗人黄周星的苦雨诗》对黄周星诗歌进行了赏析。前者认为作为前代遗民，黄周星将亡国之恨与故国追思借助"酒"意象巧妙而隐晦地抒发；② 后者认为黄周星喜欢将苦雨与穷困、漂泊相联，从而表达亡国遗民的愁苦。③

其他有关研究。

对于古代作家、作品而言，文献整理工作无疑是研究的基础。2014年岳麓书社出版了由谢孝明校点的《黄周星集》。是集以《九烟先生遗集》为本，分为"九烟先生集四卷""九烟先生别集二卷""九烟先生集补遗一卷"三部分，未予评注。对于底本，校点者在前言中说："然其间也存一疑问，周诒朴既于左仁处获《夏为堂别集》，据《湘

①　杨娟.清初湖南三家遗民诗人之诗歌研究［D］.青岛：中国石油大学（华东），2018：1-84.
②　张静，李静波.论清初遗民诗人黄周星的歌行体名作《楚州酒人歌》［J］.语文学刊，2020（2）：47-50.
③　申狄青.试论清初诗人黄周星的苦雨诗［J］.才智，2018（31）：204.

人著述表》,《夏为堂别集》九种十卷:《文集》一卷,《诗集》一卷,《人天乐传奇》二卷,《试官述怀》一卷,《惜花报》一卷,《散曲》一卷,《制曲枝语》一卷,《复姓纪事》一卷,《百家姓新笺》一卷,清康熙二十七年(1688)朱日荃刻本。但在周诒朴初刻、周翼涑补录、周翼高重刻《九烟先生集》(笔者按,当为《九烟先生遗集》)时,却并未将集中《人天乐传奇》《试官述怀》《惜花报》《散曲》《复姓纪事》诸篇收入集中,这是为什么呢? 是有所隐还是有所待? 或是尚有别种《夏为堂别集》? 这些存疑在将来对周星的全部著作进行整理出版时,或可求解。"①于此不难发现,《黄周星集》必将是黄周星研究过程中的文献整理的起点。2019年,张静等人《日藏孤本黄周星〈圃庵诗集〉考述》介绍了日本静嘉堂文库所藏黄周星《圃庵诗集》一书。在文献整理过程中,《圃庵诗集》值得观照。②

以黄周星作为选题的学位论文,在胡正伟的《黄周星研究》之后,有2009年黄琼的《〈唐诗快〉研究》。论文以黄周星的唐诗选本《唐诗快》为研究对象,一方面结合《唐诗快》编选者黄周星的生平史料,通过统计、梳理及分析研究该选本的唐诗选录情况,推断出《唐诗快》是一本带有黄周星自传性质的唐诗选本,即编选者具有强烈的通过选录唐诗来反映自己生命历程和情感轨迹的意图;另一方面,论文针对《唐诗快》"选诗惟快"的选诗旨趣,分析黄周星在选诗过程中所追求的审美快感——崇高与优美的审美快感。作者力图挖掘有关唐诗选本研究的新视角,充分体现唐诗选本个性存在的意义与价值,从而达到唐诗选本个性化研究的目的。③

---

① 黄周星著,谢孝明校点.黄周星集[M].长沙:岳麓书社,2013:14.

② 张静,唐元.日藏孤本黄周星《圃庵诗集》考述[J].文献,2019(3):109-122.

③ 黄琼.《唐诗快》研究[D].上海:上海师范大学,2009:1-69.

2014年，薛宁以论文《黄周星文艺思想研究》申请硕士学位。作者基于黄周星在诗歌、戏曲、文言小说等体裁的创作实践及曲学言说、小说评点等理论著述方面的建树，以黄周星的文学作品及其理论著述为源本，并且结合其生活背景对黄周星的文艺思想予以阐述。在诗歌思想方面，指出黄周星诗歌关涉众体、形式灵活、风格独特，主要表现了追忆故国的黍离之思、思念亲友的情感之痛及于神仙山水中寄寓的幻想，揭示出黄周星诗学思想中因情而生、强调诗歌感人作用的内涵；在曲学倾向方面，指出黄周星的戏曲理论侧重于戏曲文本创作方法的探讨，在制曲的难易论及教化功能论方面，有不少真知灼见，在戏曲理论史上有举足轻重的地位；在小说观念方面，指出黄周星的小说观念主要表现为秉持浪漫主义的爱情观念、崇尚情节转折起伏的创作观念及对心学思想的继承和超越。[1]

以上从黄周星的生平行状、戏曲创作与戏曲理论、《西游证道书》署名与评点、诗文小说等文学创作整体及个案、诗歌选本及文艺思想等领域，回顾了近半个世纪以来黄周星研究的进程，梳理了各领域的主要成果，综合审视，有关问题仍有较大的挖掘空间。

就黄周星生平研究而言，既有成果在研究视角上各有坚持，或强调黄周星的政治立场，或强调黄周星的仙佛追求；在文献运用上各有发现，或强调黄周星的传记资料，或强调黄周星的文学创作，故此，不免各执一词，导致争议不断。就黄周星在戏曲领域的活动与建树而言，传奇《人天乐》、杂剧《惜花报》《试官述怀》以及戏曲理论被孤立分析的情况是一种常态，戏曲创作与戏曲理论交互性研究没能得到观照。就《西游证道书》研究而言，现有的成果兴趣点主要集中在"身份"上，往往困于评点权的归属，将复杂的、综合的甚至可以算得

---

[1] 薛宁. 黄周星文艺思想研究［D］. 牡丹江：牡丹江师范学院，2014：1-73.

上大型的笺评活动简单化，陷入了二元对立的泥淖。就黄周星的不同体式的文学创作实绩研究而言，作为"诗人"的黄周星，诗歌创作显然尚未得到足够的重视。当然，必须提及的是，文献整理等基础性工作亟待展开，基于《夏为堂诗略刻》《夏为堂别集》《九烟先生遗集》《周九烟集》《九烟诗钞》《前身散见集编年诗续钞》，参校不断挖掘整理的相关文献，一部《黄周星全集》正呼之欲出。

第一章 悲喜自渡

众生皆苦。

将就的尘世，也偶有转瞬即逝的小确幸。

他人难悟易误，悲喜且自渡。

得益于丰富的明清史料，黄周星，这位已知在诗歌、文章、小说、戏曲及关涉诗歌选本、戏曲理论、小说评点[①]等诸多领域皆有造诣甚或卓有建树的17世纪文艺大家，为后人打开了一扇走近明清之际遗民生存空间、精神世界的小窗。即使夜幕深沉，树影斑驳，月色依然动人心魄。

斑驳的树影肇始自黄周星时代纷繁的文献。时至今日，在七十年将就的生命里，黄周星的姓氏名号、籍贯里居、卒年、卒地乃至他离开这个世界的方式依然存在颇多争议。去伪存真、披沙拣金，复原宏阔历

---

① 关于黄周星在小说评点领域有所成就的断定，目前学界存在不同的观点。姑且存疑，后文将予以专门阐述。

史背景之下黄周星错综迷离的身世背后的每一段真相是有趣而艰难的工作。

第一节 他 是 谁
——姓氏名号与籍贯里居

他是谁？这的确是一个问题。

很多时候，我们这样称呼他：黄周星，名景明，字景虞，号九烟，沧桑互异后变姓名曰黄人，字略似，号半非道人，又号而庵、圃庵、汰沃主人、笑苍道人。不过，也有人说他是：周星。

在文化成为软实力的今天，名人籍贯俨然已经进入到区域竞争力的核心地带。当然，在起点上，这也许还仅仅是一个心理认同、情感归属的问题。这个问题早在300年前就已经为黄周星（周星）的后人们遭遇。很多时候，我们这样认知他：黄周星（周星），金陵上元（今江苏省南京市）人。不过，与姓氏名号相类，在籍贯里居上，也有人说他是：黄周星（周星），湖广湘潭（今湖南省湘潭市）人。

史料的丰富，在某种意义上，也可以理解为"纷繁"。出自不同时代、不同人手的文献，关于黄周星（周星）的史料，因关乎姓名、籍贯、生卒年等问题的记载存在较大的出入，加之，黄周星（周星）本人在漫长的创作历程中记述自己身世生平的时候也有自相龃龉的情况，均加大了从姓氏名号、籍贯里居等角度，精准称呼"他"认知"他"的难度。

在《江宁府志》《湘潭县志》《上元县志》《南浔镇志》等方志中，均可见有关黄周星（周星）的资料。在《阅世编》《今世说》《国朝耆献类征》《明遗民录》《留溪外传》《道山堂前集》等史料与诗文集著述中也有关于他的生平传记材料。经由此，不难发现，黄周星（周星），名号甚多，散见于丰富而纷繁的记传、方志、诗文集等史料文献中，且多有抵牾。在令人眼花缭乱的各家言说中，他是"黄"姓还是"周"姓无疑是一个分歧核心、争论焦点之所在。也就是说，他，到底是"黄周星"，还是"周星"呢？诸家史料说法不一。瞿源洙说"黄九烟先生名周星"，[①]汪有典说"公讳周星字九烟"，[②]认为黄周星本姓黄，名周星。然而，周系英在《九烟先生传略》中说："先生姓周讳星，字景虞，号九烟，别号圃庵。……先生与族人不相能，忿然去，自是遂冒黄姓。"[③]嘉庆《湘潭县志》载："周星，字九烟，父逢泰宦游，生星于江南，为上元黄氏抚养，遂冒其姓。"[④]光绪《湘潭县志》载："周星字九烟，……生于上元，更姓黄氏，盖母卒，寄养其家云。……十二人南监，称黄周星。"[⑤]邓显鹤在《沅湘耆旧集》说："周星字景虞，一字九烟，本姓周氏，……生星于金陵，为上元黄氏抚养，遂冒其姓为黄周星。"[⑥]近人杨树达说："黄氏字景虞，号九烟，晚更名黄人，字略似，湘潭人。……著者为颍州学正周逢泰之子，逢泰本湘人，侨寓金陵，生周星。逢泰晚年挈家归里，旋没。著者与其家人不相能，忿而他去，遂冒黄姓为上元人。"[⑦]后一种观点认为，黄周星本姓周，名星，后冒黄姓，改称黄周星。散见于其他史料的记载大致不出这两种说法。

两相比较，不难看出，更多的人倾向于后一种观点，即黄周星

① 瞿源洙.黄周星传［G］//李桓.国朝耆献类征：卷四七三.光绪湘阴李氏刻本.
② 汪有典.黄周星传［G］//李桓.国朝耆献类征：卷四七三.光绪湘阴李氏刻本.
③ 周系英.九烟先生传略［M］//黄周星.九烟先生遗集：卷首.道光二十九年刻本.
④ 张云璈.嘉庆湘潭县志：卷三十［M］.嘉庆二十三年刻本.
⑤ 陈嘉榆.光绪湘潭县志：卷八［M］.光绪十五年刻本.
⑥ 邓显鹤.沅湘耆旧集：卷二十七［M］.道光二十三年新化邓氏南村草堂刻本.
⑦ 杨树达.九烟先生遗集六卷提要［G］//湖南文献委员会编.湖南文献汇编：第二辑.长沙：湖南人民出版社，2008：102.

（周星）原本姓"周"，而后冒"黄"姓。不过，在此如果仅仅关注史料量上的多寡，忽略史料之所从出及言论者的身份，进而作出性质判断，显然是不妥的。后一种意见多或出自楚湘文献，如《湘潭县志》《沅湘耆旧集》，或出自"族人"，或出自湘籍学人。① 参之，黄周星（周星）在有清一代的身份与影响，后一种意见恐难避免"如数家珍"之嫌。关于这一点，从周系英在《九烟先生传略》中对黄周星的推崇也可管窥一斑："（先生）生平正直忠厚，好济人利物，而直率少文"。② 在这一维度上，《国朝耆献类征》的大型清代人物传记资料汇编的文献属性与瞿源洙江苏宜兴人、汪有典安徽无为人的身份，可能更为公允客观。

嘉庆《湘潭县志》说："周星，字九烟，父逢泰宦游，生星于江南，为上元黄氏抚养，遂冒其姓。"③ 光绪《湘潭县志》说："周星字九烟，祖父之屏，自有传。父逢泰，万历时举人，教授南京，星生于上元，更姓黄氏，盖母卒，寄养其家云。"④ 邓显鹤《沅湘耆旧集》说："周星字景虞，一字九烟，本姓周氏，湘潭人。父逢泰，官江南，生星于金陵，为上元黄氏抚养，遂冒其姓为黄周星。"⑤ 凡此，均认定黄周星因曾被"抚养""寄养"——幼年时期即"冒其（黄）姓"或者"更姓黄氏"。又，周系英说："岁戊辰奉使金陵，属上元诸门人访求黄氏后及诗文集皆不可得，惟得墨迹一幅……又周郎帖三种，其临摹曹娥碑题曰八岁

① 按，邓显鹤（1777—1851），湖南新化人，其所撰著《沅湘耆旧集》被视为第一部以湖南省域为界的总集，是一部辑录湖湘先贤诗作及相关文献的诗歌总集。杨树达（1885—1956），湖南长沙人，1947年湖南文献委员会拟修省志，杨树达主修艺文志，整理湖湘文献。
② 周系英.九烟先生传略［M］//黄周星.九烟先生遗集：卷首.道光二十九年刻本.
③ 张云璈.嘉庆湘潭县志：卷三十［M］.嘉庆二十三年刻本.
④ 陈嘉榆.光绪湘潭县志：卷八［M］.光绪十五年刻本.
⑤ 邓显鹤.沅湘耆旧集：卷二十七［M］.道光二十三年新化邓氏南村草堂刻本.

小子周星"。^①这段文字是周系英根据黄周星幼年字画的题跋整理鉴定出来的，是可信的。

那么，后一种意见的漏洞就明显了：黄周星（周星）幼年既抚于他姓以长，这基本是后一种意见内部的各家之间共识。设若如周文所言黄周星（周星）本姓周，为何八岁时（此时已然抚于他姓，比如"黄"姓）仍以"周郎"名帖？这在过继收养的传统人情与事理中，均是不被认可与接受的。反之，若黄周星（周星）本姓"黄"，抚于"周"，这样在八岁的时候，小孩子随抚养自己的外姓自称，进而以"周郎"名帖，就合乎情理了。此其一。

另外，据《明清进士题名碑录》，黄周星（周星）在崇祯十三年庚辰（1640）三十岁时中庚辰科二甲进士，其榜姓"周"名"星"。^②可知，在科考前后中，黄周星（周星）仍以外姓"周"行于世。此其二。

周文又说："先生不以黄易周，但冠于其上，是犹有不忘本之心"。言下之意，黄周星后来虽然易姓为"黄"，但是又出于不忘本之心的考虑，在名号中并未舍弃其本姓"周"。如果按照周系英的逻辑，那么，明亡后黄周星"又尝自名黄人"，又当作何解释？此时，传统伦理观念中至高至上的所谓本姓的这个"周"又何在呢？此其三。

所幸的是，黄周星（周星）平生著述颇丰，现存的丰富作品在纷繁之外，为后人提供了若干份重要的文献：

其一，黄周星（周星）于崇祯十七年甲申（1644）十月二十六日贝奏《复姓疏》，其中明确说及：

① 周系英.九烟先生传略［M］//黄周星.九烟先生遗集：卷首.道光二十九年刻本.

② 朱保炯，谢沛霖.明清进士题名碑录索引：历科进士题名录［G］.上海：上海古籍出版社，1980：2617.

　　臣原籍应天府上元县人，本姓黄氏，因臣生父黄一鹏与养父周逢泰比邻交稔，时养父艰嗣，乞抚臣于孩抱，臣遂承袭周姓。①

在给南明官方的奏疏中明确说明自己的原籍和姓氏，所言当确凿可信。

　　其二，黄周星有《襄阳人而客于衢，思归不得以告归赋见余，既然其志且以自然，因题短句酬之》一诗，诗中有云：

　　　　吴人不归吴，楚人不归楚。
　　　　天地两痴聋，当拘吾与汝。②

参合诗题与诗作，襄阳属楚，诗作中的吴人应为黄周星（周星）本人，则资以旁证黄周星（周星）为吴人，即金陵上元（今江苏省南京市）人。

　　其三，黄周星晚年作有《自撰墓志铭》：

　　笑苍道人姓黄氏，名周星，号九烟。道人本金陵人，生于万历之辛亥年，初生时为楚湘周氏计取阴拊之，故以黄为周。至崇祯丁丑，道人生二十七年始得逢本生父母，时道人已举燕闱癸酉孝廉，又三年庚辰成进士，明年丁周氏外艰，又三年甲申冬授户部主政，始具疏复姓，改周为黄。③

---

① 黄周星.复姓疏［M］//夏为堂别集.康熙二十七年刻本.
② 黄周星.襄阳人而客于衢，思归不得以告归赋见余，既然其志且以自然，因题短句酬之［G］//前身散见集编年诗续钞.民国二十八年《南林丛刊次集》铅印本.
③ 黄周星.自撰墓志铭附解蜕吟［M］//夏为堂别集.康熙二十七年刻本.

这就不仅说明了自己的姓氏名号，姓"黄"，名"周星"，对早年为周氏所抚养及上疏复姓的身世经历也做了较为详细的记载与交代。

其四，纵观黄周星（周星）半生创作，诗文自不必多说，即便从小说到戏曲，都呈现出因个人身世介入而派生的强烈的抒情性和主观色彩。基于此，他的许多作品完全可以视为一种"自传"，比如传奇《人天乐》。康熙十五年丙辰（1676），黄周星（周星）在饱经沧桑的晚年创作传奇《人天乐》，戏中人事大都是黄周星（周星）自况，故而这部传奇对了解黄周星（周星）身世颇多裨益。《人天乐》第三折《述怀》，轩辕载道：

> 小生复姓轩辕，名载，号冠霞，生长钟山草堂之间，遍历东西南北之境。初抚汝南之异姓，后归江夏之本宗。弱冠而登贤书，壮龄而叨甲第。一官才授，自知素无宦情；九鼎俄迁，谁道顿遭世变。因此篱边采菊，藏典午之衣冠[①]；井底函经，留本穴之世界[②]。素贫贱而行贫贱，农圃何妨，志圣贤而希圣贤，箪瓢可乐。[③]

文本内外，"异姓"是否可以理解为"周"姓，而"本宗"是否可以理解为"黄"姓呢？对此，剧中"轩辕载"的名字似乎隐藏着文字密码：

---

① 陶渊明（365？—427），身处晋宋易代之际，有"采菊东篱下"诗。典午，"司马"之隐语，典者，主持；司者，亦主持；午者，马也。陶渊明自以曾祖晋世宰辅，耻复屈身后代，表现出明确的政治立场与鲜明的操守气节。

② 郑思肖（1241—1318），身处宋元易代之际，著有《心史》，藏于承天寺井底。本穴，"大宋"之隐语，拆字组合，将"本"之拆分为"大""十"，再置"十"于"穴"内，得"人宋"。郑思肖在宋亡后，改字忆翁，号所南，斋名"本穴世界"，均示不忘故国。

③ 黄周星.人天乐传奇［M］//夏为堂别集.康熙二十七年刻本.

作为中华民族始祖的黄帝，本姓公孙，因生长于姬水之滨，故改姓姬，又因其居于轩辕之丘，故号轩辕氏。如此一来，文本内"轩辕载"的姓氏"轩辕"，与文本外黄周星（周星）的姓氏"黄"就具备了关联性。再看，"载"。据《尔雅》，"载，岁也。"[1]文本内，"载"射"星一周"，即"周星"。据此，作者笔下的"轩辕——载"即可视为作者本人"黄——周星"。应该说，这虽仅是推测，但是，又并非无稽之谈。至于"弱冠而登闲书，壮龄而叨甲第。一官才授，自知素无宦情；九鼎俄迁，谁道顿遭世变"的曲词，可以视为黄周星（周星）从中举到受官再到复姓的写照。又，第十三折《不嗔》：

> 小生更有一事关系冠翁一生名义的，也被小人颠倒污蔑，尤为可恨，小弟闻之，甚是不平。（生）何事？（小生）就是冠翁复姓一事。冠翁初抚他姓，后归本宗。原因本宗多男，他姓艰嗣，故彼家为此暧昧掩袭之事。谁知后来他姓倒反多男，本宗倒反无嗣，此宗祧绝续所关，岂得不归本宗？故此冠翁具疏，奉旨复姓，乃是天经地义，千圣不易之理。叵耐这些小人，不说冠翁舍他姓而归本生为大孝，反说舍本生而认他姓为不孝。岂不闻律例上说，异姓不许收养，立嫡须要同宗。纵使他姓到底艰嗣，亦必复归本生。何况他姓多男，本生无嗣，则归宗岂待再计，且彼时他姓富盛，本宗孤寒，冠翁宁舍富盛而就孤寒，为人情所难为。即此便是莫大之孝，奈何小人辈往往颠倒是非，借端污蔑，言之殊令人切齿，此事冠翁似不可不辨。（生）此事乃小弟一生不白之冤，小弟彼时就有《复姓纪

---

[1] 载，岁也。"夏日岁，商日祀，周日年，唐虞日载"，参见《尔雅》，北京：中华书局，2014：395.

事》一编，备道其详，惜乎久困贫贱，未得刊布流传。^①

这段文字虽是戏中主人公轩辕载自述，但几乎可以作为黄周星（周星）身世来解读。不妨大胆揣测，传奇《人天乐》中轩辕载的身世自述也艺术化地揭示了黄周星（周星）的身世，就其姓氏而言，本姓应为"黄"。

凡此种种都昭示一个不争的事实：黄周星初抚于养父周逢泰之他姓（周），后归于生父黄一鹏之本宗（黄）。至此，可以断定：黄周星（周星）实非出于周氏，黄氏才是他的本宗本姓。在中庚辰进士之后，在赴湘潭为养父周逢泰奔丧守制期年之后，在遭逢甲申之变的国难之后，黄周星于甲申冬月上疏复姓，基于复归"黄"姓本宗和不忘"周"姓恩情的双重考虑，遂名"黄周星"。

与姓氏名号问题同样复杂且紧密关联的，是黄周星的籍贯里居问题。梳理、归结史料的不同说法，大致也趋于两种意见：

在《国朝耆献类征》中瞿源洙说"公讳周星字九烟，上元人，育于楚湘周氏"^②，汪有典说，"黄九烟先生名周星，江宁上元人，其先为湘潭人"^③。嘉庆《江宁府志》载："黄周星，字九烟，江宁人。"^④显然后者同样不免"数家珍"之嫌。综合上述史料大致形成了关于黄周星籍贯问题的一种意见：黄周星为江宁上元^⑤（即今江苏省南京市）人。

---

① 黄周星. 人天乐传奇 [M] //夏为堂别集. 康熙二十七年刻本.
② 瞿源洙. 黄周星传 [G] //李桓. 国朝耆献类征：卷四七三. 光绪湘阴李氏刻本.
③ 汪有典. 黄周星传 [G] //李桓. 国朝耆献类征：卷四七三. 光绪湘阴李氏刻本.
④ 吕燕昭. 嘉庆江宁府志：卷四十一 [M]. 嘉庆十六年刻本.
⑤ 唐肃宗上元二年（761），改江宁县为上元县。五代杨吴天祐十四年（917），分上元县另置江宁县，两县同属于升州管辖，并以秦淮河为界，同城而治，河北为上元、河南为江宁。清顺治二年（1645），以上元、江宁为治所，设江宁府。1912年撤废上元县，并入江宁县。

别一种意见则认为：黄周星是湖广湘潭（即今湖南湘潭）人。在认为黄周星本姓为"周"的同时，周系英在《九烟先生传略》中说："先生湘潭人也，生于上元，育于黄氏。"①嘉庆《湘潭县志》、光绪《湘潭县志》也说周星（按，实为黄周星）为湘潭人。②邓显鹤在《沅湘耆旧集》中记述得更为详细一些：

> 周星字景虞，一字九烟，本姓周氏，湘潭人。父逢泰宦江南，生星于金陵，为上元黄氏抚养，遂冒其姓为黄周星。

在邓显鹤的记述中，既涉及了周星（按，实为黄周星）的籍贯——湘潭，也涉及了出生地、成长地——金陵上元。

令人错愕的是，黄周星在世时其籍贯里居就已经出现了不同的说法，甚至黄周星本人在这一问题上也出现了前后说法不一的情况。康熙四年乙巳（1665），黄周星作《芥庵和尚诗序》：

> 芥公今飘然一衲子耳，其初固楚湘文士也。楚之湖南有三湘，而湘潭适居其中，北望洞庭，南望峋嵝，皆不越二百里外，其山川磅礴浩渺，谓宜有魁奇倜傥之人出于其间，舆乘寥寥，只增忾喟。余本湘人，今寄迹白门，于湘不忍遽忘，犹复往来羁栖于湘者数四。不知者多以余为非湘人，余亦不欲自明其为湘人也。③

---

① 周系英.九烟先生传略［M］//黄周星撰.九烟先生遗集：卷首.道光二十九年刻本.
② 嘉庆《湘潭县志》载："周星，字九烟，父逢泰宦游，生星于江南，为上元黄氏抚养，遂冒其姓。"光绪《湘潭县志》载："周星字九烟，祖父之屏，自有传。父逢泰，万历时举人，教授南京，星生于上元，更姓黄氏，盖母卒，寄养其家云。"
③ 黄周星.芥庵和尚诗序［M］//九烟先生遗集.道光二十九年刻本.

时年五十五岁的黄周星在序文中说"余本湘人"，个中缘由，当与其养父周逢泰本湘人相关。又，黄周星作《李裕堂先生传》：

> 忆昔追陪先子游宦金陵，侨居上元，因与先生交最密。崇祯庚辰又同第杨琼芳榜进士。时余因疾告归，先生遂授兵部主政，以廉能擢宫詹，不数年亦归里，退居吉兆营之寿星桥，离余居不过数武。月夕花晨，未尝少间，几三十载，而先生倏然下世矣。嗣君旭亭，直承箕业，早岁游庠，后携眷居吾湘逾数年。余亦扶先大人榇归潭，晤旭亭，如遇故人，又不胜今昔之感。①

按"因疾告归""不数年""几三十载"等信息，此文当作于黄周星晚年，1675年前后。黄周星在传文中说"侨居上元"。这里的"侨居"有两种理解的可能性：其一是黄周星的养父周逢泰作为湘潭人侨居上元，其二是黄周星本人侨居上元。当然，如果在弄清楚黄周星本姓"黄"的前提下，第二种理解就是不合理的了。但是，很多时候，人们有意无意地将"周"视为黄周星本姓，就会在错误的逻辑前提下推演出错误的结果：黄周星本姓"周"，湘潭人，侨居上元——这种一厢情愿、先入为主的判断，直接导致其与另一些文献史料中黄周星关于自身的说法出现了明显的矛盾。

康熙十六年丁巳（1677），黄周星在《陶密庵诗序》中说：

> 余与陶子燮友交，殆非恒俗形貌之交也，盖生平有四同焉。燮友楚人而生于湖南，余虽非楚人而亦尝寄籍湖南，则其

---

① 黄周星.李裕堂先生传［M］//九烟先生遗集.道光二十九年刻本.

地同。当庚午积分创复时，燮友为北雍第一人，余为南雍第二人，则其贡天府同。癸酉之役，燮友举于楚，余举于燕，名次亦复相亚，则其登贤书同。嗣役，穷达隐见虽稍有参差，而变革颠危、流离跋踬，金石相信、九死弗渝，则其志操又同。噫嘻！古今来文章性命之交如吾两人者，可多得哉！①

崇祯十四年辛巳（1641），黄周星赴湘潭，奔养父，又逢丧守制。次年，即崇祯十五年壬午（1642），黄周星守制湘潭，结识陶燮友，遂成一世至交。以黄周星之品性，在为这样的友人写作的诗序中，于自己的宗籍是不会刻意遮蔽或者隐瞒的。"寄籍"指长期离开本籍，居住外地异乡。"寄籍湖南"应该可以理解为黄周星明确地表示自己并非湖湘人。

在前此论及黄周星本姓"黄"的《复姓疏》《自撰墓志铭》诸多史料以及具有强烈抒情意味的诗文和具有强烈自传色彩的戏曲作品之外，黄周星还有《复姓纪事》一文传世：

> 凡星所谓难辨者，大略尽于数端矣，乃更有无稽之谈，出人意表，妄谓星实楚人，以不乐为楚故改之吴者，嗟乎，嗟乎！夫氏有域，族有方。吴之不能为楚犹楚之不能为吴。是楚则不当辞，非楚则安敢冒？楚何地也？固泱泱大风海内之神皋府也，以山川则云梦潇湘，以人物则伍申屈宋，谈之则齿芬，怀之则神遯。星正恨不能楚人耳，何所苦而欲逃之耶？夫生于金陵，长于金陵，贡于南而举于北，昭昭在人耳目。②

---

① 黄周星.陶密庵诗序［M］//九烟先生遗集.道光二十九年刻本.
② 黄周星.复姓纪事［M］//夏为堂别集.康熙二十七年刻本.

这段文字回顾自己的身世经历，可以与其《复姓疏》两参互证。当然，与《复姓疏》作为奏章略有不同之处在于，《复姓纪事》视角内化，因此更显心志。如果说《复姓疏》作为启禀南明弘光朝的奏章，不可欺"君"罔"上"，那么《复姓纪事》在剖露心志之时更何必自欺欺人！换句话说，黄周星在留存于后世的更多文献中又自我举证了其本是"上元人"。

现在需要探讨的问题是，究竟是出于何种动机、处于哪般心态，黄周星在籍贯上出现了前后不一致的表述。

据前文，黄周星本姓为黄，祖籍粤东和平（今广东省河源市和平县），黄一鹏为其生父，周逢泰为其养父。周逢泰，湘潭人，出生书香门第，仕宦之家，万历四十三年乙卯（1615）举人，先授颍州学正，后迁南京国子监教授。在此期间，周逢泰遭遇求嗣之艰，于是认养了黄一鹏的第三个儿子。正是这样的际遇，让黄周星在1641年周逢泰故去后、在1644年崇祯帝殉国后，先后遭遇了"无家""去国"的双重苦难；也正是这样的际遇，使黄周星早有文名并在科场中一帆风顺：黄周星6岁能文、8岁擅书、12岁入南监、23岁中举、29岁中进士，养父周逢泰无疑为其奠定了良好的教育基础——就后者而言，黄周星追随倦游的养父周逢泰至湘潭，日侍医药并为其丁艰守制，既是人伦，也是情感的自然。就此进一步来追溯黄周星对于"湘潭"的情感就不是无稽之谈了——虽非故乡，却又近于故乡。虽说近于故乡，除了已然故去的养父和不相能的族人，却又是全然陌生的一方水土，正如他在《有感》中所写：

> 此身何故落潇湘，闷对长天泪几行。
> 山水无缘供酒碗，文章多病闹诗囊。
> 人情只向黄金热，世法谁容白眼狂。

明日扁舟吴越去，从渠自作夜郎王。

不忍归去，又不如归去：在理智上，湘潭于黄周星是陌生的，在情感上，湘潭于黄周星又是无法割舍的。

另一个方面的原因则不得不考虑黄周星在甲申之变后政治心态的变化。1644年，黄周星在国难之后上疏复姓——为什么单单选择这样的一个时间点，不得不让人揣度、推测黄周星在"去国""无家"双重煎熬下，在情感上试图抓住一根救命的稻草："国"已覆灭，那就先归"家"吧！清兵在向江南推进的过程中，起初并未遇到激烈抵制与反抗。然而，剃发易服之策在江南的强制推行，触碰到了广大民众特别是士人的心理底线。在亡国进而亡天下的形势下，悲壮的抗清浪潮此起彼伏。随着时间的推移，黄周星并未能从政治困顿的心态中解脱出来，在蒸尝有托的暮年，操守气节之志弥坚。曾经无数次在笔端不经意划出的那个名字——屈原，更时时激荡着这位老者的心志。也正是在生命的最后十年，黄周星对于自己籍贯的表述在早年复姓之后出现了反复——屈原生存与殉难的湖湘是黄周星养父周逢泰的故乡，又何尝不是黄周星精神的原乡！

黄周星在籍贯上的矛盾表述，尤其是他晚年对于湘潭的接纳具有复杂的心理成因，其中交织着个人情感的亲近与群体文化的认同。

在关乎黄周星生平的各种言说中，陈轼《道山堂前集》"文四"的《黄九烟传》是一份完整且早出的文献：

> 黄周星，号九烟，金陵人也。父黄老，向执役国子监，家

① 黄周星. 有感 [M] // 九烟先生遗集. 道光二十九年刻本.

素贫。有楚孝廉周逢泰，客寓金陵，结纳四方名士，买秦淮名妓为妾，妾生女，贿收生媪，易一子以为己出，是为九烟，即黄老所生次子也。九烟颖异绝群，八岁能文，时有神童之目。孝廉所延塾师，皆不当其意，以故天性倨侮，常有藐易一世之意。崇祯登极，考选贡入国雍。癸酉，中北闱乡试，而逢泰他妾生二子矣。有老仆者，九烟素爱重之，私语九烟曰："主非周家所生，乃得之金陵媪者也。"九烟心识之，及公车往来金陵，留连咨访，久而未得。一日，与诸狎客在黄老邻舍喧呼剧饮，忽闻老者叹息欷嘘之声，座客为之不乐。九烟遣仆谯让之，仆曰："彼老者有一子而夭，见主面庞酷似其子，是以悲也。"九烟闻而感动，密遣人诘之，老者曰："吾某年月日尚举一子，即鬻他姓，踪迹未卜也。"九烟计其所生年，与相符合，曰："此为吾父无疑也。"遂私往黄老家，拜跪涕泣，呼之曰父。黄老初不敢信，详述始末，而天伦乃合，九烟密不令人知。未几母亡。庚辰举进士，继逢泰亡，九烟终三年丧。葬其父母毕，告周氏二弟及诸宗族曰："吾受周氏恩抚，实黄姓也。但周氏有子而黄氏无子，不得不复姓以承黄氏宗祧。"嗣上疏改姓，仍以周名，示不忘本也。因迎黄老奉养，遂金陵家焉。

九烟初仕户部主事，适中原鼎沸，二京沦没，麻鞋入闽，授礼科给事中。仙霞不守，九烟落拓无依，漂泊嘉禾松江之间，以卖文为活。九烟之文伉爽奇肆，出入唐宋诸大家，自传记诗赋，以至词曲、诗余、翰墨、篆刻，无不各尽其妙。但时俗日下，混琪树于菁菭，等巴渝于云门，重货贿而轻文章，仅足糊口幸已。戊午岁，有荐其博学宏词于朝者，当事促之应辟，九烟投井中而死。

外史氏曰："余与九烟同官谏垣，乱离后别三十余载，乃得晤于吴闾，相对扼腕，辄为泣下。九烟为余文作序，抚今追昔，情见乎词。今九烟有薛方之行而复蹈龚胜之节，贤者守义，非流俗所测也。易代以来已逾四纪，而倔强仗节之士尚慷慨激烈，死而无悔。盖朽楠败腐，更能蒸出芝菌，以为异端，岂可令其电灭飙逝、湮没弗章哉！"①

陈轼（1617—1694），字静机，号静庵，侯官（今属福建省福州市）人。崇祯十三年庚辰（1640）进士，与黄周星为同年，授广东番禺知县。甲申变后，入福建，在南明隆武朝任御史。桂王即永历帝后，曾官广西苍梧道参议。顺治八年辛卯（1651）归里，拒仕清廷，于故乡筑道山堂，晚年流寓江、浙一带。陈轼的诗文作品风格清婉和雅、瑰丽沉雄，有《道山堂集》，前集文一卷、诗三卷、诗余附之，后集文二卷、诗三卷、诗余二卷。在明清之际，陈轼与黄周星的进退出处有颇多相似之处。也正因此，两人私交甚笃。按陈轼所述，"余与九烟同官谏垣，乱离后别三十余载，乃得晤于吴闾，相对扼腕，辄为泣下。九烟为余文作序，抚今追昔，情见乎词。易代以来已逾四纪，而倔强仗节之士尚慷慨激烈，死而无悔。盖朽楠败腐，更能蒸出芝菌，以为异端，岂可令其电灭飙逝、湮没弗彰哉！"黄周星为陈轼所作之序在1675年以后，而陈轼的《黄九烟传》则作于1685年以后——距黄周星去世匆匆已逾数年。

回到陈轼的《黄九烟传》文本，人们不免质疑陈轼在细节处理上的戏剧化倾向。这在一定程度上，与明清之际的遗民在身世上求奇的恶趣味脱不了干系。但是，退一步说，在剥离"往来金陵，留连咨

---

① 陈轼.黄九烟传［M］//道山堂集：文四.四库全书存目丛书：集部.201：457-458.

访，久而未得。一日，与诸狎客在黄老邻舍喧呼剧饮，忽闻老者叹息欷歔之声，座客为之不乐。九烟遣仆谯让之，仆曰：'彼老者有一子而夭，见主面庞酷似其子，是以悲也。'九烟闻而感动，密遣人诘之，老者曰：'吾某年月日尚举一子，即鬻他姓，踪迹未卜也。'九烟计其所生年，与相符合，曰：'此为吾父无疑也。'遂私往黄老家，拜跪涕泣，呼之曰父。黄老初不敢信，详述始末，而天伦乃合，九烟密不令人知"这一系列寻亲、认亲的细节之后，其基本事实当是可靠的——于情，生死过命且已作古的故旧年兄的宗祧岂可儿戏；于理，时光荏苒，仍不过十年上下，"黄姓""金陵人"等基本的事实自然不会因年月久远而误记。

第二节　生存还是毁灭

——卒年卒地

康熙九年庚戌（1670），黄周星作有《庚戌六十生日》诗四首，并提及："庚戌年，是年仍馆于程氏。夏四月由长兴移南浔，屡过嘉兴、苏州。盖今年六十矣。"[①]

康熙十九年庚申（1680），黄周星自撰《墓志铭》，其中有云"笑苍道人姓黄氏名周星……生于万历之辛亥年……至崇祯丁丑，道人生二十七年"，又云"今年庚申春，道人行年七十而颜色犹婴儿也"，并附《解蜕吟》十二首，其序云："今，岁在庚申，余年已七十矣。"[②]经

---

① 黄周星.庚戌六十生日［M］//前身散见集编年诗续钞.民国二十八年《南林丛刊次集》铅印本.

② 黄周星.自撰墓志铭附解蜕吟［M］//夏为堂别集.康熙二十七年刻本.

由不胜枚举的同类型资料，可以肯定黄周星出生于万历三十九年辛亥（1611），这已不言自明，无须赘述，更不待推论。

据《南浔镇志》载："（黄周星）年七十，忽感怆伤心，仰天叹曰：'嘻！而今不可以死乎！'为《解蜕吟》十二章，自撰《墓志》，与妻孥诀，慷慨命酒，尽数斗，大醉。家人谨护之。庚申五月五日赋《绝命词》十首，遂自沉于水。"①另，范锴在《浔溪纪事诗》中说："康熙庚申春，年七十，忽感怆伤心。……家人时护持之。五月五日赋《绝命词》数章。……自沉于水。"②两文互证，参之前此断定的黄周星生年，黄周星去世的年份可以断定为康熙十九年庚申（1680）。

从万历三十九年辛亥（1611）到康熙十九年庚申（1680），两端既定之后，目光可以聚焦于中间70年。这70年对于黄周星及其同时代的人而言该怎样描述呢？——以明清鼎革作为分水岭，前此的时光，讲究的人生，虽各有各的讲究，但是惠风和畅里读书仕宦大多依然是相似的；后此的岁月，将就的人生，凄风苦雨里颠沛流离，终归是各有各的将就。

虽然遭遇由生父黄一鹏过继给养父周逢泰的身世变故，不过这对于少不更事的孩童时期的黄周星来说，并未造成太大的身份认同的困惑。相反，倒是在出身书香之家的养父周逢泰的教育下，黄周星向着传统士人修齐治平这一常态化的、既定的人生目标一路高歌猛进：

> 幼有神童之目，六岁能文，八岁出周郎帖，十二入南监。崇祯癸酉，售北闱。庚辰，成进士，授户部，未就职，即于是

① 范来庚．道光南浔镇志：卷七［M］．道光二十年刻本．
② 范锴．浔溪纪事诗：卷二［M］．道光十五年刻本．

年随父挈家归故里。①

周逢泰曾先后出任颍州学正、国子监教授，作为朝廷用来选士育材、教诲生员的官员，他为养子黄周星的教育打下了扎实的基础。黄周星的求学、仕进之路一帆风顺，颇有踌躇满志的味道。然而，甲申之变让好梦戛然而止。崇祯十七年（清顺治元年）甲申（1644），三月十九日，明思宗朱由检自缢于煤山（今北京景山），明朝覆亡。十月，清廷定都北京，改元顺治。同年五月，明福王朱由崧在南京建立南明政权，改元弘光。九月，三十四岁的黄周星官授户部浙江主事。十月，上疏复姓，改名黄周星。

甲申之后，生存以及如何生存，还是毁灭以及如何毁灭，成为包括黄周星在内的明遗民群体无法规避的问题。对于黄周星来说，特殊的身世让问题显得更为棘手。

南明弘光元年、南明隆武元年、清顺治二年乙酉（1645）四月，清兵屠城扬州。五月，清兵攻占南京，俘获朱由崧，弘光朝覆亡。此后，随着时局的变迁，黄周星自南明隆武二年、南明绍武元年、清顺治三年丙戌（1646），由浙入闽，辗转流徙，开始了三十余载颠沛流离的遗民生活。参校以黄周星诗文为主的相关文献，那些关乎生活衣食表象与心灵隐秘角落的，虽然止于文字，却又令人痛彻心扉的细节纷至沓来：

南明永历元年、清顺治四年丁亥（1647）黄周星夏秋之间避乱福建古田西庄僧院。岁末，贫病交加，药粒俱断，凄苦万状，虽油豉姜茗亦了不可得，但终于转危为安，渡过了一劫。

① 周系英.九烟先生传略［M］//黄周星撰.九烟先生遗集：卷首.道光二十九年刻本.

南明永历二年、清顺治五年戊子（1648）暮春，羁留闽中日久的黄周星喜与家人在蒲城（今福建省南平市浦城县）团聚，作《喜家人至蒲城》，有"已判音尘绝，何期性命全。依然同旅梦，月比旧时圆"句，①苦中作乐，聊以自慰。这年，自夏至冬，复经仙霞、苕溪、兰溪、严陵等地，由闽入越。此后数年浪游吴越间。

南明永历七年、清顺治十年癸巳（1653）黄周星由杭州返南京，奔亲丧（按，当为黄一鹏），作《闻先人变奔归金陵二首》，有"八年畏向故乡归，昔日高堂蝶梦飞"句。②这是黄周星在"乙酉之难"后第一次回到南京。黄周星诗作中流传度较高的《仲夏同诸子登雨花台集高座寺》《秋日独登清凉山》《秋日与杜苍略过高座寺登雨花台》等凭吊故国、感怀身世的诗作均作于这一年。

南明永历十六年、清康熙元年壬寅（1662），甲申之变后的第十八年，上疏复姓后的第十八年，五十一岁的黄周星走进生命的另一个阶段。作《自改名号》诗，有云："略似人形已半非，道人久与世相违。须眉无恙千秋绿，意气全灰十载饥。猿鹤虫沙同是化，鲲鹏龙象竟何归。向平愿了终须去，千仞峰头看振衣。"③自此，黄周星变姓名曰黄人，字略似，号半非道人。

邓显鹤在《沅湘耆旧集》中评说黄周星：

　　性狷介，诗文奇伟，慷慨激昂，略似其人。……国变后，变姓名曰黄人，字略似，侨寓湖州，布衣素冠，寒暑不易，殆

① 黄周星. 喜家人至蒲城［M］//前身散见集编年诗续钞. 民国二十八年《南林丛刊次集》铅印本.

② 黄周星. 闻先人变奔归金陵二首［M］//前身散见集编年诗续钞. 民国二十八年《南林丛刊次集》铅印本.

③ 黄周星. 自改名号［M］//前身散见集编年诗续钞. 民国二十八年《南林丛刊次集》铅印本.

畸人也。^①

"布衣素冠，寒暑不易"带有强烈的非暴力不合作意味，对于黄周星后半生真实的生存状态，仅此衣着并未能全面、真实复现。黄周星本人的诗文创作对此有较多涉及。在《僦居》一诗中，黄周星写道：

> 天空海阔竟如何，此日高人且僦居。
> 击筑市中谁进酒，赁春庑下自钞书。
> 一春风雨牛衣老，十载江湖马肆虚。
> 输却云门行脚汉，株烟松月总静庐。^②

仔细读来，日常起居，尽在其间。僦，租赁；僦居，赁屋而居。安居乐业，是在确保基本生活所需下的理想状态。不过，这与山河零落、四海漂泊的黄周星没什么关系。前半生为他姓收养，后半生为鼎革颠沛——终其一生，黄周星也未能拥有一个稳定的居所。至其故去，也是客死异乡。相对来说，邓显鹤笔下的"布衣素冠"应该还算是体面的着装，朝不保夕的日子里，黄周星的衣装甚或只是一件"牛衣"——供牛御寒用的披盖物，如蓑衣之类。剥离律诗出对句格律的考量，不难看出，行脚奔波辗转颠沛于闽浙吴越之间、乱离不堪之际的黄周星仅靠佣书鬻文艰难生存，已经从前朝命官沦落为新朝贫士。

甲申之后，明遗民围绕出处去就勾勒出的人生轨迹不过三条：或以身殉国，或小隐山林、大隐廛市，或再仕新朝。对于第一条道路而言，自然不复再有生计之忧。对于第三条道路而言，除了在道义与良

---

① 邓显鹤.沅湘耆旧集：卷二十七［M］.道光二十三年新化邓氏南村草堂刻本.
② 黄周星.僦居［M］//九烟先生遗集.道光二十九年刻本.

心上可能会遭遇指责与自责，在生计上当然也是没有后顾之虞了。生计的艰难挑战的是选择第二条道路的遗民，包括黄周星。困惑在于黄周星为何没有在1644年当即选择第一条路？

　　出于内心深处的正统观念，黄周星如果选择第一条道路完全不令人诧异。即便经历了三十六年的延滞，带着至死不忘明室、至死不仕清廷的民族意识，黄周星在古稀之年漫书："谢叠山宋室忠臣，止欠一死，吾今不死复何待！"①谢叠山（1226—1289），名枋得，字君直，号叠山，在南宋历史上，是和民族英雄文天祥（号文山）并誉的"二山"。南宋末年，谢枋得毁家纾难，聚集义军抗击蒙元。1279年崖山海战宋军彻底战败，陆秀夫背着宋末帝赵昺跳海而亡，南宋覆灭。谢枋得坚守节操，严词拒绝元朝威逼利诱。在南宋灭亡十年后的元世祖至元二十六年（1289），谢枋得抗元失败，遁隐建宁（今福建省建瓯市）山林之中，后被元军所俘，押至大都（今北京市），在悯忠寺（今北京法源寺）绝食身亡。黄周星正是以谢枋得国灭十年之后殉国之事表达自己的心志。这一心志在其《绝命词》中表达得更为清晰："成仁取义本寻常，婴杵何分早晚亡。三十七年惭后死，今朝始得殉先皇。"②

　　黄周星晚年在《人天乐自序》中说："仆久处贱贫，备尝艰险。自丧乱以来，万念俱灰。"在《人天乐》第三折《述怀》中借轩辕载之口表白心迹：

　　　　一官才授，自知素无宦情；九鼎俄迁，谁道顿遭世变。因此篱边采菊，藏典午之衣冠；井底函经，留本穴之世界。素贫

---

① 黄周星.自撰墓志铭附解蜕吟［M］//夏为堂别集.康熙二十七年刻本.
② 黄周星.绝命词［M］//九烟先生遗集.道光二十九年刻本.

贼而行贫贱，农圃何妨；志圣贤而希圣贤，箪瓢可乐。这也罢了，只是小生赋命不辰，与世寡合。本书种复兼情种，叹裴航独少奇缘；是文魔更带诗魔，恨虞翻绝无知己。人道我性刚骨傲，未肯和光而同尘；我自信肠热心慈，最喜济人而利物。奈何一身多难，四海无家，丧乱以来，家口散尽。惟有室人朱氏，相随患难，井臼亲操。向来因未有子息，所以上为祖宗一脉，权且忍耻偷生。今幸连举两男，庶乎箕裘有托。[①]

在这段文字中，黄周星不仅叙述了生计艰难，也剖露顿遭变故后未当即赴死殉国的不得已：向来因未有子息，所以上为祖宗一脉，权且忍耻偷生。在《赠孙霄客生孙，次陈阶六同年韵》里，黄周星写道："笑我方求子，看君已抱孙。"[②]在三十七年之后选择殉国，黄周星的幽隐的心路历程逐渐显豁。

与黄周星本人创作的《人天乐》相应，能够进一步揭示其未于1644年殉国，而是在三十七年后赴死原因的是叶梦珠的《黄周星传》：

次年甲申，京师告变，福藩帝于南都，乃赴铨曹，得授户

① 黄周星. 人天乐传奇［M］//夏为堂别集. 康熙二十七年刻本. 裴航是唐代裴铏所作小说《传奇·裴航》的主人公。传说裴航为唐长庆间（821—824）秀才，途经蓝桥驿偶遇一织麻老姬，航渴甚求饮，姬呼女子云英捧一瓯水浆饮之，甘如玉液。航慕云英姿容，欲娶为妻，姬告："昨有神仙与药一刀圭，须玉杵臼捣之。欲娶云英，须以玉杵臼为聘，为捣药百日乃可。"后裴航终于觅得月宫玉杵臼，迎娶云英。后夫妻双双入玉峰，成仙而去。虞翻（164—233），字仲翔，会稽余姚（今浙江省余姚市）人，三国时期吴国学者，日南太守虞歆之子。勤奋好学，善使长矛，精通《易经》，兼擅医术，可谓文武全才。孙权称赞"可与东方朔为比"，却又将其流放交州。《三国志·吴书·虞翻传》裴松之注引《虞翻别传》："自恨疏节，骨体不媚，犯上获罪，当长没海隅。生无可与语，死以青蝇为吊客。"死后只有青蝇来吊，代指生前没有知己朋友之人。
② 黄周星. 赠孙霄客生孙，次陈阶六同年韵［M］//九烟先生遗集. 道光二十九年刻本.

部浙江司主事，始疏请归宗。越明年，大兵下江南，弘光帝出走，公亦弃官入山，年三十有五耳。当路雅慕公名，共谋荐举。公谢曰："某自问樗材，素无宦情，遭逢鼎革，所以不死者，上念老亲独子，嫡嗣未举，偷生苟活，存黄氏一线耳，敢冀宦达乎？"迨父卒，终丧葬，惟隐居教授以自给，无故馈遗，一介不取。或以笔墨请者，有所赠则不却，曰："吾以养廉也。"然必值公兴之所至，苟强之，即只字千金亦不可得。惟投之以诗者必和，是以所著诗词古文日富。……公年逾五十，未有子，所生四女：长嫁锡山贾氏，元配出，次适嘉禾吴氏，又次适松陵吴氏。至丁未以迄己酉，连举二子，公喜曰："今蒸尝有托，可以从君亲于地下矣。"①

叶梦珠（1624—1704），字滨江，号梅亭，松江（今上海市）人。作为一部琐闻类掌故笔记，叶梦珠的《阅世编》以明清之际的松江地区为中心，翔实记述了自然、政治、经济、文化、风俗、人事等多方面的情况。全书十卷，分天象、历法、水利、灾祥、田产、学校、礼乐、科举、建设、士风、宦绩、名节、门祚、赋税、徭役、食货、种植、钱法、冠服、内装、文章、交际、宴会、师长、及门、释道、居第、纪闻等二十八门，常为治史者资以参考。叶梦珠与黄周星素有交往，对其家世生平尤其是晚年经历非常熟悉，出自《阅世编》卷四的这篇《黄周星传》其相关信息应该是可信的。尤为难能可贵的是，叶梦珠与黄周星并非泛泛之交：

> 庚申春，复来海上，师门兄弟，几不相识，留作平原之

---

① 叶梦珠. 名节 [M] // 阅世编. 北京：中华书局，2007：114-115.

饮。余固得追随唱和，获公指示，受益颇多。见公好饮，然饮未半酣辄止，而谈笑之余，时带愁容，独坐作叹息声。余尝戏慰公曰："昔杜少陵时带忧愁，陶彭泽放怀自乐，后人不以陶劣于杜，公何舍陶而学杜乎？"时予出所著《九梅堂杂稿》求序，公即以此笔诸卷首，亦为戏言以对，而愁终不可解也。①

黄周星在世两逢庚申，其一为万历四十八年庚申（1620），此时黄周星10岁；其一为康熙十九年庚申（1680），此时黄周星70岁。参校叶梦珠的生平，叶梦珠笔下的这场连日欢聚的平原之饮应当是后者，也就是1680年——这是黄周星在世的最后一年。前此，康熙十七年戊午（1678），清廷开博学宏词科，浙江地方官员举荐黄周星，迫使黄周星避走湘潭。1680年，黄周星再次遭到入仕新朝的催逼。无奈之余，仰天叹息："吾苟活三十七年矣，老寡妇其堪再嫁乎？"②两相参照，宴饮过程中叶梦珠所观察到的黄周星的愁容与叹息许是此事。在此场合中，叶梦珠仍能以"何舍陶而学杜"的谐谑之语宽慰深陷名节之危中的黄周星，足以见得二人的苔岑之契。相对于一面之交了解的片鳞半爪甚或道听途说而言，叶梦珠所转述黄周星在连举二子后大喜过望"今蒸尝有托，可以从君亲于地下矣"，应当是合乎情理且经得起推敲的。

康熙六年丁未（1667），黄周星寓居嘉善（今浙江省嘉兴市嘉善县）。暖春四月，时年五十七岁的黄周星在四女之后终得一男，取名"楣"。为此，黄周星挥笔立就《生子志喜二首》，其一云：

---

① 叶梦珠. 名节［M］//阅世编. 北京：中华书局，2007：114-115.
② 黄周星. 自撰墓志铭附解蜕吟［M］//夏为堂别集. 康熙二十七年刻本.

婚嫁休嫌向累多，生男且复慰蹉跎。

室中真似麟初降，门外几同盗不过。

伯道忧虞今免矣，仲谋事业果如何。

阿翁此灶无难跨，好听徐卿二子歌。①

盘桓在心头多年的伯道之忧、无子之虞，一朝消散。欣喜之余，对于黄周星而言，最重要的事情莫过于儿女早日长大成人，许能跨灶"阿翁"，成就一番事业。康熙八年己酉（1669），黄周星携家眷由嘉善移居长兴（今浙江省湖州市长兴县）。是年九月，黄周星复得一男，取名"榔"，并作《己酉秋喜生次子》等诗，有云："近来一事差强意，膝前昨岁新添丁"②。虽云"差强"，但是黄周星内心的喜悦还是分明的。

回到前面的困惑——黄周星为何没有在1644年当即选择第一条路？对于遭逢家、国多重苦难的传统文人黄周星而言，选择忍辱偷生三十余年，并在完成了个体的家族使命之后，在蒸尝有托、了无牵挂的暮年，义无反顾地走上赴死殉国、羽化升仙之路才是最完美的人生规划。

在生死之间，黄周星选择了生存。于是，即便是今晚脱下鞋子明早不知能否再穿上的隐忍苟活，也依然无法回避如何存活的尖锐问题。

事实上，自古迄今这个问题无论是谁都需要给出一个答案。早在13世纪中叶，许衡（1209—1281）就说：

为学者治生最为先务。苟生理不足，则于为学之道有所

① 黄周星. 生子志喜二首［M］//前身散见集编年诗续钞. 民国二十八年《南林丛刊次集》铅印本.

② 黄周星. 己酉秋喜生次子［M］//前身散见集编年诗续钞. 民国二十八年《南林丛刊次集》铅印本.

妨。彼旁求妄进，及作官嗜利者，殆亦窘于生理之所致也。士子多以务农为生。商贾虽为逐末，亦有可为者。果处之不失义理，或以姑济一时，亦无不可。①

许衡虽尊为一代通儒、学术大师，但其家族却是世代耕织。就此而言，许衡本人是"诗书传家远，耕读继世长"的典型。许衡"治生为先"的主张蕴含着一个放之四海而皆准的道理：为学的前提是解决生存问题，当衣食之忧横亘于心头，对为学势必造成妨害。许衡的观点颇具朴素唯物主义的风范，与马克思主义经济基础决定上层建筑的哲学思想不谋而合。至于，如何"治生"，许衡认为不外以下三种方式：做官、务农、经商。与务农不同，做官潜存嗜利忘义的风险、经商难免遭遇根深蒂固的轻视。对于常常处在义利交锋之中的做官、经商，许衡为它们找到了不得已而求其次或者说权且接受的理由。可能是出于世代耕织的家庭，务农成为许衡心目中士子治生最稳妥的一种方式——尤其是在对于操守的挑战上。许衡的治生之论在明清之际的遗民群体中产生了回响。张履祥说：

> 人须有恒业。无恒业之人，始于丧其本心，终于丧其身。许鲁斋有言：'学者以治生为急。'愚谓治生以稼穑为先。能稼穑则可以无求于人，无求于人，则能立廉耻；知稼穑之艰难，则不妄求于人，不妄求于人，则能兴礼让。廉耻立，礼让兴，而人心可正，世道可隆矣。②

① 邓士范.许鲁斋先生年谱［M］//许衡.许文正公遗书.乾隆五十五年刻本.
② 赵尔巽等.清史稿［M］.北京：中华书局，1977：13119.

张履祥在明遗民群体因其稼穑治生而成为一个典型的存在。张履祥（1611—1674），出身桐乡（今浙江省桐乡市）望族，然而，九岁而孤，家道中衰。经历科场困顿后，张履祥以教授童子为业。崇祯末年，张履祥拜隐农躬耕的刘宗周（1578—1645）为师。甲申、乙酉之后，张履祥加入了反清复明的阵列。到南明永历元年、清顺治四年丁亥（1647），清王朝统治局势已定，张履祥就此开始了他的农隐生活。这种生活的内涵是真正意义上的"耕读"。得益于祖上阴功，张履祥乱后仍有些许田产。在教书之外，张履祥亲自参加农业生产，他最擅长的农活是修剪桑树。躬耕实践为张履祥在农业生产技术和经营管理方面积累了相当丰富的经验。南明永历十二年、顺治十五年戊戌（1658）年，张履祥对流传于江浙一带的《沈氏农书》作增补，成就了一部明清之际以江南地区农业经济与农业技术为主要内容的重要作品《补农书》。在明清易代的背景下，张履祥主张治生以稼穑为先并付诸日常。这一观念与实践，几乎成为张履祥的身份标签。

在"治生为先""治生为急"这一点上，张履祥与许衡是一致的；而且二人对于"务农""稼穑"，即农业生产在士人治生路径中的重要功能的认知也是一致的。不同之处在于，张履祥在许衡提出务农、做官、经商路径之外构建了耕读并重的治生模式。张履祥说：

> 今世贫士众矣，皆将不免饥寒，宜以教学为先务，盖亦士之恒业也。凡人只有养德、养身二事，教课则开卷有益，可以养德；通功易事，可以养身。两益均有，舍此不事，则无恒业，何以养其身？无以养其身，不免以口腹之害为心害，便将败德。但此际须本忠恕之道，不可失其本心。[1]

---

[1] 张履祥.备忘四［M］//杨园先生全集.同治十一年刻本.

教学相长，在张履祥这儿获得了全新的一重意义：其所谓恒业，即教学；而贫士（按，多指明遗民）以教学为恒业的目的，则在于"养德""养身"。张履祥之所谓"不失其本心"除了指一般意义上的道义之外，更侧重于指民族气节——这在彼时的遗民群体中应该是毋庸置疑的。搁置那些再仕清廷而为官的贰属之臣，对于拒仕二姓的绝大多数明遗民来说，生计问题都是艰难的，困顿基本是必然的、常态的。事实上，即便如张履祥课读书馆且躬亲稼穑，也依然不免长困衣食。

1643年，黄周星绝弃周姓氏籍，一同放弃的还有属于他名下的田产，转身离开湘潭。1644年之后，黄周星因为在"家""国"双重意义上的缺失而成为明遗民群体中独特的那一个。在《戏为逆旅主人责皋伯通书》中，黄周星说："乱后无家，往往侨寄逆旅。逆旅主人不礼焉，至乞一椽不可得。"[①]南明弘光元年、南明隆武元年、清顺治二年乙酉（1645）六月，黄道周和郑芝龙等拥立唐王于福州。九月，黄周星避乱至福州，与同榜进士陈轼相见。陈轼本福州人，时佐唐王幕下。黄周星本为才学之士，在贫穷落魄之际入仕更是情理之中的事情。然而，次年（1646）六月，清兵打败了黄道周的义兵，灭了唐王政府。在仕途绝断后，黄周星最终只能选择佣书鬻文、书馆课徒之路。

南明永历三年、清顺治六年己丑（1649），黄周星作《己丑过西湖，见吴岩子卞元文诗，步韵写怀》一诗：

> 辛苦佣书更鬻文，云雷心热博山纹。
>
> 恩仇国士凭三尺，长短邻姝较一分。
>
> 觳觫歌残呼朔客，琵琶弦断咽明君。

---

① 黄周星.戏为逆旅主人责皋伯通书［M］∥夏为堂别集.康熙二十七年刻本.

花前痛苦林间笑，此日吞声不复云。①

吴山，字岩子，明末太平（今属安徽省黄山市）县丞卞琳之妻，能诗，诗作格老气苍，其《青山集》颇为时人激赏。明清鼎革动乱之际，吴山辗转迁徙，漂泊江淮之间以及南京、杭州等地。卞元文，卞琳、吴山之女，亦能诗。在杭州期间，吴山、卞元文母女湖上之咏影响甚广。不过，正是看到了湖上之咏背后的生存不易，黄周星被激发了强烈共鸣，遂借步韵以写生计之艰。古代得书不易，即便到了17世纪，书籍也常常需要靠抄写才能得以面世进而流传，相应地，抄书逐渐成为一个行当，是为"佣书"；"鬻文"，主要是指代人执笔、为人撰文，以获取酬劳。"辛苦佣书更鬻文"，百无一用，黄周星生计的艰难可见一斑。

南明永历七年、清顺治十年癸巳（1653），黄周星写下了《登雨花台集高座寺》《秋日独登清凉山》《秋日与杜苍略过高座寺登雨花台》等诸多诗篇，其后一首云：

> 披发何时下大荒，河山举目共凄凉。
> 客来古寺谈秋雨，天为高人放夕阳。
> 去国屈原终婞直，无家李白只佯狂。
> 百年多少凭高泪，每到西风泪几行。②

这一年，黄周星在辗转闽浙数年之后，为生父黄一鹏治丧回到南京，在故都的秋风秋雨、落日余晖中，每每念及去国、无家的处境，黄

将就：1611—1680

---

① 黄周星.己丑过西湖，见吴岩子卞元文诗，步韵写怀［M］//前身散见集编年诗续钞.民国二十八年《南林丛刊次集》铅印本.
② 黄周星.秋日与杜苍略过高座寺登雨花台［M］//九烟先生遗集.道光二十九年刻本.

周星一次次洒下凄凉酸楚的泪水，为十年乱离恢复已然无望的故国，为渐行渐远以至了无牵绊的家族，更为他破家失业难免衣食无仰的生计。

南明永历十年、清顺治十三年丙申（1656）五月，黄周星所作八股时艺《瓟瓜五义》由罗世绣等友人刊刻，罗世绣为序，署"顺治丙申夏五江东同学弟璨柯罗世绣纂"。在文末，黄周星自注道：

> 偶见社课中有拈此题者，枯淡几如嚼蜡。及觅坊刻阅之，则又肤板而沉涩，殊不快意。因漫泚笔为之，兴会所至，不觉遂成四艺。首艺乃帖括本色；次艺专擒吾字；三艺通篇养局至末点睛；四艺复纵横言之。几可作瓟瓜弹文，亦略尽此题之变态矣。数日后，社中有见余文，因以所作相质者触类增华，才思颇佳。但中以首阳为无用之瓟与荷蒉接舆同讥，此则关系不小，故复有第五义之作。虽若为瓟瓜解嘲，实以干城名教云。①

罗世绣，字绣铭，号璨柯，系万历己未（1619）科进士、御史罗万爵长子。为人恂谨谦抑，文章诗赋俱佳，以府学贡任崇明县训导。训导为明清两朝学官名，为府、州、县儒学的辅助教职。参之罗世绣的身份，他刊刻黄周星的八股时艺《瓟瓜五义》应该是为后学提供范文或者模板，润笔之资想必是要提供的。从黄周星的角度来看，他对时艺帖括的态度是复杂的：

> 仆生平有二恨，其一阿堵，其一帖括。……帖括一途，始于王临川。临川执拗病国，史册昭然。后世痛诋其人，而仍恪

---

① 黄周星.瓟瓜五义原序［M］//九烟先生遗集.道光二十九年刻本.

遵其制，真不可解。且临川晚年，亦自悔其变秀才为学究矣，彼作俑者，方且悔之，而效颦者顾众悦之，尤不可解也。世之习此技者，翦彩缀花，涂粉着粪，与圣贤理学一路，相去若河汉马牛，要不过藉以为功名捷径耳。然高才博学之士，或槁项黄馘而不得一售。而一二黄口孺子甫识之，剽掇唾余数语，便自诩青紫拾芥，举文章、经术、学问、品行，一切俱可束之高阁。未仕，安得有真人品？既仕，安得有真事功？故甘泉先生尝言：举业坏人心术。[①]

唐制，明经科以帖经试士，把经文贴去若干字，令应试者对答，考生因帖经难记，于是总括经文编成歌诀，以便于记诵，称"帖括"。明、清两朝多用帖括泛指应试科举的八股时艺。在距离二十九岁中庚辰进士十七年之后，黄周星再为时艺，一个合情合理的解释莫过于适应举业书的市场需求并借此缓解生计的艰难。

南明永历十一年、清顺治十四年丁酉（1657），黄周星47岁，开始了漫长的二十三年的坐馆课徒生涯。从鸠兹（今安徽省芜湖市）到岑山（今属浙江省桐乡市），黄周星基本都是以塾师的身份课读书馆、教授生徒。束脩已然微薄，塾师更属卑微。鸠兹坐馆伊始，黄周星出"贫而无谄"一题，却遭主人再三訾议。嗣后，南闱试题至，首题正相符合。尴尬之余，主人隐约不悦。黄周星"竟以此失主人欢，席未暇暖而退矣"。[②]

正是在这样贫困的处境中，黄周星在诗文创作之外，在课读书馆的间隙，经由佣书鬻文，比如刊印时艺，过渡到了另一种生态：评点

① 黄周星. 惭书序 [M] // 九烟先生遗集. 道光二十九年刻本.
② 黄周星. 答门人叶瑞屏 [M] // 九烟先生遗集. 道光二十九年刻本.

小说、编选诗集。

康熙二年癸卯（1663）仲夏，黄周星结识绍兴书商汪象旭。汪象旭，原名淇，字右子，号憺漪，约生于1604年，约卒于1669年，是明末清初书坊主、刻书家、小说家，以"还读斋""蜩寄"为名刊刻《尺牍新语》《西游证道书》《济阴纲目》《本草要备》《医方集解》《武经七书全文》《士商要览》《智囊全集》《西陵十子诗选》多种书籍。汪氏书坊刊刻的书籍因为选材宽泛且拥有一个素养较高、相对稳定的编校群体而获得市场认可，流传甚广。黄周星与汪象旭的结识，从产业运作的角度，多少带有雇佣双方的意味：汪象旭可以借黄周星进一步提高书籍质量和美誉度，黄周星则可以通过在书坊的这份"兼职"补贴家用。不过，黄汪之交的文化史意义远不止于此。据《西游证道书》黄周星所作跋文："单阏维夏，始邀过蜩寄，出大略堂《西游》古本属其评正"。[①]黄周星应汪象旭之邀参与了《西游记》评点工作，在《西游记》版本演进历程中成就了重要的《镌像古本西游证道书》（按，即《西游证道书》）一环。《西游证道书》一般被认为旨在依托西游故事宣扬道教金丹大道。客观上，《证道书》中有不少评点文字揭露和批判社会的种种丑态。在欣赏《西游记》的奇幻特色、谐趣笔法的同时，评点也在一定程度上揭示《西游记》的哲理性内涵。此外，这一版本增加了"陈光蕊赴任逢灾，江流僧复仇报本"一回，故事更加完整，逻辑更为合理，因而刊后广行于世。

康熙十二年癸丑（1673）隆冬，63岁的黄周星着手评选古今人诗，拟名《诗贯》。"初欲名为《诗贯》，复改为《诗别》，后以泗滨戚子缓耳珥言，遂定名《诗快》云。"[②]康熙十五年丙辰（1676），黄周

---

① 黄周星，汪象旭.镌像古本西游证道书［M］.康熙西陵汪氏蜩寄刊本.
② 黄周星.余尝欲评选古今人诗，自离骚而外釐为三集，一曰惊天，一曰泣鬼，一曰移人，而总名曰诗贯.先以一诗识之［M］//九烟先生遗集.道光二十九年刻本.

星避三藩之乱再次入闽，编选《千春一恨集唐六十首》。[1]康熙十八年己未（1679）早春，坐馆于岑山程子斋中的黄周星在69岁古稀之年，在经历六载批阅增删之后完成选诗之举，成《唐诗快》十六卷，并咏诗四首识之，惜乎未能即刻付梓。《唐诗快》在唐诗经典化历程中因编选者的主体介入而生成独特的风格，成为唐诗选本中的"另类"。此是后话。乾隆年间，孙洙（1711—1778）鉴于当时通行的《千家诗》工拙莫辨，决定编辑一部唐诗选集取而代之，并于乾隆二十九年甲申（1764）以"蘅塘退士"为署名，完成了《唐诗三百首》，共选75位唐代诗人及2位无名氏的诗作310余首。该选本在刊行后广为流传，几至家置一编。设想黄周星这部唐诗选本若能付梓，其意义当不止于黄周星个人承情载志，在启蒙思想勃兴、人文精神方炽的17世纪，《唐诗快》未尝不能成一部独特的"《唐诗三百首》"先自风行于世。

康熙十七年戊午（1678），三藩之乱将平，国势渐趋稳定，纂修《明史》继甲申之后再次被提上日程。当务之急，是遴选执笔之人。据《康熙实录》，是年正月二十二日诏开博学宏词科：

> 自古一代之兴，必有博学鸿儒，振起文运，阐发经史，润色词章，以备顾问著作之选。朕万几余暇，游心文翰，思得博学之士，用资典学……凡有学行兼优、文词卓越之士，不论已仕未仕，令在京三品以上及科道官员、在外督抚布按，各举所知，朕将亲试录用。其余内外各官，果有真知灼见，在内开送吏部，在外开报督抚，代为题荐。务令虚公延访，期得真才，

---

① 《九烟先生遗集·卷五·千春一恨集唐六十首并序》初集十首第四首中有"闲过春风六六年"句。

以副朕求贤右文之意。①

　　博学宏词科，是科举考试制科之一种，是在常科之外，吸纳知识分子的重要手段。唐代开元年间始设，称"博学宏词"，借以选拔天下能文之士。康熙、乾隆年间曾两次举试，考试后便可以任官。因乾隆名弘历，故改博学宏词为博学鸿词。所试内容自由宽泛，或为诗、赋、论、经、史、制、策等，同时参考之人不限秀才、举人资格，且不论已仕未仕，凡是督抚推荐的，都可以赴京应试备选。康熙此科同样受到了明清小冰期的严峻挑战，朝廷因天气寒冷，不得不将考试时间改为次年三月。据载，为广泛笼络明遗民，全国各地共推荐一百八十六人。②试后考取五十人，其中一等二十名，二等三十名，授以侍读、侍讲、编修、检讨等职，并入"明史馆"，纂修《明史》。朱彝尊、陈维崧、汪琬、潘耒、施润章、毛奇龄、尤侗、孙枝蔚均在此列，颇有影响。当然，拒不应征或固辞不就者，如黄宗羲、顾炎武、魏禧、顾景星、万斯同等，也不在少数。

　　时年六十八岁的黄周星"不幸"遭到地方官员举荐，避走湘潭。康熙十九年庚申（1680）初夏，黄周星再次遭到应选新朝的催逼。说是"催逼"当不为过，据《啁啾漫记》所记：

　　　　当征试时，有司迫诸遗民就道，不容假借。惟李颙、黄宗羲、应撝谦、嵇宗孟、顾景星、蔡方炳以死拒得免。其他类胁

①　清圣祖实录：卷七十［M］//清实录.北京：中华书局，2008：899.
②　清人笔记《啁啾漫记》载：康熙十七年戊午，圣祖特开制科，以天下之文词卓越、才藻瑰丽者，召试擢用，备顾问著作之选，名曰博学宏词科。敕内外大臣，各荐举来京。于是臣工百僚，争以网罗魁奇闳达之士为胜。宰辅科道颙荐八十三人，各衙门揭送吏部七十二人，督抚外荐三十一人，都一百八十六人。于次年己未三月朔考试，中选者五十人。

以威势，强异至京，如驱牛马然，使弗克自主，而犹美其名曰圣天子求贤之盛典也，其然岂其然乎？ ①

一方面是不仕二姓的民族气节，另一方面是斯文不堕的文人操守，面对着"如驱牛马"的所谓的"圣天子求贤之盛典"，黄周星在无奈之余仰天叹息："吾苟活三十七年矣，老寡妇其堪再嫁乎？"②是年端阳，痛饮大醉，手书绝命词："成仁取义本寻常，婴杵何分早晚亡。三十七年惭后死，今朝始得殉先皇。"③

一个人不是在该死的时候死，而是在能死的时候死。生死，在此时已不再是一个令黄周星尴尬的问题。赴死，更像一场期盼多年的约定，至少是一个人的狂欢！来自故国桑梓的幻灭、来自蒸尝有托的安泰、来自生计奔波的屈辱、来自笔耕不辍的踌躇、来自清廷威逼的无奈，当然也不排除来自白日飞升的梦想，一时之间，涌上心头，悲欣交集——是告别的时候了。

关于黄周星之死，无论是地点，还是与这个世界作别的具体时间与方式，都众说纷纭。

就黄周星卒于何地的问题，卓尔堪在《明遗民诗》称其"素怀灵均之志，终投秦淮以死"④。周系英在《九烟先生传略》中说得更为具体："（黄周星）遂于午日放棹秦淮，剧饮大醉，凿舟自沉而殁，盖下从灵均游矣。"⑤与卓尔堪的观点一致，周文也认为黄周星卒于秦淮（今属

---

① 佚名.嗣啾漫记：纪康熙博学鸿词科［M］//清代野史：第7辑.成都：巴蜀书社，1988.
② 黄周星.自撰墓志铭附解蜕吟［M］//夏为堂别集.康熙二十七年刻本.
③ 黄周星.自撰墓志铭附解蜕吟［M］//夏为堂别集.康熙二十七年刻本.
④ 卓尔堪.黄周星五首［M］//明遗民诗：卷一.北京：中华书局，1961：8.
⑤ 周系英.九烟先生传略［M］//黄周星.九烟先生遗集.道光二十九年刻本.

江苏省南京市）。黄周星本为金陵上元（今江苏省南京市）人，选在秦
淮河自沉，似在情理之中。然而，这一说法是欠妥的。因为，自康熙
九年庚戌（1670）起，黄周星举家定居湖州南浔马家港，此其一。其
二，康熙十九年庚申（1680），黄周星曾为身在湖州的吕留良绘披发
僧装像。吕留良（1629—1683），字庄生，一字用晦，号晚村。甲
申、乙酉后，吕留良散尽家财，招募义勇，与入浙清军抗衡。南明永
历七年、清顺治十年癸巳（1653），吕留良改名光轮，应试为诸生，
后竟隐居不出。康熙十七年戊午（1678），吕留良拒应鸿博之征。康
熙十九年庚申（1680），吕留良披发为僧，取法名耐可，字不昧，号
何求老人，去吴兴（今浙江省湖州市）埭溪之妙山，筑风雨庵以终老。
也就是说，这一年，从情理上说，黄周星不太能在古稀垂暮之年先后
辗转南京、湖州两地。凡此说明，黄周星在这一年应该并不在南京，
自然不可能在秦淮河赴死。

　　另一种观点认为黄周星赴死之地是在湖州南浔。这一观点则较为合
乎情理。朱彝尊（1629—1709）在《静志居诗话》"黄周星"条谓：

　　　　九烟……年七十，忽感怆于怀，仰天叹曰："嘻，而今不可
　　以死乎？"自撰墓志，作《解蜕吟》十二章，与妻挈诀，取酒
　　纵饮，尽一斗，大醉，自沉于水，时五月五日也。①

《南浔镇志》记载：

　　　　（黄周星）年七十，忽感怆伤心，仰天叹曰："嘻！而今不

---

① 朱彝尊.黄周星条［M］//静志居诗话：卷二十一.北京：人民文学出版社，
　　1990：648.

可以死乎！"为《解蜕吟》十章，自撰《墓志》，与妻挐诀，慷慨命酒，尽数斗，大醉。家人谨护之。庚申五月五日赋《绝命词》十章，遂自沉于水。[1]

查为仁（1695—1749）在《莲坡诗话》中说：

> 黄九烟周星，前进士也。上元人，流寓湖州。年七十，忽感怆于怀，自撰墓志，作《解蜕吟》十二章，纵饮尽一斗，大醉，沉南浔河而死。时五月初五也。[2]

邓之诚（1887—1960）在《清诗纪事初编》中也就黄周星卒于何地作过辩证：

> 黄周星……明亡不仕，自称黄人，字略似，号半非，别号圃庵，又曰汰沃主人、笑苍道人，寄寓南浔马家巷。诗文书画篆刻，无不精妙。愤激尤甚。汪有典《史外》，误称其以庚申（康熙十九）五日自沉于维扬，年七十。盖沉于南浔。杜濬有《绝命诗书后》，明其非癫，谓可驾三闾，信然。[3]

综上，在关于黄周星赴死的文集、方志等诸多著录中，"自沉于水"的方式更倾向于是一种共识。据《南浔镇志》的《水利》《古迹》等篇所载，南浔是地处杭嘉湖平原的江南水乡，辖内水道交错，北临

---

① 范来庚. 道光南浔镇志：卷七 [M]. 道光二十年刻本.
② 查为仁. 黄周星诗话 [M] // 莲坡诗话：上. 乾隆蔗塘外集刻本.
③ 邓之诚. 黄周星条 [M] // 清诗纪事初编：卷二. 上海：上海古籍出版社，1980：183.

太湖，西南有苕溪、霅溪，东有浔溪。黄周星晚年定居于此，在这里"自沉于水"是比较可信的。

不过，很显然，关于黄周星卒地的论争与明确的史学意义，要逊色于其赴死的方式与具体时间的文学意义。无论认为黄周星卒于秦淮，还是卒于南浔，在黄周星赴死的方式与具体时间的问题上基本是一致的，即五月五日赴水而死。前此所引朱彝尊、查为仁、邓之诚和卓尔堪、周系英等人著述表述略有差异——"午日放棹秦淮，剧饮大醉，凿舟自沉而殁""自沉于水，时五月五日也""五月五日赋《绝命词》十章，遂自沉于水""以五月五日跃入湖州南浔""庚申五日自沉于维扬"，实则并无二致。历史的尘埃轻轻落下，足以遮蔽一位老者离开这个世界时的细节，或许五月五日赴水而死并不是历史的真相，然而它毕竟接近历史的真相，更为重要的是人们愿意相信这就是历史的"真相"。

著有《东林列传》的陈鼎（1650—？）在其另一部记载明末清初人物事迹的著作《留溪外传》里越过博学鸿词之征，将黄周星赴死的原因向前进一步追溯到因恢复大明江山之希望最终破灭而走向自绝：

> （黄周星）初，奔走四方者几四十年，意若有所为，而扼于天。岁癸酉，海外悉入版图，天下太平，故所交游尽死亡，言念世事，四顾寂寥，忽感怆伤心，仰天叹曰："噫！吾今日可以从古人游矣。"遂于乡里慷慨诀别，饮醇酒尽数斗，书《绝命词》二十四首，负平生所著书跃入水中死，年七十三，盖五月五日也。[①]

《留溪外传》分忠义、孝友、理学、隐逸、廉能、义侠、游艺、苦节、

---

① 陈鼎.笑苍老子传［M］//留溪外传：卷五.康熙三十七年刻本.

节烈、贞孝、闺德、神仙、缁流为人物立传，而事迹或为陈鼎耳闻而非亲历，不全为实录，标榜操守气节不免浮夸，其间怪异之事，近于小说家者言。故此，黄周星卒年误作"癸酉"，即1693年。但是，在这部著作的整体风格与导向中，黄周星明显超越了隐逸的身份，被强化了"忠义"的身份——只能将其解释为这是对黄周星的一种社会期待，也是对明遗民群体的一种社会期待。

相较于陈鼎，叶梦珠《阅世编》卷四的叙事更为详细，也更加接近历史的真相：

> 庚申春，复来海上……盖公之来此，非独访故，亦以季君未字，两嗣君未卜嘉偶，欲托孔、李，完向平之愿耳。时切叟先生孙湘，年弱冠矣，而未授室，不敢遽请，微示其意于公之门人张子鲁纶。及公别去，张于途中述之。公曰："世好而为姻娅，甚善，且得婿如是亦足矣，子盍早为吾言之。"张曰："师果有意，即不拘世俗，躬往订盟，谁曰不可？"越数日，公复挈其长君及其吴倩赓始来，遂与太常公子缔姻盟而去。然公志初毕，殉君夙愿，自此益决矣。时公依其吴婿侨寓吴兴之南，遂于五月五日自撰墓志，为《解蜕吟》十二章、《绝命词》二章，踵三闾大夫之后，遇救得免，家人欢慰而公志愈坚。六月望后，夜复赴水，冀无援者，适又为人救免，公愤甚，而家人防益密。至七月十七夜半，乘间复蹈清流，防者觉而奔救之，公乃自绝饮食，至二十三日而卒，时年七十。①

在叶梦珠看来，黄周星赴死发生在复杂的社会时局与个人心态之下，

---

① 叶梦珠.名节［M］//阅世编.北京：中华书局，2007：114-115.

其中自然包括家国情怀、名节操守，还包括蒸尝有托之后的释怀、儿婚女嫁之后的欣慰，甚至不排除白日飞升的梦想。正如，黄周星自己所言："苦海空过七十年，文章节义总徒然。今朝笑逐罡风去，纵不飞升也上天。"①黄周星自沉，乍看略显唐突。然而世人但见其猝然，而不知其所以然。黄周星素怀灵均报国壮志，且倾慕太白狂放行止，遭逢国变后，转而在诗文曲词的创作中寻求精神寄托。察其平生著述，每每言及灵均、太白，哀叹"屈原放来悲泽畔，贾生谪去怨长沙"，"去国屈原终婞直，无家李白只佯狂"。多舛的人生遭际，不堪的家国命运最终在尘世的变迁与岁月的流转中化成追忆；当一切都成往事时，慕太白纵酒而狂，效灵均自沉以殁，实在是黄周星一生最"完美"的终结。

《南林丛刊次集·前身集》载："（黄周星）庚申卒于浔，年七十。其墓在镇东马家港，即所传独树坟也"。②另据道光《南浔镇志》，"明进士黄九烟先生墓，在马家港长生桥北圩，俗名独树坟是也。"③

在历史已然落满尘埃的模糊的轮廓中，人们越来越坚信，黄周星赴死的发心是殉国。友人杜濬（1611—1687）说：

> 今读其《绝命诗》二章，其首章固已自明其嗔之故。次章直欲与三闾大夫方驾齐驱，岂欺我哉！夫一部《离骚经》缘嗔而作也，故屈子不嗔则无《离骚》。由是，武侯不嗔则无《出师表》，张睢阳不嗔则无《军城闻笛》之诗。文文山以嗔，故有《衣带铭》《正气歌》，谢叠山以嗔，故有《却聘书》。九烟犹是也。盖嗔者生气，故九烟不死；不嗔无气，故若辈不

① 黄周星. 自撰墓志铭附解蜕吟［M］//夏为堂别集. 康熙二十七年刻本.
② 黄周星. 提要［M］//前身散见集编年诗续钞. 民国二十八年《南林丛刊次集》铅印本.
③ 范来庚. 道光南浔镇志：卷七［M］. 道光二十年刻本.

生。世有我辈人，不可以不辨。此皆畴昔之日，与九烟互相砥砺之概。①

至于如何殉国，参之黄周星一生的著述中对屈原的备至推崇、对《离骚》的反复征引，最好莫过于"赴水自沉"——这种源自屈原并在民族文化史中被赋予无上尊荣的方式，具有强烈的仪式感，满足了时人与后人对其矢志为国、至死不渝、自我放逐、愤而投江的终极期待。至于赴水自沉的时间，不论端阳、天贶还是七夕，事实上均已不可考，然而，最好莫过于"五月初五"。

第三节 痛并快乐着

拨开重重雾瘴，黄周星身世此刻宛然在目，其多舛而厚重的人生在明神宗万历三十九年辛亥（1611）拉开了帷幕：

黄周星高祖黄子隆于洪武年间（1368—1398）自粤东迁往金陵，定居在应天府上元县。曾祖黄锋育有尚文、尚友二子。祖父黄尚友又育有一凤、一鹏二子。黄一鹏就是黄周星的生身之父。黄一鹏育有四子三女，长子嘉相，次子嘉庆，四子嘉栋，黄周星排行第三。

周逢泰是黄周星的养父。周逢泰，湖南湘潭人，出身于书香仕宦之家。万历三十七年己酉（1609），周逢泰因嫡配张氏不育无以承奉宗祧而纳涂氏为妾最终导致家族纷争。周逢泰愤而携涂氏寓居金陵。临行之际，张氏遣人致言周逢泰于舟中，若携涂氏离去即举子来见，不然，请勿复归湘。在金陵数年，周逢泰求子甚切，然而始终未举一

---

① 杜濬.题九烟先生绝命诗［M］//九烟先生遗集.道光二十九年刻本.

子。适逢周逢泰与黄一鹏比邻而居，相与甚善。已育有二子的黄一鹏允诺周逢泰其妻正育于腹中的胎儿若为一男则由周逢泰抚育。万历三十九年辛亥（1611），胎儿出世，果为男。从此，黄一鹏的第三个儿子——黄周星，就成了周逢泰的长子——周星。

周星天资聪慧，幼有神童之目，六岁能文，八岁出周郎帖，十二入南监。崇祯六年癸酉（1633），周星在南京参加乡试中举。崇祯十三年庚辰（1640），周星赴北京参加礼部会试，考中二甲第四名进士。应该说，在早年求学以入仕的路途上，周星是较为顺畅的，并不如其所言一生事事缺陷。然而，明末风雨飘摇的时局阻挡了周星的授官入仕之途。适逢养父周逢泰因病返乡，周星于是从北京回到南京，又从南京辗转湘潭奔赴养父以尽孝。周逢泰故去后，在湘潭居丧守制的日子里，周星得以亲近湖湘山水，并结交了挚友陶汝鼐等人，《衡岳游记》等作品即作于这一时期，此后创作的《潇湘八景》也主要是基于这一时期的游历。然而，养子身份，让周星在周姓族人间身份尴尬，矛盾不断，积怨渐深。最终，周星在崇祯十六年（1643）选择愤然离去。明清易代之前，周星长期生活在南京。只是在养父周逢泰辞世前后，周星归湘、居丧，在湘潭有短暂驻留。

世事多变，在周逢泰抚育周星后，又娶一妾连举九男，而黄一鹏却有两个儿子相继早夭。崇祯十七年甲申（1644），三十三岁的周星，在甲申国难的大背景下，选择入仕，出任户部浙江司主事，并上疏复姓，是年十月二十八日，周星终于以"黄周星"为名复归黄氏本宗。

南都沦陷后，黄周星开始了后半生颠沛流离的遗民生活。顺治二年乙酉（1645）五月二十四日，清军占领南京，弘光帝朱由崧被俘。礼部尚书黄道周和郑芝龙等复立唐王朱聿键于福州。黄周星在同年避乱至福州。顺治三年丙戌（1646）六月，两浙失守，清兵打败了黄道周的义兵，进而攻入福建，消灭了唐王隆武政权。黄周星避乱至闽中长乐、古田一带。顺治四年丁亥（1647），黄周星寄寓古田西庄僧院，贫困交加，愁病相仍，不酒不肉，且村谷穷荒，虽油豉姜茗亦了不可得，惟终朝烹泉茹草而已。药粒俱断的黄周星本以为不久于人世，所幸在僧人的护持下终于转危为安，渡过一劫。这年冬天，黄周星于南平蒲城与妻女相逢，之后离开古田，于顺治五年戊子（1648）到达浙江杭州。随后的四年间，浪游吴越间，以"佣书鬻文"为生，不乏酬唱，"西湖三战诗"、《楚州酒人歌》等作品即创作于这一时期。

南明永历七年、清顺治十年癸巳（1653），黄周星因亲丧由杭州返回南京，并在此后数年间于吴越之间多有往返，留下了上百首诗歌，真切地展现了易代之际的社会现实尤其是遗民士子的日益凄惶的处境与渐至悲凉的心境。这段时间也是黄周星以遗民身份活跃并交接于同志的时期。林古度、冒襄、杜濬、丁雄飞等均在此间交游，多所唱和，创作了《和楚女诗十首》《登雨花台集高座寺》《秋日独登清凉山》《秋日与杜苍略过高座寺登雨花台》等较为知名的诗篇。在故都的西风里，恢复之志如同渐坠夕阳、易散秋雨，徒留遗民们凄凉酸楚的泪水。

南明永历十一年、清顺治十四年丁酉（1657）秋，四十七岁的黄周星，在鸠兹（今安徽省芜湖市）坐馆，开始了课读生涯。授课伊始，黄周星就遭遇了生存与尊严的挑战。他在馆课中所出"贫而无谄"一题，因冠以"贫"字而遭主人再三訾议。其后，南闱试题至，首题正符。然而，黄周星已失主人之欢。窘迫的处境延续了近两年。南明永历十三年、清顺治十六年己亥（1659）春，黄周星离开鸠兹，移寓浙江。

南明永历十四年、清顺治十七年庚子（1660）以后的近十年时间，黄周星寓居于浙江嘉善以教经糊口。在这一段时间里，黄周星继甲申、乙酉之后再次遭遇南明覆亡的重创。也是在这一段时间里，黄周星完成了那个时代无法规避的蒸尝有托的夙愿，卸下了家族使命压在心头的重负。还是在这一段时间里，黄周星先后与杭州草堂里的吕留良、苏州亦园里的尤侗等人交游，并结识了汪象旭。于是，时局变故与人际交往促使黄周星的心性与志向发生了巨大转变，激发了黄周星创作戏曲的兴趣，创造了黄周星评点小说的契机，也导向了黄周星赴水的归宿。

南明永历十六年、清康熙元年壬寅（1662），黄周星变姓名曰黄人，字略似，号半非道人，并作《自改名号》诗以纪之：

> 略似人形已半非，道人久与世相违。
>
> 须眉无恙千秋绿，意气全灰十载饥。
>
> 猿鹤虫沙同是化，鲲鹏龙象竟何归。
>
> 向平愿了终须去，千仞峰头看振衣。[①]

乱后十年，那些在艰难世事中的颠沛流离与苦苦支撑，偶一回首，顿觉猿鹤虫沙同化、龙象鲲鹏难归，恍如一梦。继十年之前上疏复姓从"周星"变成"黄周星"之后，又自改名号，尝试从"黄周星"变成"半非道人"，以求开启从遗民走向逸民的另一段人生历程。

康熙九年庚戌（1670）四月，黄周星携妻女幼子由嘉善移居南浔。这座四面环水的小镇成为黄周星一生的归宿。生命的最后十年里，黄周星的交游减少，坐馆岑山程子斋中，课读之余，笔耕更勤。康熙十二年癸丑（1673）冬，黄周星开始评选古今人诗，并于七年之后，完成了十六卷本的《唐诗快》的编选，奉献了唐诗接受史上极具个性色彩与主体意识的一个选本。康熙十三年甲寅（1674）春，历经四年的苦心孤诣，黄周星构建了墨庄幻景——将园与就园，完成了《将就园》记的创

---

① 黄周星. 自改名号 [M] // 前身散见集编年诗续钞. 民国二十八年《南林丛刊次集》铅印本.

作；并于第二年创作了《仙乩杂咏十二首》。康熙十五年丙辰（1676），六十六岁的黄周星完成了传奇《人天乐》的创作，此外，还创作了两部杂剧《试官述怀》《惜花报》和散曲《秋富贵曲》。

康熙十七年戊午（1678），影响一代遗民的博学鸿词科举试开考。浙江官员以博学鸿儒荐黄周星进京应试。黄周星避走湘潭。康熙十九年庚申（1680），延期的博学鸿词科正式开考前，黄周星再次遭到应选的催逼。无奈之余，黄周星仰天叹息：苟活三十七年，老寡妇怎堪再嫁。是年端午，黄周星痛饮大醉，手书《绝命词》，再作《解蜕吟》。作为遗民的"黄周星"的殉国之志和作为逸民的"半非道人"的飞升之梦很难剥离，也没有太多的必要去拆解、析分。从1611年走到1680年，现在就是"能"死的时候了。黄周星，身负平身著述，于南浔马家港三度投水，最终自沉以殁。

对于黄周星而言，生命是痛并快乐着的七十年。

黄周星的痛苦内涵丰富。在《自撰墓志铭》中，他说："一生事事缺陷，五伦皆然，自少至老，未尝一日安乐。盖生世不辰，遂与贫贱相终始。"[①] "事事""五伦"许是顾影自怜、自伤自悼，不免言过其实，多少带有诗人消极浪漫主义的色彩。不过，"痛"的确是弥望了七十年。择其大端，黄周星的痛苦主要源自身世、家国、治生与苍生。

身世之惑

不夸张地说，在文学史上，很少有哪一位作家遭遇到黄周星这样的身世困惑。据《夏为堂别集·复姓纪事》，"臣原籍应天府上元县人，本姓黄氏，因臣生父黄一鹏与养父周逢泰比邻交稔，时养父艰嗣，乞

---

① 黄周星.自撰墓志铭附解蜕吟［M］//夏为堂别集.康熙二十七年刻本.

抚臣于孩抱，臣遂承袭周姓。"①这是黄周星半生的气不忿与意难平。

"后稷教民稼穑、树艺五谷，五谷熟而民人育。人之有道也，饱食、暖衣，逸居而无教，则近于禽兽。圣人有忧之，使契为司徒，教以人伦——父子有亲、君臣有义、夫妇有别、长幼有序、朋友有信。"②在传统文化中，五伦是一个人生活在这个世界上天安排的伦理秩序，是起自尧舜的道德规范的核心。在五伦之中，"父子有亲"居于首位。这是因为生命源自父亲、母亲，而且在赤裸、柔弱地降生之时，是父亲、母亲超越社会的、后天的名与利，纯乎本能地去迎接、庇护、哺育、抚养子女。血脉相连的原生与自然逻辑，使得"父子有亲"成为至高无上的命题——在任何情况下，父母与子女之间的关系都是无法超越的，也是不应被颠覆的。

恰恰是在"父子有亲"这点上，黄周星遭遇最大的困惑与磨难。对于存在必然联系却又完全陌生的生父黄一鹏，周星在血缘上是无法罔顾的；对于虽无血缘却又朝夕陪伴的养父周逢泰，黄周星在情感上又是难以割舍的。与此相伴而生的困惑是黄周星在金陵、湘潭两地归属上的进退两难。一个没有家族的人注定是孤独的，一个没有故乡的人注定是漂泊的。生世不辰，命数不济，黄周星均未能幸免。很难想象，黄周星在血气方刚的年龄，每日每夜纠结着带有强烈虚无色彩的三个"哲学"命题：我是谁？我从哪儿来？我要到哪里去？就此而言，是家国之痛将黄周星从身世之惑中解脱、拯救出来。甲申变后，神州陆沉的突变时局，促使早年的"周星"上疏复姓，回归本宗，以"黄"冠于"周星"，是为"黄周星"——终究还是一个人承担了所有。

① 黄周星.复姓纪事［M］//夏为堂别集.康熙二十七年刻本.
② 杨伯峻.孟子译注［M］.北京：中华书局，1960：125.

家国之痛

身逢鼎革，终罹国难，是一代遗民逃不出的宿命，黄周星也不能例外。

从身世之惑中解脱出来的黄周星旋即坠入了家国之痛的深渊。"天下之本在国，国之本在家，家之本在身。"①就此而言个体、家族、国家是三位一体的，"修齐治平"在这个层面上是协同一致的。当然，差别也是客观存在的。家国情怀，是士阶层作为个体在走出家庭的"父子有亲"的人伦格局之后，在走进社会作为群体的组成部分时所秉持的"君臣有义"这一政治秩序的核心。简而言之，"君臣有义"指君主与臣下之间讲求义理、道义。在家国层面，"义"超越了个体的"亲"，成为最高准则——这不仅规范着臣子，同样约束着君主。王朝易代之际，甲胄之士饮泣枕戈，忠义兵民愿为国死，成为历史上数见不鲜的图景。

1644年农历三月十九，崇祯帝朱由检离开紫禁城，登上煤山，自缢殉国，时年33岁。这一天成为传祚276年的大明王朝的亡国祭日。这位16岁登基的明朝第十六位皇帝在位17年，亲历了明代最纷繁错综的政局，内有农民起义之忧，外有后金南压之患。作为一位年轻而意欲有所作为的皇帝，崇祯帝即位之初就有起衰振弊之志，在铲除阉党之后，勤于政事，甚至六下罪己诏。然而，造化弄人，时不我与，崇祯终究无法挽狂澜于既倒，扶大厦之将倾。在遗民心中，崇祯帝已然恪守君臣之义。

崇祯留给遗民的，是地坼天崩、川枯海竭之后破碎的一片山河。作为守"义"的臣子，殉国之外，就只剩下徒劳的恢复与无尽的伤痛。

"石陶梨烟"堪作代表。清末著名学者黄摩西（1866—1913）

---

① 杨伯峻.孟子译注［M］.北京：中华书局，1960：167.

于诸子百家之籍无所不览，九流三教之学无所不治。在此过程中，他于明清之际择取本家四人名号，名其书斋为"石陶梨烟室"，斋中悬一匾额，上书"揖陶梦梨拜石悼烟之室"，以示追慕。"陶"指黄淳耀（1605—1645），嘉定（今上海市嘉定区）人，号陶庵，崇祯进士，清兵破嘉定，偕弟自缢；"石"指黄道周（1585—1646），漳浦（今福建省漳州市漳浦县）人，号石斋，天启进士，官至礼部尚书，率兵抗清战败被俘，不屈而死；"梨"指黄宗羲（1610—1695），余姚（今浙江省余姚市）人，晚号梨洲，明清之际著名学者，抗清志士；而"烟"则是指黄九烟，即黄周星。每逢三月十九，流离东南的明遗民，如黄宗羲，则沐浴更衣、面向北方、焚香叩首、失声恸哭。黄摩西的书斋恍如一段明代遗民的蒙太奇，电光石火却难以磨灭。

对于黄周星而言，家国之痛成为他后半生再也无法醒来的梦魇：一个在传统伦理纲常中寻常不过的"义"，关联起三十七年前殉国的崇祯帝与三十七年后殉君的黄周星。正是对作为君臣之间最高行为规范的"义"的践行，将黄周星从家国之痛中解脱、拯救出来。黄周星带着三十七年的沉重的愧疚与自责，洒脱地走向河川。成人的世界，不欢迎"选择"。所以，黄周星以赴水解决了至少三个问题。因为那一刻，他拒绝"将就"：这既与避走博学鸿词有关，又与追悼故国有关，当然也不能说与白日飞升无关。

然而，终究不能否认的是，黄周星之赴水在本质上仍然应视为是特殊历史情境下的士之做派的坦荡与意念的决绝，是黄周星对缺陷的五伦的修复与补偿，是一位庚辰进士、户部主事基于"君臣之义"自我救赎与节操捍卫的诗意表达。

治生之艰

在经历身世之惑与家国之痛后，横亘在黄周星面前的是作为一家之主如何解决衣食住行的问题。对于无论是遗民还是逸民而言，选择在新朝边缘化的生存，就不得不面对治生之艰。事实上，自古迄今这个问题无论是谁都需要给出一个答案，无论是轻松，还是艰难。戴名世在《种杉说序》中说：

> 余惟读书之士至今日而治生之道绝矣。田则尽归于富人，无可耕也；牵车服贾则无其资，且有亏折之患；至于据皋比为童子师，则师道在今日贱甚，而束脩之入仍不足以供俯仰。①

1643 年，黄周星绝弃周姓氏籍，一同放弃的还有属于他名下的田产，转身离开湘潭。"在其时特定的历史情境中，士的贫困化被体验为物质与精神（即尊严）的双重剥夺"。②黄周星的后半生，基本上都是处于这种被双重剥夺的既贫且困的生存状态中。

就其贫而言，在《戏为逆旅主人责皋伯通书》中，黄周星说："乱后无家，往往侨寄逆旅。逆旅主人不礼焉，至乞一椽不可得。"③避乱期间，黄周星寄寓古田僧院，贫病交加，虽油豉姜茗亦了不可得，惟终朝烹泉茹草而已，自度将不久于人世，所幸在僧人的护持下，转危为安，渡过此劫。

就其困而言，黄周星从南明永历十一年、清顺治十四年丁酉（1657）四十七岁那年到康熙十八年己未（1679）六十九岁，也就是去世的前一年，漫长的坐馆课读生涯延续了二十三年。诚如戴氏所言，师道贱甚。鸠兹坐馆伊始，黄周星出"贫而无谄"一题，却遭主人再

---

① 戴名世.种杉说序［M］//南山全集.光绪十九年印宏鸿堂木活字本.
② 赵园.明清之际士大夫研究［M］.北京：北京师范大学出版社，2014：108.
③ 黄周星.戏为逆旅主人责皋伯通书［M］//夏为堂别集.康熙二十七年刻本.

三訾议。嗣后，南闱试题至，首题正相符合。尴尬之余，主人隐约不悦。黄周星"竟以此失主人欢，席未暇暖而退矣"。[1]束脩微薄尚可忍受，塾师困窘与卑微更令人难堪。

时代的变局令人错愕与失落，是午夜秋凉、万籁俱寂之时，悬空的残月，可以静默，可以隐忍。生计的艰难推到人前的窘迫与无助，则是暑气蒸腾、众声喧哗之中，直射的骄阳，无处遮蔽，无处躲藏。正所谓国家不幸诗家幸，迫于生计，这位前朝进士、户部主事，在坐馆课读仍难自给的形势下，经由佣书鬻文，比如刊印时艺，进入了另一种生态：评点小说、编选诗集。

苍生之苦

1644年农历三月十九日，崇祯死前于蓝色袍服上书："朕自登极十七年，致敌入内地四次，逆贼直逼京师，虽朕凉德藐躬，上干天咎，然皆诸臣之误朕也。朕死无面目见祖宗于地下，去朕冠冕，以发覆面，任贼分裂朕尸，勿伤百姓一人。"[2]不过，这只是一位连自己都保护不了的亡国之君的一厢情愿。早在前一天，李自成攻入北京城时，帝都早已日光惨淡，遍地尸首。1645年农历五月二十五日，史可法就义前，依然没有泯灭一丝一毫的胆气，城存与存，城亡与亡。不过，这同样也只是一位知其不可而为之的抗清将领的一厢情愿。清军占领扬州后，多铎纵兵屠掠，十日封刀，扬州一片血海。

在阶级冲突、民族冲突走向激化的任何一个时刻，历史都是沉重的。对于黄周星而言，甲申、乙酉的所闻所见却是独特的这一个，需要用一生去吹散眼中的风烟，抹去心头的血泪。只是与志在以诗存史

① 黄周星.答门人叶瑞屏［M］//九烟先生遗集.道光二十九年刻本.
② 计六奇.明季北略［M］.北京：中华书局，1984：464.

的诗人诗作呈现出明显的风格差异，黄周星的诸多诗篇具有鲜明的主体色彩，其题材选择较少聚焦时事并予以直接反映，反而交游唱和、山水游历、饮食起居、理想幻梦在其作品中占据了更大的篇幅。但是，在干戈满地的鼎革易代之际，作为肠热心慈的遗民诗人，对于社会的动荡、苍生的疾苦，尤其是在亲历义军进犯湘潭、清军攻陷南都之后，是绝不可能置若罔闻、无动于衷的。

南明永历八年、清顺治十一年甲午（1654），黄周星于南京知悉遭清兵掳掠而投江的楚女，并从好友林古度处读到楚女十首绝命诗作。"秋灯萧飒，倚韵和之。颂欤？诔欤？愧深于恸。"①对在兵乱中赴江尽节的楚女，黄周星连作十首和诗，表达深切的同情，对她"葬入江鱼波底没，不留青冢在单于"②的抗争更是充满了崇敬，以至投射到自身种种不得已而忍辱苟活，不免愧深于恸。在随后的数年间，黄周星历乙未至丙戌，就楚女的姓名或入梦，或请乩，或寻访，终于获悉了楚女名"徐青鸾"的信息。"长夜绵绵未五更，荒天地老尽愁城。""几多忠孝殉君亲，造物于今颇不仁。"③一段完全于史无征的易代日常，一个陨灭于清兵铁骑之下的无名少女，引发了黄周星用前后五年的时光去唱和、去自省，感怀的却是一个山崩地坼的时代里涂炭苍生的悲苦。

与痛苦相比，黄周星的快乐内涵同样丰富。

进学之顺

在黄周星早年的经历中，伴随着身世困惑的是进学的意气风发与踌躇满志。

综合多份生平史料，黄周星幼时即聪颖绝伦。在养父周逢泰的教

---

① 黄周星.和楚女诗（原诗附）[M]//夏为堂别集.康熙二十七年刻本.
② 黄周星.和楚女诗（原诗附）[M]//夏为堂别集.康熙二十七年刻本.
③ 黄周星.真得楚女姓名六首并序[M]//夏为堂别集.康熙二十七年刻本.

导下，黄周星六岁识文断字，七岁能为楷、隶、行、草等不同书体，所临《曹娥碑》《乐毅论》《黄庭经》，时人称为"周郎帖"，在金陵广为流布，颇有声誉。天启三年（1623），十二岁的黄周星入南雍，即南京国子监求学。明代国子监对学生课以名体达用之学，以孝悌、礼义、忠信、廉耻为之本，以"六经"、诸史为之业，旨在为朝廷培养能出入将相、安定社稷的文武之材。高规格的教育奠定了黄周星进学的扎实基础。崇祯六年（1633），黄周星在南京乡试中考中举人。崇祯十三年（1640），黄周星以湖广湘潭籍赴北京参加礼部会试，考中二甲第四名进士。

事隔四十年后，黄周星在《自撰墓志铭》中对早年的进学经历记忆犹新：

> 至崇祯丁丑，道人生二十七年，始得遘本生父母，时道人已举燕闱癸酉孝廉。又三年庚辰成进士，明年丁周氏外艰。又三年甲申冬授户部主政……此时曾有神童之誉，而道人不知其为神童也。二十而贡于天府，二十三而登贤书，三十而登制科，人皆以为功名之事士，而道人不知其为功名也。①

前半生一帆风顺的治学之途乃至即将揭开帷幕、大展宏图的仕进之旅，成就了黄周星为人艳羡的一个个高光时刻。也正因此，他对养父周逢泰在情感上是认同的，以致在具疏复姓时，仍在名字中保留"周"字；他对明王朝是充满眷顾的，以致在后半生布衣素冠、寒暑不易，最终选择身殉先皇。

此外，进学之顺也造成了黄周星对于科举、帖括的复杂感情。黄周星一面表示"仆性好读书，而雅不喜举子业。窃谓文章不朽，必本性情，彼世之习为举子业者，大抵出于无可奈何，而性情不与焉"，[①]甚至宣称"仆生平有二恨，其一阿堵，其一帖括"。[②]一面又在表示"夫仆所恨者，卑腐庸陋之帖括耳"，甚至在绝意仕进，退而坐馆之后，"偶见社课中有拈此题者，枯淡几如嚼蜡。及觅坊刻阅之，则又肤板而沉涩，殊不快意。因漫泚笔为之，兴会所至，不觉遂成四艺"，[③]再次亲制时艺《吾岂匏瓜也哉》。

行为哲学认为，人的行为是人在意识指导下的、主动自觉的行为。而人的意识是由认知与意向两大因素构成的，也就是说行为是认知、意向两大意识因素共同作用的结果。黄周星对举子业持有相对客观的认知，是疏离的，甚至可以说是拒斥的。那么，欣然帖括，制作时艺的行为，只能从意向上予以解释——换句话说，早年的进学之顺已经在不经意间为苦涩的后半生留下了甜蜜、快乐的因子，可资回味一生。

子嗣之喜

黄周星中年以后生计仍然艰辛，而嫡嗣未举、宗祧无继造成的精神压力远甚于物质上的贫困。最大的欣喜来自年近甲子之时，连举二子。据叶梦珠《阅世编》所载，黄周星遭逢鼎革，所以不死者，上念老亲独子，嫡嗣未举，偷生苟活，存黄氏一线。子嗣之念成为黄周星在乱后选择忍辱苟活的心理支撑，当然也成为黄周星巨大的心理压力。康熙六年丁未（1667），五十七岁的黄周星已经育有四女，这一年四月，侧室赵氏为黄周星生下长子黄楣。黄周星终于免却伯道之忧，慰

---

① 黄周星. 逋草自序［M］//九烟先生遗集. 道光二十九年刻本.

② 黄周星. 惭书序［M］//九烟先生遗集. 道光二十九年刻本.

③ 黄周星. 瓠瓜五义原序［M］//九烟先生遗集. 道光二十九年刻本.

藉半生蹉跎，作《生子志喜》。

对于黄周星来说，子嗣之念终于得以化解，相伴而生的则是获麟之喜。隔年，即1669年，五十九岁的黄周星再得次子黄榔，"近来一事差强意，膝前昨岁新添丁"，惊喜之情虽逊于长子，老来得子的欣慰依然是真切的。夏商古制，天子诸侯宗庙之祭，春日礿，夏日禘，秋日尝，冬日烝。这是夏商两朝的祭祀，一年中在春分、夏至、秋分、冬至四个节气举行。黄周星用"烝尝"二字，泛指四时祭祀。在传统人伦的框架下，加之黄周星早年由"黄"入"周"，再由"周"归"黄"的特殊经历，其嫡后嗣续、"蒸尝有托"的心理虽不尽合理，却是可以理解的。尝试认同并深刻体验黄周星的子嗣之喜，可以更好地理解黄周星距甲申国难三十五年而后殉的苦衷与赤诚。

此时，黄周星已有三个女儿出嫁，然而，随着两个儿子的出生，生计依然艰难。黄周星只能更加谨慎地借教经以糊口。这也许正是生命的真相与生存的常态：痛并快乐着。

山水之趣

优游泉石，放旷烟霞，山川之趣，古今共赏。春山淡冶若笑，夏山苍翠欲滴，秋山明净胜妆，冬山惨澹近睡。山水风物，四时交替，动静相宜，经由不同审美主体的观照，成为文学的汩汩源泉，生命的多彩写照。作为引发之物、意象题材、情感寄托、精神归宿，山水在黄周星的文学创作中占有重要地位，是黄周星抒写情志的重要载体与介质。

在不同的人生阶段，山水对黄周星具有不同的意义。"山水相涵，远不逾迟"，[①]于黄周星而言，既是早年逸游的心境，也是中年流离的处

---

① 黄周星.题山水画册［M］//夏为堂别集.康熙二十七年刻本.

境，更是晚年走向虚无的梦境。

居湘丁忧期间，或许是为了排遣亲丧的悲苦，或许是为了宣泄与族人不相能的压抑，黄周星出发上路了。他在崇祯十五年壬午（1642）踏上了攀登衡岳的征程。在《衡岳游记》中，黄周星写道：

> 仆本旷适之人，复生旷适之地，江风山月，朝爽夕佳，浩浩落落，其乐无涯。……仆春秋三十有二，幸而策名，当时修途未央，岁华堪惜。东西南北，安往不欢……余自总角时，即有五岳之志，顾生长钟山、草堂间，距五岳青翠遥遥。每从缣素中缅怀云气，只如秦汉殿庭谈三神山耳。……始克践斯约，则壬午岁之秋杪也。主宾相见，既喜其来而恨其晚，且古称五岳于中州，衡为最远。余家江南，去此四千余里，非有槎轩扉屦，因缘幸而肆志游之，是不可无记。①

在这个时候，山是山，水是水，是兀自的审美客体。泛游此间，或可遗世。在饱览风物的同时，黄周星在山水之中暂时抽身于琐碎庸常的家族纷争，与绝大多数的寄情于山水的人别无二致。山水自然的雄奇秀美让审美主体沉醉其间，悲苦与压抑获得了释放与降解。乐得自然，乐得本真。

甲申之后，山水在黄周星的心中发生了质变。山水在黄周星的诗文中经由情感投射，被无限放大，超越了审美客体，山不再是山，水不再是水，山水是与审美主体歌哭与共、笑骂同俦的故国、遗民。在七绝小诗《暂到家》中，黄周星写道：

---

① 黄周星.自撰墓志铭附解蜕吟［M］∥夏为堂别集.康熙二十七年刻本.

一湾穷水招憔悴，满眼森凉倚旧扉。

何处荒荒青未了，主人新自万山归。①

山穷水旧，满目荒凉。无论是"披发何时下大荒，河山举目共凄凉"，还是"落日河山千古在，秋风天地一人无"，还是"举目河山千古泪，对床风雨两人秋"，黄周星或孤身一人或相与结伴，在故国的这片残山剩水中，追悼着渐行渐远的君王与皇朝。前尘如梦，山水偏又唤醒梦中人，直面陌生的新朝。或者可以这么理解，山水俨然成为黄周星心目中故国的象征，是故国留给一代遗民最后的念想。就此而言，"潇湘八景""西湖三战"当不应简单地视为摹景咏物甚或笔墨游戏。

康熙二年癸卯（1663）仲夏，黄周星结识绍兴书商汪象旭，介入《西游证道书》的评点。在《柬汪憺漪》中，黄周星说：

仆生来有烟霞痼癖，每诵陶隐居青云白日之句，顿觉璃楼玉宇去人不远。恨半生漂泊，驹隙蹉跎，茫茫九点，欲觅一同心侣，正如搴芙蓉于木末。昨来西子湖头，始得交吾兄，望其风格，知为方瞳绿发中人。……神仙一道，世人多以为荒唐。仆独以为神仙必可学而至。②

从"烟霞"，黄周星逐渐走向了"神仙"。康熙九年庚戌（1670），六十岁的黄周星在步入人生最后一个十年后，开始着手创作《将就园记》，营建"将园""就园"两片笔墨山水、纸上园林。③康熙十三年

① 黄周星.暂到家［M］//九烟先生遗集.道光二十九年刻本.
② 黄周星.柬汪憺漪［M］//九烟先生遗集.道光二十九年刻本.
③《九烟先生遗集·卷五·仙乩纪略》中云："余之将两园，经始于庚戌之冬，落成于甲寅之春，颇自谓惨淡经营，部署不俗，然亦不过墨庄幻景，聊以自娱耳!"

甲寅（1674）春天，黄周星完成了《将就园记》，当年仲冬，黄周星过苕溪乩仙坛，观陆芳辰运乩祈仙，陆自托文昌帝君将阅是记，黄周星抄录而焚化，一同焚化的是黄周星早年的山水之趣和中年的故国之思。"两园昆海已峥嵘，八百龙沙句又成。说与世人唯一笑，人间真个可怜生。""文皇桂殿久临轩，构得吾家将就园。好去昆仑山顶上，大开天眼看中原。"①山水，最终沦为黄周星在人生的尽头白日飞升的虚无幻梦。

当对一切感到幻灭后，黄周星唯有在宗教的神秘世界里以神仙之志希冀生命的超脱。晚年在《人天乐·自序》中，他说："仆久处贫贱，备尝艰险。自丧乱以来，万念俱灰，独著作之志不衰。迩来此念亦灰，独神仙之志不衰耳。"②然而，神仙之志也不能使黄周星摆脱残酷现实造成的痛苦，虚幻的宗教思想反而加剧了他本已不可愈合的精神创伤。

交游之乐

黄周星才华横溢而嵚崎历落，品行澹荡而孤傲狷介。在《自撰墓志铭》中，黄周星说自己是"积功累行，孳孳为喜，非义所在，一介不苟，俯仰之间毫无愧怍，庶几文人之有行者"。王晫说他："黄九烟落落高踪，时人恶其冷。"③卓尔堪说他："性孤冷，寡言笑。"④即便如此，在17世纪烽烟四起的明清大舞台，尤其是在易代之后，黄周星在茫茫人海中，并不缺乏邂逅知己的机缘。

明清之际思想活跃，社会各阶层或志向不同，或情趣互异。在进退维谷的形势下，士人群体的人生道路选择同样存在差异，或转战东

---

① 黄周星. 乩仙杂咏［M］//九烟先生遗集. 道光二十九年刻本.

② 黄周星. 人天乐传奇［M］//夏为堂别集. 康熙二十七年刻本.

③ 王晫. 黄周星条［M］//今世说：卷八忿狷. 康熙二十二年新安张氏霞举堂刻本.

④ 卓尔堪. 黄周星五首［M］//明遗民诗：卷一. 北京：中华书局，1961：8.

南坚持抗争，或以身家殉国以明志全节，或削发逃禅以规避纷争，或隐居不出以拒仕二朝，当然也有人出于各种不得已而身陷"贰臣"之困。黄周星交游呈现出明显的指向性。在书牍《寄戚缓耳》中，黄周星就择友、交友表达过自己的标准与原则：

> 仆生平踽踽落落，最寡交。然交道亦自难言，尝妄论取友有数种：第一，当取有品者；其次，则有行者；又其次，则有学者。是三者，皆吾所敬也。然三者何可多得？其次，则取有才者。有才者，吾爱之，但爱其才可矣，不必问其品行，并不必问其学也。虽然，世间能有几才人哉？又其次，则取有情者。平居缱绻，患难周旋，皆情也。顾钟情之人，亦复未易数见。无已，则取有礼者。往来交接，馈问殷勤，虽古之圣贤固当受之，何况今日？仆之论交，大约尽于数种矣。若品行才学既无一可称，而情礼又不足取，此所谓势利酒肉之俦耳，是安足道哉！①

在黄周星看来，一个人在品、行、学、才、情、礼六个方面有可取之处，就是可以取友论交的。就其交游的实际情况来看，强烈的民族气节与鲜明的政治态度，是最主要的标准。吕留良、林古度、徐枋、杜濬、冒襄、吴嘉纪，均是以遗民同志的身份或姿态进入黄周星的朋友圈。早年居丧于湖湘期间结识的陶汝鼐在国难后再次进入黄周星的视野，两人之间的书牍往来，更多的感情基础也是来自遗民怆怀故国的共识。基于相类的品行，彼此砥砺操守，为流离贫困穷、孤独落寞冷的黄周星带来了言说不尽的感怀，高山流水，这应该是一种身处其间

---

① 黄周星. 寄戚缓耳［M］//九烟先生遗集. 道光二十九年刻本.

的人才能深切体会的交游之乐。

　　当然，每个人都是一部传奇。黄周星的交游之乐，还来自对品、行之外学、才、情、礼的辩证接纳。于是尤侗之才情、丁雄飞之学识、张潮及叶瑞屏等人所执后学之礼同样也被黄周星划入了朋友圈。此外，作为书坊主的汪象旭等人在黄周星的生命中出现虽有其现实生计的考量，但是也不宜视为黄周星俯就"势利酒肉之俦"，毕竟在走向虚无的后半生，在"神仙一道"上，黄周星与汪象旭俨然一对好道友。

　　可惜的是，与黄周星同年生、同年卒的另一位明末清初的文化大家——李渔（1611—1680），与黄周星没有任何的交集，两人竟始终是两条平行线。恰如李渔与同乡冒襄也未有任何交集。个中原因，在民族气节、政治态度之外，迥异的情趣与志向应是关键——这是一个有趣的、值得深入探讨的话题。另一位与黄周星同年生、同年卒的遗民巢鸣盛（1611—1680），与徐枋、吕留良相友善，与黄周星却也并不熟识，则要归因于明清士人差异化的生存方式与价值观念——这同样是一个有趣的、值得深入探讨的话题。

第二章 乱后词章

黄周星说："仆生来有文字之癖，即八股功令少时皆唾弃不顾，而独酷嗜诗词古文。迨幸邀卤莽之获，则益性命以之。约计五十年中，其所撰著不下数十种，不幸洊罹锋燹，燔溺剽夺，所存不过千百之一二，未免有见少之憾。"①

他又说："诗文著述几盈百卷，既无力授梓，并不暇缮写。今世俗所传者，惟有《唐诗快选评》《人天乐传奇》及《百家姓新笺》《秋波时艺》《将就园记》《八百地仙歌》数种，与散见他选者数篇而已。"②

国家不幸诗家幸。对于黄周星而言，不幸的离乱世道让他成为有"幸"的诗家，但不免将就的是那些乱后词章留存的并不多，人们解读的又太少。

---

① 黄周星.人天乐传奇［M］//夏为堂别集.康熙二十七年刻本.
② 黄周星.自撰墓志铭附解蜕吟［M］//夏为堂别集.康熙二十七年刻本.

第一节 诗 与 远 方
——诗歌创作研究

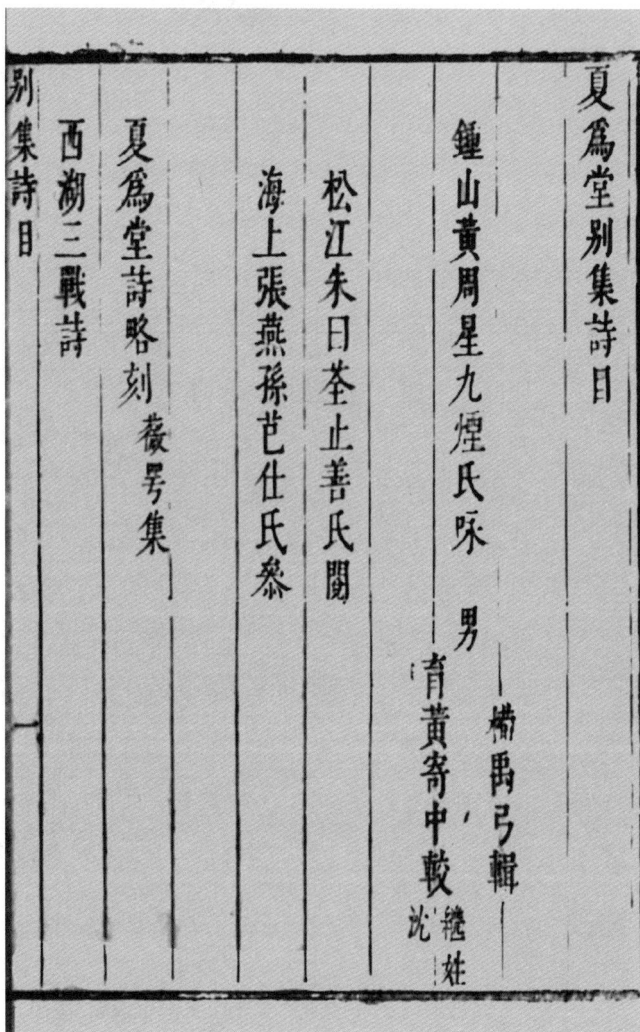

图2-1 夏为堂别集诗目

（载于《夏为堂别集》，康熙二十七年刻本，国家图书馆藏）

毋庸置疑，黄周星在本质上是一位诗人。

在辞世前所作的《解蜕吟序》中，黄周星写道：

> 今岁在庚申，予年七十矣。念世事之都非，叹年华之易尽。与其苟活，不如无生。昔《傅奕铭》曰：傅奕，青山白云人也，以醉死。予慕其风，以为醉死殊胜饿死。但自铭则当曰"诗人黄九烟之墓"耳。以兹含笑而入地，何异厌世而上化。聊为解蜕之狂吟，当获麟之绝笔。①

傅奕（555—639），唐初学者，首创墓志。据《旧唐书·傅奕传》载，傅奕死前为自己写的墓志铭是"傅奕，青山白云人也"，希冀成为超脱尘世官场、放浪青山白云的旷达之士。②穷困一生的黄周星在走向生命尽头的时候，受到了傅奕的启发，却又与傅奕斥佛反其道而行之，倾向于在酒精与宗教的双重麻醉中解蜕上化——这是一生追求浪漫的黄周星对自己的终极关怀，同时，他也选择自撰《墓志铭》与世人作别。

"自铭则当曰'诗人黄九烟之墓'耳"。在进士、户部、道人以及遗民或逸民之中，黄周星将自己定位在"诗人"的角色上，足见于人生的多个领域，黄周星最走心的仍是文学，又足见在文学的多种体式中，黄周星最自负的是诗歌。黄周星卒后葬于南浔镇马家港长生桥畔。③感于他的文名，后人于咸丰年间在墓址重新立碑，以示凭吊。墓

---

① 黄周星.自撰墓志铭附解蜕吟［M］//夏为堂别集.康熙二十七年刻本.

② 据《旧唐书·傅奕传》："（傅奕）尝醉卧，蹶然起曰：'吾其死矣！'因自为墓志曰：'傅奕，青山白云人也。'因酒醉死，呜呼哀哉！"至此方有墓志一说，所谓：挽歌始于田横，墓志创于傅奕。

③ 《南林丛刊次集·前身集》载."（九烟）庚中卒丁浔，年七十。其墓在镇东马家港，即所传独树坟也。"另道光《南浔镇志》载："明进士黄九烟先生墓，在马家港长生桥北圩，俗名独树坟是也。"

碑镌刻诗句："异乡飘泊孑然身，五日魂归故国民。饮罢蒲觞怀酒意，长生桥下吊灵均。"盖棺论定，异乡漂泊、魂归故国，也是后人对黄周星的追念与感怀，予"诗人黄九烟"以诗化表达。

事实上，在诗、文、曲、稗等多种文学体式中，黄周星在诗歌领域的确是开展了丰富的创作实践，形成了独特的创作风格，取得了卓越的创作成就，扬名于当时当世，并经由接受与阐释，走向远方。

由诗人卓尔堪在康熙年间编撰的《明遗民诗》是一部十六卷的明诗总集，收录明末遗民诗2 867首，诗人505人，黄周星位列"卷一"第三位诗人，共有五首诗作入选该集。卓尔堪编选该集意旨明确，原则清晰，人与诗并重，然人更重于诗，其有以人传诗者，诗不过数首，虽有微瑕，亦所必录。在对黄周星的介绍中，卓尔堪说：

> 黄周星，……进士，隐居江南，性孤冷，寡言笑……今所存皆鼎革以后所作，颇近于《骚》。素怀灵均之志，终投秦淮以死。[1]

卓尔堪活跃在康熙时期，当与黄周星为同时代人或稍晚，同历丧乱。黄周星苦志力行的操守与追怀故国的吟咏是卓尔堪最欣赏的。黄周星在易代之后的行事做派、诗歌创作，常为人目之以屈《骚》，尤其是他效灵均之志，投水自沉，在遗民诗人中更显超群绝伦。卓尔堪的诗选与诗论可以说是凸显了这一特质，而将黄周星推向更宽广的接受群体。

此后，邓显鹤（1777—1851）在《沅湘耆旧集》卷二十七收录了黄周星十三首诗歌，并就其人其诗作了如下评价：

---

① 卓尔堪.黄周星五首［M］//明遗民诗：卷一.北京：中华书局，1961：8.

性狷介，诗文奇伟，慷慨激昂，略似其人。诗才横溢，歌行尤独开生面。今所传《姑山草堂歌》《楚州酒人歌》等作，纵横跌宕，一往奔放，风驰雨骤，不可端倪。……诸诗体擅《骚》《雅》，义兼正变，无摹拟之迹，多沉郁之思。盖先生遭遇壤坎，家国之际，有难以显言者，奇情伟抱，一于诗泄之。①

《姑山草堂歌》《楚州酒人歌》《垂虹桥新涨歌》《登洞庭西山缥缈峰放歌》等七古歌行之外，黄周星在五古、五律、七律、七绝等不同诗体上也都有可资圈点的佳作。

与邓显鹤《沅湘耆旧集》选诗十三首相比，陈田（1849—1921）在《明诗纪事》辛签卷六选录了黄周星的四首诗歌，但是对黄周星诗作的品评视野更开阔，持论也更审慎：

今所存者，鼎革以后所作，颇近于骚。素怀灵均之志，终投水一死。九烟长歌，真气喷薄而出，微嫌拉杂。近体傲兀，自见风节。②

陈田对黄周星诗作的考察显然超越了"歌行"拘囿，将"长歌""近体"均纳入了审视视野。在评价过程中，剥离了邓氏于湘人的地域性偏爱，既指出了黄周星"真气喷薄、风节兀傲"的风格，又能从容地指出其诗歌创作，尤其是歌行类作品"微嫌拉杂"的缺陷。

此外，邓之诚在《清诗纪事初编》卷二前编下辑选了黄周星诗作。

① 邓显鹤.沅湘耆旧集：卷二十七 [M] //道光二十二年新化邓氏南村草堂刻本.
② 陈田.黄周星五首 [M] //明诗纪事·辛签：卷六.上海：上海古籍出版社，1993：2941.

钱仲联在《清诗纪事》"明遗民卷"也辑选了黄周星诗作。

综合《明遗民诗》《沅湘耆旧集》《明诗纪事》《清诗纪事初编》《清诗纪事》对黄周星诗作的选录情况，《楚州酒人歌》无疑是接受程度最高的一首。这是一首在篇幅上近千字体量的歌行：

酒人酒人，尔从何处来？我欲与尔一饮三百杯。寰区斗大不堪容我两人醉，直须上叩阊阖寻蓬莱。我思酒人昔在青天上，气吐长虹光万丈。手援北斗斟天浆，天厨络绎供奇酿。两轮化作琥珀光，白榆历历皆杯盏。吸尽银河乌鹊愁，黄姑渴死哀清秋。酒人咄咄浑无赖，乘风且访昆仑丘。绿娥深坐槐眉下，万树桃花覆樽罍。穆满高歌刘彻吟，一见酒人皆大诧。双成长跪进三觞，大嚼绛雪吞元霜。桃花如雨八骏叫，春风浩浩心飞扬。瑶池虽乐崦嵫促，阿母倚窗不堪宿。愿假青鸟探瀛洲，列真酺饮多如簇。天下无不读书之神仙，亦无读书不饮酒之神仙。神仙酒人化为一，相逢一笑皆陶然。陶然此醉堪千古，平原河朔安足数。瑶馔琼糜贱如斋，苍龙可馐麟可脯。兴酣瞪目叫怪哉，海波清浅不盈杯。排云忽拂干帝座，撞钟伐鼓轰如雷。金茎倾倒沆瀣竭，披发大笑还归来。是时酒人独身横行四天下，上天下地如龙马。百灵奔蹑海岳翻，所向无不披靡者。真宰上诉天帝惊，冠剑廷议集公卿。今者酒人有罪罪不赦，不杀不可，杀之反成酒人名。急敕酒人令断酒，酒人惶恐顿首奏天庭：臣愿醉死无醒生。帝顾巫阳笑扶酒人去，风驰雨骤，苍黄谪置楚州城。酒人堕地颇狡狯，读书学剑皆雄快。白皙纍纍三十时，戏掇青紫如拾芥。生平一饮富春渚，再饮鹦鹉湖。手板腰章束缚苦，半醒半醉聊支吾。谁知一朝乾坤忽翻覆，酒人发狂大叫还痛哭。胸中五岳自峨峨，眼底九州何蠖癙。头颅顿改瓮生尘，酒非酒兮人非人。椎炉破斝吾事毕，那计金陵十斛春。还顾此时天醉地醉人皆醉，丈夫独醒空憔悴。从来酒国少顽民，颂德称功等游戏。不如大召天下酒徒，牛饮鳖饮兼囚饮，终日酩酊淋漓嬉笑怒骂聊快意。请与酒人构一凌云烁日之高堂，以尧舜为酒帝，羲农为酒皇，淳于为酒霸，仲尼为酒王，陶潜李白坐两庑，糟坛余子蹲其傍。门外醉乡风拂拂，门内酒泉流汤汤。幕天席地不知黄虞与魏晋，裸裎科跣日飞觞。一斗五斗至百斗，延年益寿乐未央。请为尔更召西施歌，虞姬舞，荆卿击剑，祢生挝鼓，玉环飞燕传觥筹，周史秦宫奉罍甒。与尔痛饮三万六千觞，下视金银玉帛皆粪土。但愿酒人一世二世传无穷，令千秋万岁酒氏之子孙，人人号尔酒盘古。酒人闻此耳热复颜酡，我更仰天呜呜感慨多。即今万事不得意，神仙富贵两蹉跎。酒人酒人当奈何？噫吁嘻！酒人酒人，吾今与尔当奈何，尔且楚舞吾楚歌。[①]

　　从开篇至"手板腰章束缚苦，半醒半醉聊支吾"写酒人在天界终日纵酒、狂放不羁的生活，充满了快意与洒脱，酣畅奔放。从"谁知一朝乾坤忽翻覆，酒人发狂大叫还痛哭"至篇末写酒人谪降楚州、遭遇变革后放浪形骸、痛饮狂歌的生活，在耳热颜酡之际内心仍然充满了愁苦与悲愤，侘傺低徊。诗人笔下的酒人在阊阖、蓬莱、昆仑、瑶池、崦嵫、瀛洲与神人结伴，谪降楚州后与圣人相与，上天入地，完全突破了时空的限制，加之意象诡奇，更显汪洋恣肆。此外，近千字的歌行在形式上虽以七言为主，却杂以三言、四言、五言以至十言，韵语之外间有散体，参差错落，雄放自如。诚如邓显鹤在《沅湘耆旧

---

① 黄周星. 楚州酒人歌［M］//夏为堂别集. 康熙二十七年刻本.

集》中所言"纵横跌宕，一往奔放，风驰雨骤，不可端倪"，《楚州酒人歌》颇具太白风范，成为黄周星的诗歌代表作。

前人于《楚州酒人歌》，或因黄周星身阅鼎革的经历、刚直耿介的个性、纵酒狂歌的做派，认为"楚州酒人"就是黄周星，而"楚州酒人歌"则是黄周星的自我写照与伤悼。事实上，"楚州酒人"并非黄周星，而是另有其人。

就地界来看，楚州是淮安的古称，隋朝置州，治所在山阳（今江苏省淮安市）。黄周星是上元（今江苏省南京市）人。楚州、上元，一在淮水，一在长江。淮北江南之间，两地相距四百里，岂可混同。加之黄周星早年独特的身世经历，对姓氏名号、籍贯里居极其看重，又怎会在湘潭、上元之外，随口就说自己是"楚州酒人"？

就诗作来看，"酒人酒人，尔从何处来？我欲与尔一饮三百杯。寰区斗大不堪容我两人醉，直须上叩阊阖寻蓬莱。……酒人酒人，吾今与尔当奈何，尔且楚舞吾楚歌"，《楚州酒人歌》自始至终叙事角度都明确定位于"吾"，即黄周星；"楚州酒人"或者"酒人"是描述的客体，也是与叙事主体存在情感共鸣的对象，而不可能是黄周星本人。

本诗题注中所说"为陈年兄作"语，则进一步佐证了"楚州酒人"并非黄周星本人、"楚州酒人歌"也不是黄周星自道的观点。"陈年兄"是谁？年兄，是科举考试中同榜登科者彼此之间的敬称。互道年兄，是传统社会中士人人际关系的重要组成部分，即便不在仕途，同科进士往往也会彼此提携、关照。黄周星，于崇祯十三年（1640）三十岁时，以"周星"为名，中庚辰科二甲进士位列第四十一名，其榜姓"周"名"星"。据此，查《明清进士题名碑录索引·历科进士题名录》"明朝之部崇祯十三年庚辰科（1640）"在一甲3名、二甲57名、三甲236名，共计296名进士中，检索"陈"姓得十二人。在此基础上，三甲第八十一名进士陈台孙浮出水面。

陈台孙（1611—？），字阶六，号越庵，直隶山阳（今江苏省淮安市）人。山阳为隋唐楚州与明代淮安府治所。民国三年（1914），因与陕西山阳同名，改山阳县为淮安县。陈台孙以崇祯十三年庚辰（1640）科三甲第八十一名进士，知富阳（今浙江省杭州市富阳区），擢户科给事中，累迁吏部主事。明亡后于南明弘光元年、南明隆武元年、清顺治二年乙酉（1645）归里，加入了张养重（1617—1684）、阎修龄（1617—1687）、靳应升（1605—1663）等人组织的"望社"。"望社"因于每月望日举行社集而得名，其成员多为对清政权采取不合作态度的遗民。陈台孙有《鹦笑斋诗集》三卷，多为怀念故国、哀悼苍生、感时伤世、慷慨悲歌之作，加之大隐于酒的名士做派，在望社以及更广阔的遗民群体颇有一些声望。施闰章（1619—1683）在《寄陈阶六淮上》一诗中有云："寄书且折一枝去，为问风流旧酒人。"龚鼎孳（1615—1673）在《陈阶六招同赵洞门、石仲生、姜真源、宋其武观剧和其武韵》一诗中有云："楚州酒人召歌舞，一曲裂云贯白虹。""风流旧酒人"和"楚州酒人"指的都是陈阶六台孙。周亮工（1612—1672）在所辑《尺牍新钞》卷十一收陈台孙《与陶庵》尺牍一份，中有："弟迩益好醉，自著《楚州酒人传》，远近同学，俱有长歌相赠，得鸿篇远惠，糟丘生不朽矣。"这里的"弟"与"糟丘生"即是为自己作"楚州酒人"传文的陈台孙。"鸿篇"即《楚州酒人歌》，而"远近同学"就包括陈台孙的"同年"黄周星。此外，还有归庄。

与黄周星的《楚州酒人歌》在题材、主旨乃至体式上相类，但是在风格上与黄周星瑰丽雄奇、不可端倪的浪漫主义风格大异其趣，归庄同题赠诗直面乾坤荡覆的时事，呈现出厚重质实的审美取向：

纷纷秦楚时，桃源商山若弗知；扰扰汉之季，赵北燕南可避世。当今四海无宁宇，择地潜身何处所？达人不用远翱翔，逃入醉乡皆乐土。淮水汤汤流不竭，黄河南汇仍东折。川渎之气所钟聚，其地古来产人杰。只今有酒人，邈然古风流。毕卓何足比，阮籍不能俦。时就狗屠饮，或从卖浆游。朝鞿紫骝马，暮典骕骦裘。不必临邛垆、长安市、天津楼，但有酒如长淮水，淮南千里与尔作糟丘。漂母墓前倾一壶，南昌亭下酌百舻。古贤遗迹刘伶台，一石五斗相啸呼。雄风逸气满天地，不数当日高阳徒。日月无光氛气恶，酒人何心日作乐。一身踽踽高原中，喷发无聊意有托。天帝沉醉人独醒，逆天理必遭天刑，醺糟啜醨幸免祸，何必深山藏尔形。生淮南、长淮浦，不就小山招，犹望宣王旅。中怀复何限，欲言不敢语。酒人对酒索我歌，听我歌罢朱颜酡。楚州酒人何姓名？前朝进士陈先生。①

归庄（1613—1673），字玄恭，号恒轩，又号己斋，昆山（今江苏省昆山市）人，古文大家归有光（1507—1571）的曾孙，书画篆刻家归昌世（1573—1644）季子。归庄是明末诸生，与顾炎武相友善，世有"归奇顾怪"之称。南明弘光元年、南明隆武元年、清顺治二年乙酉（1645）在昆山起兵抗清，事败亡命，隐居乡野，将居所命名为"己斋"，以示和新朝划清界限。归庄在篇末以"楚州酒人何姓名？前朝进士陈先生"明确交代《楚州酒人歌》是为陈台孙而写。开篇在四海无宁宇，潜身何处所的困惑中，引出楚州本可以成为酒人的醉乡乐土，然而，酒人却因亡国之痛、故园之思彷徨失意，歌酒无绪。遗民之间通过唱和，在赠诗之中相与慰藉、砥砺，这在黄周星的诗作和《归玄恭集》中均不鲜见。

---

① 归庄. 楚州酒人歌为陈阶六进士赋 [M] //归庄集. 上海：上海古籍出版社，2010：73.

与黄周星交游深厚的杜濬撰有《陈阶六社长七十寿序》一文，其中说道："吾友陈阶六先生，文人也，顾尝自号'楚州酒人'，属余为之歌，歌成而先生击节称赏，以为绝伦，为余置酒，召寇生捧觞，尽醉而罢，此三十年前会于金陵事也。"① 陈台孙与黄周星科举"同年"且年龄同年，从文题"七十寿"和"三十年前会于金陵事"，可以推知，杜濬也曾为陈台孙作《楚州酒人歌》，这一年是南明永历五年、清顺治八年辛卯（1651），也就是黄周星的歌行名篇《楚州酒人歌》问世的年份。杜文的"寇生"系"秦淮八艳"之一的寇白门。据此，黄周星《楚州酒人歌》的"绿娥深坐槐眉下，万树桃花覆樽罍"，应有本事可考。

从宏观上来说，身处明废清兴之际的黄周星是明遗民群体中的一分子，其诗作是明遗民诗的重要组成部分。

作为前朝之所遗的一群人，遗民在群体价值取向上集中于眷怀故国、不事新朝。作为一种历史现象，遗民群体洪波涌起集中在宋元易代与明清易代两个时间节点。这与民族矛盾激化存在必然联系。赵宋、朱明两朝遗民不仕二姓，在维护君臣之义的同时，以身家性命对抗着民族压迫与欺凌，比其他王朝更迭过程中的遗民行为止于忠于故国、不仕新朝有了更深重的内涵。作为两朝遗民群体的核心，相对处于文化高位的宋代文士与明代文士面对入主中原的元、清等少数民族政权，表现出强烈的民族气节，歌哭笑骂，形诸笔墨。从文献留存来看，明遗民较之于宋遗民人群更广；其留存可考的篇什体量更大，浩如烟海，蔚为大观，足可以视为有清一代诗歌发展的辉煌起点。百川入海，黄周星在甲申之后的作品均汇入其中。

作为以"诗人"自期的遗民，黄周星的诗歌既富有立足于现实的

---

① 杜濬.陈阶六社长七十寿序［M］//变雅堂文集.同治九年武昌刻本.

批判精神，又充满追求理想的浪漫情调。黄周星早岁深陷身世之困，中年又遭逢丧乱，一生辗转流离，艰辛备尝，穷愁拂郁，愤激难平，侘傺无聊，感慨横生。对于黄周星诗作的主题取向而言，其于康熙三年甲辰（1664）所作的《芥庵和尚诗序》是一篇可以管窥奥义，进而总揽黄周星在半个世纪间尤其是明亡入清后二十年间个人诗歌创作史的序文：

芥公今飘然衲子耳，其初固楚湘文士也。楚之湖南有三湘，而湘潭适居其中。北望洞庭，南望峋嵝，皆不越二百里外，其山川磅礴浩森，谓宜有魁奇倜傥之人出于其间，而舆乘寥寥，只增忾喟。余本湘人，今寄迹白门，于湘不忍遽忘，犹复往来羁栖于湘者数四，不知者多以余为非湘人，余亦不欲自明其为湘人也。以嵚崎澹荡之性，处喧湫声利之场，其势不能相入。兼之少年磊砢，感愤易生，境遇所触，往往发为声歌，始不下数百首。今犹记二绝一律云："啸傲江东二十年，不知忧地与愁天。一朝泛宅过湘浦，始信低眉是圣贤。""屈子放来悲泽畔，贾生谪去怨长沙。由来才子伤心地，不是彷徨即咄嗟。""此身何故落潇湘，闷对长天泪几行。山水无缘供酒碗，文章多病恼诗囊。人情只向黄金热，世法难容白眼狂。明日扁舟吴越去，从渠自作夜郎王。"则其侘傺无聊之况可概见矣。当是时，所见皆纵目之徒，所闻皆伤心之事，绝不知有所谓芥公其人者。迨今三十年来，华表铜驼，人代皆非故矣。昨岁甲辰夏五，始与芥公相见于盐官，握手通名，凄然话旧，相向失声，不知堕几许永嘉天宝之泪。已乃瀹茗煨芋，出新诗一编示余。余展读未竟，又不禁怡然相乐也。盖近日诗人遍天下，盲风苦雾，令人掩面欲哕。余尝谓世人皆不宜作诗，独僧宜作诗，取其有云水情，有松石意，其旨趣或不相远也。然钟退谷之论曰："僧诗有僧诗习气，僧而必不作僧诗，便有不作僧诗习气。"此言非独为诗僧而发，若曰诗家习气不除，则僧与不僧无一而可耳。今读芥公之诗，清远秀澹，皆直写性灵，绝无习气。岳色湖光，往往于篇什见之，坡仙有云："点瑟既希，昭琴不鼓，此中有曲，可歌可舞。"是可以状芥公之诗矣。诗而若此，又何必僧，何必不僧也？①

黄周星在序文中先叙述了自己早年周黄姓氏、宁湘籍贯胶着的人伦之情、身世之困，甲申之后代之以华表铜驼的亡国之痛和盲风苦雾的黎元之叹，再代之以"永嘉""天宝"的故园之思和"握手通名，凄然话旧"的交游之谊，凡此种种，境遇所触，发为声歌。最后，在周如璧（号芥庵）的诗作中，黄周星读到了岳色、湖光，读到了云水情、松石意，读到了氤氲弥望的烟霞之趣，可能还有渐老渐生的神仙之志。

亡国之痛，故园之思

甲申、乙酉前后，天崩地坼的变动时局，给民众尤其是文士的身心带来了双重的折磨和痛苦。1645年，南都沦陷之后，黄周星开始了长达数年窜居草莱、流离转徙的苦难历程。然而，在烈火焚毁了瓦砾，炉锤击碎了烂铁的同时，真金和纯钢也就被熔铸锤炼出来。神州陆沉大背景下艰难曲折的人生道路磨练了作为遗民的黄周星坚贞的民族气节与人格操守，更为黄周星的诗歌创作提供了厚重的现实基础和丰沛的情感体验。黄周星在诗歌中淋漓尽致地抒发着亡国之痛、故园之思。

南明永历元年、清顺治四年丁亥（1647）初冬，三十七岁的黄周

---

① 黄周星. 芥庵和尚诗序［M］//九烟先生遗集. 道光二十九年刻本.

星在逃难中经仙霞关，作《大竿岭》：

> 几年怀越地，此日别闽天。
>
> 恰过秋冬际，重来风雨边。
>
> 津梁疲未足，性命乱仍全。
>
> 吾道应何往，凭高意惘然。①

大竿岭为仙霞六岭之一，山高谷深，岩危壁陡。其所在的仙霞关，人称"两浙之锁钥，入闽之咽喉"，与剑门关、函谷关、雁门关并称中国四大古关口，历来为兵家必争之地。唐王朱聿键在福州称帝，拟据仙霞关隘以阻击清兵，后因郑芝龙撤除仙霞守军，清兵遂越关南进，直抵福州。秋冬之际的仙霞关大竿岭想来古木依然参天，泉水仍自淙淙。不过，对于乱离中的黄周星而言，却是山河破碎，风雨如磐。覆巢之下安有完卵，登高望远之际，难民黄周星前路难寻，生死不卜。在对亡国之痛的纠缠中，黄周星逐渐加重了对个体命运的忧思。

永历政权的抗清形势终因内部矛盾重重、各派势力互相攻讦也逐渐走向低谷。永历三年到永历四年（1649—1650），何腾蛟、瞿式耜相先后在湘潭、桂林的战役中被俘牺牲，清军重新占领湖南、广西，自此南明再未能在军政上构成对清朝的实质性威胁。时光流转，亡国之痛，逐渐转化为故园之思，在南明永历四年、清顺治七年庚寅（1650）创作的《庚寅秋日与万允康年兄同客毗陵龙兴禅院，相对穷愁，以诗索笑》一诗中，黄周星写道：

> 黄金红粉未消愁，野寺相看只敝裘。

---

① 黄周星.大竿岭［M］//夏为堂别集.康熙二十七年刻本.

举目山河千古泪，对床风雨两人秋。

时危家破怜张俭，地老天荒叹马周。

赤日洪崖齐拍手，谁人客帐梦封侯。 ①

这一年，黄周星在常州一带游历访友。"举目山河千古泪，对床风雨两人秋"两句直接抒写山河易主的时变和遗民身心的伤痛；"时危家破怜张俭，地老天荒叹马周"两句则借逃难的张俭、穷愁的马周表现在漂泊异乡、饥寒交迫的艰难处境下怆怀故国的心迹；诗至结句意绪萧散，封侯不过幻梦一场，山林隐逸之心渐生。风雨之中，荒寺之内，黄周星与友人唯有一声叹息与两行泪水。

南明永历五年、清顺治八年辛卯（1651）之后，黄周星在游历扬州、南京这两座在明清易代之际尤为特殊的城市时，留下了更多抒写亡国之痛、故园之思的诗作。黄周星《重游广陵有感二首》，其一写道：

十载扬州梦，重来感慨多。

炎凉新岁月，歌哭旧山河。

世态车裘马，天心客麦禾。

玉人桥廿四，风雨共谁过。②

诗作抓取久遭兵燹、满目疮痍的扬州最具代表性景致——廿四桥，以白描的手笔用最简洁的文字勾勒扬州风雨，"过"字背后是淮左名都的

① 黄周星 庚寅秋日与万允康年兄同客毗陵龙兴禅院，相对穷愁，以诗索笑［M］//前身散见集编年诗续钞．民国二十八年《南林丛刊次集》铅印本．
② 黄周星．重游广陵有感二首［M］//前身散见集编年诗续钞．民国二十八年《南林丛刊次集》铅印本．

繁华与富庶，是十日屠城的血泪与烽烟，是无处倾诉的江山易主、世事变迁的喟叹与感伤。

次年（1652），黄周星仍访友、游历于扬州、镇江间。朱奇龄《拙斋集》卷二《前进士黄九烟先生传》云："平日闲居无事，则出游探名山选胜地，终日盘桓其中，皆有诗文以纪之，聊以寓其悲愤离忧而已。盖其忠君念旧之思，国破家亡之感，未尝忘也。"[1]在扬州时，黄周星所作《人日同诸子游平山堂大明寺迷楼故址一带，还，剧饮法海寺》《平山春望》诸诗汰去游光赏景的诗意，一切山川风物都只是明月苦、月华愁。《平山春望》可以视为这类诗作的代表：

> 春风万里客登台，平楚苍然霁色开。
> 百雉似连孤塔涌，群峰欲渡大江来。
> 生前富贵杨幺笑，乱后文章庾信哀。
> 满眼烟花今古梦，天荒地老独徘徊。[2]

平山堂位于扬州市西北郊蜀冈中峰大明寺内，登临远眺，江南诸山，历历在目，似与堂平，平山堂因而得名。黄周星登临所见与历代文人士子应无差异——春风万里、平楚苍然、雉堞断续、峰峦耸立，但是诗人感受到的却是孤身失路的悲凉与无望。黄周星借南宋义军首领杨幺蜕变被擒之事对永历政权因内斗导致抗清节节败退的局势应有所指。在空间上，诗作突破阁台的拘囿，纵越大江南北，以至横亘天地之间。在时间上，诗人强化了山河依旧、岁月流转中的新、旧体验，天荒地老，万里春风，物是人非，恍如一梦。时空的开拓，赋予山水以烟霞

---

[1] 朱奇龄. 前进士黄九烟先生传 [M] // 拙斋集. 康熙三十八年抄本.
[2] 黄周星. 平山春望 [M] // 九烟先生遗集. 道光二十九年刻本.

之趣之外更为厚重的情感内涵与更为浓郁的情绪色彩，黄周星的山水记游诗作跃上了诗意与诗艺的巅峰。

1653年黄周星于南京所作《仲夏同诸子登雨花台集高座寺》、1654年所作《秋日与杜子过高座寺登雨花台》等诗作均属此类，借山水楼台之游寄黍离麦秀之感、凭吊故国之思。兹录《秋日独登清凉山》一诗：

> 五岳何年署姓名，登高远望每多情。
> 风吹江上朝朝立，泪断钟山面面横。
> 《尔雅》虫鱼随世变，《离骚》日月与天争。
> 孤云两角人如梦，独上荒台笑几声。①

日月在明遗民的诗中常常被赋予了特殊的内涵。江山是有姓氏的，只不过在甲申十年之后，已经与"明"无关。随着清朝统治渐趋稳定，处在迭代中的汉族文士有关前朝的记忆与感怀正在逐渐为对新朝的车马轻裘的认同与悦纳所取代。关乎此，黄周星在理智上认识得已经很清楚了，剩下的只有一场旧梦和梦醒后的自哂自嘲。在时人与后人的心中，这些诗作为黄周星打下了鲜明的凄凉愁苦、孤忠耿介的烙印。或许是对自己的宽慰与勉励，黄周星在赴水自沉时心无愧怍地写下这样的诗句：

> 皇天厚土心无愧，万古千秋气不磨。
> 此去何须生怨恨，江风山月自高歌。②

---

① 黄周星. 秋日独登清凉山 [M] // 前身散见集编年诗续钞. 民国二十八年《南林丛刊次集》铅印本.

② 黄周星. 自撰墓志铭附解蜕吟 [M] // 夏为堂别集. 康熙二十七年刻本.

身世之感，黎元之叹

黄周星自幼寄籍他姓，随养父归省以及为养父居丧守制期间，与族人不和而愤然离乡，时近而立之年始得拜认亲生父母，旋即遭逢国难，流离失所。身世浮沉，雨打飘萍，早岁人生在进学之外的每一步都令黄周星自伤自悼，吁嗟不已。七律《有感》可以视为这一时期生活与心态的真实写照：

此身何故落潇湘，闷对长天泪几行。

山水无缘供酒碗，文章多病恼诗囊。

人情只向黄金热，世法难容白眼狂。

明日扁舟吴越去，从渠自作夜郎王。①

"落"是停顿、陷入，是穷困潦倒、滞留他乡。而立之年的黄周星在养父的故乡，生活无着，逐渐感受到了来自异姓族群的生疏与隔膜，寄人篱下、仰人鼻息的心酸与无奈在敏感的诗人心中被放大、强化。耿介嵚崎的天性遭遇人情冷暖与世态炎凉。苦闷、悲愤之余纵游山水、寄情诗文，仍不足以释怀，最终迈上与前半生诀别之路。其他如《偶感二首》表现的也是这种异乡流落、身世飘零的情绪：

啸傲江东二十年，不知游地与愁天。

一朝泛宅过湘浦，始信低眉是圣贤。

又：

---

① 黄周星. 有感［M］//九烟先生遗集. 道光二十九年刻本.

屈子放来悲泽畔，贾生谪去怨长沙。

由来才子伤心地，不是彷徨即咄嗟。①

在诗歌创作中，黄周星应该还有不少作品关乎早年身世，可惜的是他早期的诗作散佚过多。在黄周星现存的诗作中，变后乱离中的苦难生活是基本的题材，同样凝聚着对身世的感喟，而且多了一层故国之思，如《吴门赠友》一诗：

同是乾坤未了身，相逢歌哭见天真。

糟醨国里餐霞客，裘马场中卧雪人。

宅柳有年仍纪晋，源桃无姓不宗秦。

吴天花月今谁主，文酒虚夸旧日春。②

情感丰富而又热衷交际的诗人具有强大的共情能力，黄周星仅用一个"同"字，直接将友人纳入诗语之中。作为赠诗，诗作融入了强烈的主体情绪色彩。"糟醨国里餐霞客，裘马场中卧雪人"，在哺糟啜醨之外，餐霞饮露，兀自清高，在轻裘肥马之外，卧雪眠霜，苦励节操。"宅柳有年仍纪晋，源桃无姓不宗秦"，则基于江山易主后未了之身苟活的屈辱，化用典故，托桃柳以言志，艺术地表达了坚持民族气节，拒不降清、拒不仕清的志向。从创作时间、书写内容与情感表达来看，此诗所赠之友当为徐枋。在共情的语境中，诗作既是诗人的处境与心境，也是对友人的勉励与期许。

---

① 黄周星. 偶感二首［M］//九烟先生遗集. 道光二十九年刻本.

② 黄周星. 吴门赠友［M］//前身散见集编年诗续钞. 民国二十八年《南林丛刊次集》铅印本.

由己及人，黄周星的目光关注到了处在水深火热之中的黎民百姓。明末清初，叙事诗勃兴，遗民诗歌广泛反映社会动荡和民生疾苦，"以诗存史"成为这一时期诗歌的最大特色。一段皇朝迭代的政治史，更是一段百姓生死的血泪史。在国破家亡的大劫难中，百姓始终都是最直接的受害者。延续半个世纪之久的天灾人祸把百姓早已逼到了绝境。黄周星在《和韵赠友人二首》中真切地揭示了魑魅纵横、烽烟弥望、英雄失路、百姓失家的社会现实，兹录其一：

> 几年风雨送龙吟，满目云烟变古今。
> 魑魅纵横遮大道，英雄歌哭在长林。
> 扁舟泛宅真无计，斗酒论交自有心。
> 收拾床头秦项纪，空山闲听梵潮音。①

黄周星的诗歌因为强烈的个人色彩，"歌哭"的抒情性明显超过"古今"的叙事性。不过，其诗作常常配以"序""跋"，通过"诗序结合""诗跋结合"的形式，来辅助情感抒发之外历史的纪实。诗作与序跋结合相辅相成、相得益彰，抒情诗歌的情感抒发因序、跋的叙事功能得到强化。黄周星的诗歌往往以小序或者跋语的形式对诗歌情感的源头触发之事作扼要的交代，使诗作的感情指向更加清晰、具体，体现一种自觉的诗史意识。这种意识指导下的诗与序往往承载着厚重的内容与丰沛的情感。

乱离社会，妇女的命运尤为悲惨。官兵过处，所掠妇女，绳吊索牵，待如狗彘，行稍不速，鞭挞随之。无论是清军、明军甚或是义军，

---

① 黄周星. 和韵赠友人二首［M］//前身散见集编年诗续钞. 民国二十八年《南林丛刊次集》铅印本.

往往以掳掠妇女取乐。黄周星在南明永历八年、清顺治十一年甲午（1654）夏、冬，南明永历九年、清顺治十二年乙未（1655）春，南明永历十二年、顺治十五年戊戌（1658）冬，前后历五年，四作《和楚女诗》计二十一首，首作十首，次作一首，复作四首，再作六首，以连篇之制吟诵湘楚女子"青鸾"为乱军掳掠在押解途中投水自戕之事，且每作必配以诗序。在最后完成的《真得楚女姓名六首》的诗序中，黄周星写道：

> 乙未之春，闻安陆林生言，咸以楚女为黄青莲矣。越三载，戊戌冬，偶晤衡阳徐生于鸠兹，复谈及此。徐生惨然曰："此吾妹也。以甲午春在衡州被掠至汉江，赴水死。死时留十诗于纸。适见担水童子，乃抽银钗并诗授之，属云'烦寄与读书相公。'童子以呈其主人瞿生，遂盛传于武昌。藩臬闻之，遣人顺流收其尸，不获。因砻碑镵十诗其上，植之汉阳门外。"余问女年几何，曰："十三。"曾许字否，曰："许字王氏。"女何名，曰："'青鸾'，即诗中所谓'青鸾有意随王母'者也。"余闻之亦惨然。盖徐生之父立阶，为楚丙子孝廉第六人，曾与余有旧。以女故亦愤郁而死云。噫！一楚女姓名也，初梦得之，既妄得之，至是始得其真焉。乃由'佛莲'而'青莲'，由'青莲'而'青鸾'，若邮递然，亦奇矣！因复为六诗识之。虽然，泡影何常，余恶知林之果妄、徐之果真耶？又恶知梦之非真、真之非梦耶？俟他日，过方城汉水而问之。①

从"此女遭兵掠至汉江，赴水死"到"女……避乱侨居长沙之益阳，

① 黄周星. 真得楚女姓名六首并序［M］//夏为堂别集. 康熙二十七年刻本.

突遭兵掠，赴江尽节"再到"以甲午春，在衡州被掠至汉江，赴水死"，黄周星每作所配叙事均承载了对生灵涂炭的喟叹，诗序克制的文字叙事为诗作抒写对妇女的同情、对兵掠的控诉提供了坚实的情感基石。诗人对于楚女的姓名在最后给予了技巧性的处理，规避武断，从另一个侧面恰恰揭示了残酷的真相：楚女本非一人，既是"佛莲"，也是"青莲"，还是"青鸾"，是每一个呼号无助、屈死于战乱的黎元百姓。

稼穑不易，民生多艰。战乱时代，若遇旱涝灾害，百姓更是雪上加霜，苦不堪言。黄周星写道：

> 秋甲子晴田父喜，黄阡入户亩鳞鳞。
>
> 随缘粥饭非容易，何限春榆品福人。①

田垄层叠，收成在望，这首诗作直接反映的是庄稼有所收获的喜悦与欣慰。但是，就在这首诗后附有一跋："时豫章大馑，米一石值八镪，福州亦一岁再被水灾，独古田差稔。"可见，江西、福建一带，也仅仅是古田一带有些许收成，至于豫章、福州等地水灾连年、米价飞升，百姓生活的痛苦与无助是不难想象的。不足三十字的跋语，将诗人之喜置入黎元之叹的宏阔背景之下，不免令人感慨万端。

人伦之情，交游之谊

黄周星早年离开生身父母，年届而立始得复归本宗，半生如孤儿般地寄籍于他姓。然而，这一切并未消解他对亲情的期盼，反倒强化

---

① 黄周星.西庄院喜获作示山僧［M］//前身散见集编年诗续钞.民国二十八年《南林丛刊次集》铅印本.

了黄周星在后半生对亲情的体验。

在养父周逢泰故去后，黄周星离开了湘潭。适逢国变，黄周星授南明户部浙江司主事。南都沦陷后，黄周星追随南明避乱至福州。南明隆武二年、南明绍武元年、清顺治三年丙戌（1646），清军攻福建。隆武帝朱聿键苦于无兵，命黄道周外出募兵，自己拟从福州经延平（今福建省南平市），准备冒险西进湖湘。出于政治上的追求，黄周星与妻子幼女不得不在乱离中作生离死别。《丙戌春，余于役建州，朔十日，将之延津。先一日移寓城外小楼，方拟登舟，适内子自新安携幼女来相问讯。因为半日之留，至诘朝，余匆匆解维下延津，内子亦返。此别黯然，诗以纪之》一诗，长达七十余字的诗题，娓娓叙及作诗的缘由，俨然一篇融抒情于叙事的散文，读之令人黯然神伤。诗作为七绝四章，描叙辞别妻子、幼女时的种种细节，饱含着对妻女的眷念与牵挂：

> 建溪城外小楼中，决决滩流炎炎风。
> 正是落花寒食候，孟光此夜见梁鸿。

又：

> 孟光此夜见梁鸿，辛苦寒啼脉脉中。
> 弱女娇憨浑不管，向爷怀袖索芳红。

又：

> 孟光此夜对梁鸿，千里风烟梦暂同。
> 一夜子规啼不住，征帆又逐五更风。

又：

> 剑津扈从去匆匆，楼上低徊顷刻中。
>
> 玉簪自垂舟自放，孟光此夜别梁鸿。[①]

首章于决决流水畔、炎炎初夏风的平实描写中，拉开了与亲人在小楼匆匆相见、旋即惜别的帷幕。次章抓取娇憨幼女不知世事的嬉笑，凸显诗人辞别亲人体会到的是恰如子规彻夜悲啼般的凄苦与无奈。第三章，在开阔的时代视野中点染以个体的遭遇，相逢转瞬即逝，恍如一梦，前程风雨如磐，生死不卜。第四章，点明了扈从——随侍皇帝出行的身份，在"国"与"家"之间，黄周星在低徊中最终选择了前者，这也就意味着背负起别离妻女、对妻女的生死只能听天由命的良心上的谴责。如果可以岁月静好，谁会选择抛妻弃子，颠沛流离！四绝之中，诗人不避重复四次使用梁鸿、孟光的典故强调了与妻子的深挚情意。一直到黄周星行将辞别人世，这段经历仍记忆犹新，久随患难有糟糠，一旦分飞黯自伤，足见诗人用情之深，耿耿于怀，刻骨铭心，终生难忘。

至六月，两浙失守，清军击败黄道周，先后占领福建北部多地。八月，隆武帝被俘后绝食自杀。黄周星辗转闽中古田（今福建省宁德市古田县），滞留闽北建州（今福建省建瓯市）。南明永历二年、清顺治五年戊子（1648）暮春，黄周星在闽北蒲城（今福建省南平市浦城县）与家人相聚。黄周星在《喜家人至蒲城》中表达了劫后余生、家人团聚的欣喜：

[①] 黄周星. 丙戌春，余于役建州，朔十日，将之延津。先一日移寓城外小楼，方拟登舟，适内子自新安携幼女来相问讯。因为半日之留，至诘朝，余匆匆解维下延津，内子亦返。此别黯然，诗以纪之 [M] // 前身散见集编年诗续钞. 民国二十八年《南林丛刊次集》铅印本.

> 已判音尘绝，何期性命全。
>
> 依然同旅梦，月比旧时圆。①

战乱中人显得更为脆弱，亲情成为黄周星在南明隆武政权灰飞烟灭后最后的精神支撑。自夏至冬，黄周星携妻女经仙霞、苕溪、兰溪、严陵等地，历经千辛万苦、九死一生，由闽入越，于同年仲冬，到达西子湖畔。

　　复姓归宗后，时局动荡，黄周星并未能与自己的生身父母相守。直到南明永历七年、清顺治十年癸巳（1653），黄周星惊闻亲丧，由杭州急返南京，在归途中写下了《闻先人变奔归金陵二首》，其一有云：

> 八年畏向故乡归，昔昔高堂蝶梦飞。
>
> 今日皋鱼徒饮泪，此生自合老麻衣。②

周孝子皋鱼曾哭泣着对孔子说："树欲静而风不止，子欲养而亲不待。往而不可追者，年也；去而不可见者，亲也。"黄周星深陷身世之困，对养父与生父的感情均是复杂而难以描述的。只是当斯人已殁，曾经错过的时光与未尽的孝道，对故乡的畏而复念，对亲人的日思夜想，而今都已经烟消云散，徒留一身麻衣与两行浊泪。

　　从"该死"到"能死"，作为旧臣的黄周星与作为父亲的黄周星饱尝了自责与欣慰的情绪煎熬。忍辱苟活，愧于君臣之义，黄周星却不能拒绝"不孝有三、无后为大"的孝道对于自己的桎梏。人之为人，

---

① 黄周星. 喜家人至蒲城［M］//前身散见集编年诗续钞. 民国二十八年《南林丛刊次集》铅印本.

② 黄周星. 闻先人变奔归金陵二首［M］//前身散见集编年诗续钞. 民国二十八年《南林丛刊次集》铅印本.

是传统与当下、理想与现实、个人与群体（家族、民族甚至种族）的合体。就此而言，今天实在不宜用"愚忠""愚孝"对黄周星在人生道路上的抉择予以简单粗暴的降维与否定——将就，不过是一个成年人、社会人的日常。康熙六年丁未（1667），五十七岁的黄周星喜得长子黄楣，卸下子嗣宗祧的桎梏。隔年，即1669年，五十九岁的黄周星再得次子黄榔，"近来一事差强意，膝前昨岁新添丁"。因忍辱不死而承受的半生负累，终因连举二男的获麟之喜而烟消云散。

于亲情之外，黄周星颇多吟咏友情的诗作。无论是深交挚友，还是浮来暂往，但凡志节相仿、意趣相投者，黄周星多有相见恨晚之感，如《赠同舟友》：

> 相逢古道在，何必须沧桑。
> 斗酒寻诗约，扁舟附醉乡。
> 书奇争明月，谊热夺风霜。
> 晨夕溪声内，如聊夜话床。[①]

黄周星于乱后四海漂流，舟中偶遇，即诗酒相娱，相与歌哭笑骂，用些许擦肩而过的友情的温热去慰藉颠沛流离的人世的苍凉。然而，一朝离别，可能就此天涯海角，相见无期。在音讯阻隔的时候，黄周星通过诗作表达着对挚友十年犹日月、万里各山河的牵挂。收到友人音讯，黄周星又通过诗作表达十年书到喜、再世梦回真的欣喜。比如陶汝鼐。作为黄周星早年在湖湘的至交，可以肯定地说，在黄周星居湘的尴尬处境与艰难岁月里，陶汝鼐等为数不多的友人用诗酒之交抚慰

---

① 黄周星. 赠同舟友［M］//前身散见集编年诗续钞. 民国二十八年《南林丛刊次集》铅印本.

着黄周星养父新丧的悲伤和与族人不相能的苦楚。乱后十年，未谋一面，黄周星反复在梦中追忆旧时光，反复在诗中思念老朋友，情绪如河畔春草，山间秋叶，漫无止境。这类作品在黄周星的创作总量中占有相当大的比重，是基于遗民身份同声相应、同气相求的必然的主题取向。

烟霞之趣，神仙之志

黄周星一生游历甚广，早岁曾数次往返于金陵湖湘，中年辗转于越闽，晚年寄身于吴越。其间山川烟水、风物名胜也都成为黄周星诗笔描绘的题材。山水之情、烟霞之趣是人与自然间的一种亲密和谐的关系，只有当人的身心获得一定程度的解放，才会有兴致去欣赏自然界旖旎的风光，进而在游赏山川烟霞中，汰尽人世的苦恼与烦闷，获得美感享受。而且名山大川足以涤荡人的胸怀，启发人的才性。作为诗人的黄周星即使身遭厄运、颠沛流离也能在奇山异水中探寻深藏其中的烟霞情趣。

黄周星自称"生来有烟霞痼癖"[1]。他在为翁澍（1640—？）编撰的《具区志》[2]所作的序文中饶有兴趣地思辨了"山水"与"文章"的关系：

　　鸿濛初判，必先生天地，次生山水，而后乃生人。若论滕

---

[1] 黄周星.柬汪憺漪 [M] //九烟先生遗集.道光二十九年刻本.

[2] 《具区志》为清代翁澍撰著的太湖方志，计十六卷。太湖古名震泽，又名具区。翁澍，字季霖，号胥母山人，吴县（今江苏省苏州市）人，世居洞庭东山，不谋仕宦，放情诗酒，左右采获，竭尽心力，以明代蔡羽的《太湖志》、王鏊的《震泽编》为底本，增益成《具区志》，记录太湖地区的历史、地理、风俗、人物等，于濒湖港渎，区画颇详。该著前有黄周星、汪琬序及翁澍自序。

薛长幼之序，则人不独不能与天地争，抑并不能与山水争。乃人与山水之得失，不过数端尽之。数端者何？曰：耳目也，手足也，心思也。人皆有之，而山水皆无之，故以人与山水争，则山水常不胜而人常胜也。虽然，人之胜山水也，以耳目、手足与心思，而山水之胜人，亦即以无耳目、手足与心思。故山水静而人动，山水逸而人劳。以静胜动，以逸胜劳，故山水常有余而人常不足。山水常乐寿而人常苦夭也。

若是，则人终不能胜山水乎？曰：殆不然。吾自有胜之之法。何法以胜？曰：惟文章足以胜之。彼山水非无文章也，有文章而不能自见，必且乞灵于人。乞灵于人，则人有权而山水无权。故人之于山水，犹田忌与诸公子之三驷，常一不胜而再胜也！①

山川之美，古来共谈。在黄周星的视野中，天地、山水、人共生于鸿濛。山水恒常，人世变迁。但是，山水作为客体，必须有赖于作为审美主体的人才得以真正存在。而人确认山水之美、在认知上赋予山水以美感的手段则是文章。当文采风流与湖山相耀映，山水得文章而显，文章得山水而传。这一带有浓郁思辨色彩的山水论，在黄周星的诗文创作中得到了反复的实践与印证。

黄周星是高趣之人，深情之人，在他的诗作中山川之美与人之性情真正做到了水乳相融。崇祯十五年壬午（1642），三十二岁的黄周星登上了南岳衡山。在写下《衡岳游记》的同时，创作了《游南岳丹霞寺》《咏南岳水帘洞》等一系列山水佳作。虽为外客，黄周星还是被湖湘的山水鼓荡起澎湃的诗情。作为黄周星山水诗作最为人熟知的组

---

① 黄周星. 具区志序［M］//九烟先生遗集. 道光二十九年刻本.

诗《湖湘八景》即作于此。兹选录二首如下：

其一：潇湘夜雨

　　楚云何意湿芳汀，淅沥中宵未易停。
　　酒醒忽惊千里梦，曲终难觅数峰清。
　　润添兰畹香失到，怨入筠斑泪共零。
　　最是秋声敲客舫，离骚点点不堪听。

其二：渔村夕阳

　　三间曾见咏沧浪，可是蒹葭此一方。
　　树树人烟围野色，家家鱼网挂斜阳。
　　国同鸥鹭无苛吏，代似羲皇近醉乡。
　　谁道桃源真隔世，桃源原只在潇湘。①

第一首《潇湘夜雨》将湖湘雨夜凄清寂寥的夜色与诗人客居他乡满怀的羁旅愁情融合在一起，情境相生；第二首着力描写尘世中的一方净土——"桃源原只在潇湘"，寄托着诗人在山雨欲来的时局里对安宁生活的向往之情。此外，组诗中的其他六首：洞庭秋月、平沙落雁、远浦归帆、烟寺晚钟、山市晴岚、江天暮雨等也都能抓住景物鲜明的地域、时令特色，同时又能精妙地融合着诗人的主观情感，援情入景，情韵悠长。黄周星在乱后以遗民的身份所作的山水短章进一步糅合了山水与心绪，风啸雨苦、影照灯残自不必说，即在春风骀荡、草长莺

---

① 黄周星.潇湘八景［M］//夏为堂别集.康熙二十七年刻本.

飞的诗句里也弥漫着挥之不去的愁苦。

冷峻的现实是王朝恢复已然无望，诗人甚至无力维持基本衣食住行。在黑暗中彷徨太久的诗人转而在虚构的山水中自我麻醉，以神仙之志聊以遣怀。康熙十三年甲寅（1674）春，黄周星作成《将就园记》，用笔墨为自己修建了一片山水。此后过乩仙坛，乩仙自托文昌帝君将阅是记，抄而焚化。康熙十四年乙卯（1675），黄周星奉乩仙与所谓的文皇之命编纂龙沙八百字，并乐此不疲地创作了《仙乩杂咏十二首》诗，兹录如下：

> 余于甲寅季冬，既荷桂殿文皇取阅《将就园记》，命天神仿构，改阁制联；至乙卯孟春，复奉敕编纂龙沙八百字，又辱文皇奖赏，详载两园《仙乩纪略》及《地仙姓名歌》中，尚有余绪缕缕，复得绝句如干。
>
> 何物区区将就园，空中楼阁梦中缘。无端惊动文昌座，九地平飞上九天。
>
> 凿空杜撰漫成文，正似蜃楼苍狗云。蚁国蜂衙儿戏事，敢劳桂殿大将军。文皇命值殿大将军钟雯诣中海昆仑，依余文构为两园。
>
> 天上从无凡俗仙，琼花瑶草尽名篇。竹枝桃叶浑无赖，敢比奇葩世外妍。帝曰才子思路如世外奇卉，璀灿鲜妍。
>
> 乘槎博望史能详，犹道昆仑属渺茫。今日若非天上语，那知中海在何方。
>
> 百万仙才尽读书，玉楼簪珮定盈车。蝇声蝈技吁堪哂，不信天官反不如。帝曰天上修文不能及其万一。
>
> 峰畔双祠日月光，好将关吕奉烝尝。宁知别有烝尝主，特改三清与玉皇。余就园中有东西两阁，拟事关帝、吕祖者，奉敕特改为三

清、玉帝阁，且命余各作十五字联句。

榜联轻重辨分毫，取舍公明藻鉴劳。若使文皇知贡举，何来才士屈声高。余初拟作两联，奉敕云未尽所长，因复拟两联，乃云甚佳，准用。

蒙敕修文未遽修，拜官尚待武夷游。谁知八百庚申记，早识人间有共由。文皇为余构园，曰俟黄子武夷相聚之后，来此永作修文长郎。又陆子叩地仙姓名，时初未识余，而乩已预示云。寻"共由"，"共由"非"黄"字乎？

流离贫贱酷堪哀，赢得虚名动玉台。试问人间嘲丧狗，何如天上叹奇才。文皇览余《八百字歌》，辄判曰：奇才，奇才云。

劳动朱衣对面谈，笔花胸锦只生惭。虎溪再笑浑间事，还约红林共半酣。朱衣传法旨云，黄子笔底生花，心胸锦绣，后日必是红林半酣间人。续叩红林何地，云是龙沙聚会之所，在蓬岛间。前取阅《将就园》时，有虎溪再笑之期，黄子可为两园主人之语。

周天星宿九州烟，名号分明在眼前。底事庸流偏不识，只因世上少神仙。"周天星宿""九州烟水"皆仙诗中语，盖六年前预藏余名号者。

两园昆海已峥嵘，八百龙沙句又成。说与世人惟一笑，人间真个可怜生。①

无论是组诗总序还是单篇诗作中的跋文，都在一本正经、煞有介事地叙说着子虚乌有的乩仙之事。白日飞升的神仙痴念随着年龄的增长不断得到强化，这在黄周星晚年所作的戏曲《人天乐》中同样可以得到进一步的确证，"自丧乱以来，万念俱灰，独著作之志不衰，迩来

---

① 黄周星. 仙乩杂咏十二首［M］//夏为堂别集. 康熙二十七年刻本.

此念亦灰，独神仙之志不衰耳。"①康熙十九年庚申（1680），黄周星在组诗《解蜕吟》中写道：

苦海空过七十年，文章节义总徒然。

今朝笑遂罡风去，纵不飞升也上天。

又：

文皇桂殿久临轩，构得吾家将就园。

好去昆仑山顶上，大开天眼看中原。

又：

神鬼人兮并天地，仙家五品岂虚传。

但能脱却红尘去，莫问神仙与鬼仙。②

可见，在垂暮之年黄周星的脱离红尘、白日飞升的念想更加显豁直露了。从某种意义上说，对于在蒸尝有托之后笃志殉国的黄周星而言，远离红尘、高悬昆仑的那一片天地与山水、亭台与园林多少带有抚慰心灵的终极关怀的意味。然而，神仙之志只是源自宗教的消极幻象，它不仅不能拯救诗人于现实的苦难，助其"解蜕"，反而会进一步戕害诗人脆弱敏感的心灵，最终将黄周星推向死亡的深渊。

---

① 黄周星. 人天乐传奇［M］//夏为堂别集. 康熙二十七年刻本.

② 黄周星. 自撰墓志铭附解蜕吟［M］//夏为堂别集. 康熙二十七年刻本.

第二节　人生自是有情痴

——文言小说创作研究

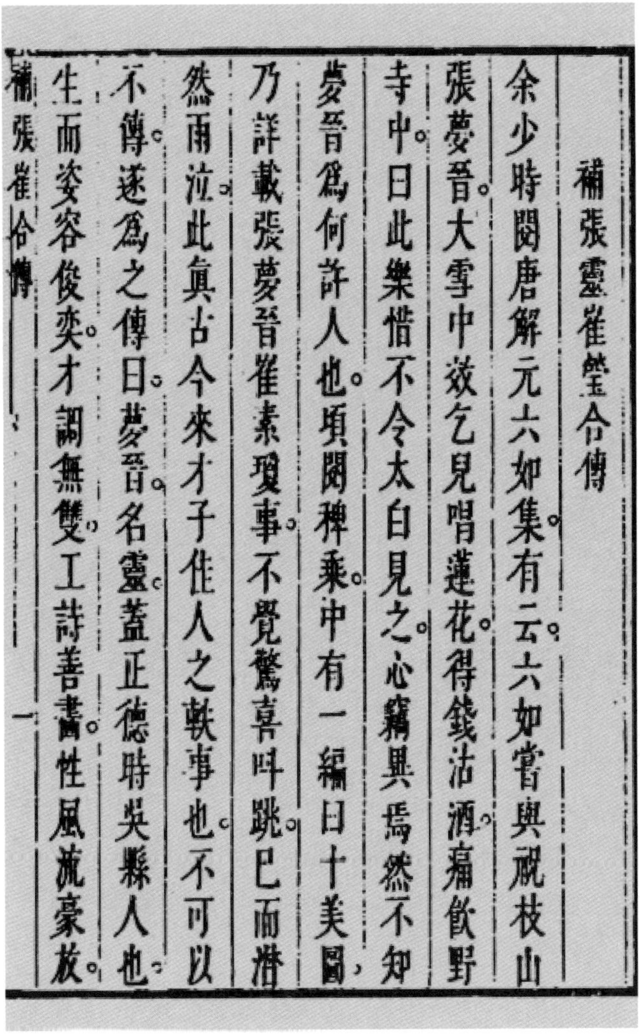

補張靈崔瑩合傳

余少時閱唐解元六如集有云六如嘗與祝枝山

張夢晉大雪中效乞兒唱蓮花得錢沽酒痛飲野

寺中曰此樂惜不令太白見之心竊異焉然不知

夢晉為何許人也頃閱稗乘中有一編曰十美圖,

乃詳載張夢晉崔素瓊事不覺驚喜叫跳巳而潸

然雨泣此真古今來才子佳人之軼事也不可以

不傳遂為之傳曰夢晉名靈蓋正德時吳縣人也

生而姿容俊奕才調無雙工詩善書性風流豪放

補張崔合傳

一

图2-2　补张灵崔莹合传

（载于《夏为堂别集》，康熙二十七年刻本，国家图书馆藏）

在恢复之志逐渐被消弭后，黄周星的生态、心态发生了一些微妙的变化。康熙初年，黄周星在创作上也出现了转移，诗文创作之外，通俗文学创作的比重明显增大。涉足文言小说、传奇、杂剧等领域，基本都是南明永历十六年、清康熙元年壬寅（1662）以后。

黄周星在文言小说领域的创作量并不大，《补张灵崔莹合传》是其文言小说代表作。作家将江河日下的晚明时局与个体的身世遭遇、理想追求、生命感受融入作品中，赋予小说以厚重的思想内涵，并产生了巨大的艺术魅力。

黄周星根据明代张梦晋（灵）、唐伯虎（寅）、祝枝山（允明）等于史有传的真人传说写成《补张灵崔莹合传》，以一卷之制存于《夏为堂别集》，后收录进张潮评辑的《虞初新志》和张廷华整理的《香艳丛书》等丛集丛刊中。小说叙写有明正德年间，吴县才子张灵（梦晋），风流豪放，任性不羁，纵酒高吟，不可一世，与唐伯虎相知，为忘年之交。梦晋长而未娶，唯求佳人相伴终身。一日，梦晋醉后佯狂，行乞于虎丘，偶遇才貌俱佳的崔莹（素琼）。两人互相倾慕，却未及倾诉。嗣后，素琼因小人季生陷害而被江右宁藩朱宸濠选送宫中。梦晋托伯虎四处探询素琼音讯，未果，忧思成疾，颓然卧病，终吐血而亡，因情而逝。适逢朱宸濠谋反兵败，素琼等十位美女遭遣得归。辗转获悉梦晋已逝，素琼亲往祭奠，于坟前自缢。才子佳人，一旦至此。

黄周星认为张梦晋、崔素琼的爱情"乃古今才子佳人之轶事"，又惜其不传，遂为其补传，以昭彰"张以情死，崔以情殉"的凛凛正气，进而借张、崔情事艺术性地抒写了其自身对现实冷峻的审视与批判和对爱情、人格理想的建构与追求。

人是多面的。黄周星也是。在崇祯朝、弘光朝，他是春风得意的进士，是志在千里的户部主事；在顺治朝、康熙朝，他是坚贞不屈的遗民，是自我放逐的入道畸人。在此之外，从1611年到1680

年的70年间，黄周星也许还有一些身份不宜剥离，比如渴望奇缘的才子——这在人性复苏渐至张扬的晚明时代并不鲜见。在《痴情三首·序》中，他说：

> 偶与二友同舟，一友畅谈时事。及余，余曰："吾素无名利之想，但生平有二恨：一无知己，二无奇缘。今但愿得遇一文君，足矣。"一友笑曰："世间宁有老相如？"余曰："又安知无老文君耶？"友曰："公真情痴也。"余即笑吟云："底事情痴痴不了，痴情犹望老文君。"因戏成三绝，以识斯语。①

黄周星虽为人耿介，但喜好交游，终其一生，并不缺少好友知己。而且，黄周星与自己的妻子在战乱中几经生离死别——久随患难有糟糠，一旦分飞黯自伤——可以肯定地说，夫妻之间拥有稳定的婚姻与家庭。然而，这并不意味着作为才子的黄周星在现实人生外全然放弃守望理想天空中高悬的白月光。纵观黄周星一生，年华匆匆，"奇缘"难逢。不过，这不能视为百年一恨，因为奇缘只是"奇缘"，它可以出现在这儿或者那儿，但是，对于黄周星而言，不是自身、不是当下。奇缘之于黄周星的意义，在于它是朋友之间的一则谈资，是建构才子形象的一张标签，更深层次的意义在于它是黄周星在颠沛潦倒的现实处境中抚慰心灵的一剂良药、投射灵动超脱的理想之光的一扇小窗。就现存作品来看，黄周星的爱情理想主要体现在《补张灵崔莹合传》中。

对"情"的张扬与鼓吹是明代中叶以来哲学思潮领域心学颉颃理学的重要表征。在程朱理学的桎梏与束缚之下，人性始终是不被正视的存在。经济的发展与政治的离心对社会各阶层产生的影响潜在地表

---

① 黄周星.痴情三首并序［M］//九烟先生遗集.道光二十九年刻本.

现为哲学思潮的嬗变。明代中叶以后，"存天理，灭人欲"的宋明理学逐渐失去了思想控制力。以"心即理""知行合一""致良知"为精髓的阳明心学风靡一时。作为王阳明（1472—1529）的学生，王艮（1483—1541）传承阳明心学开创了泰州学派。以张扬性情作为重要思想内涵的泰州学派，冲破了正统社会的哲学基础、文化思想和生活观念，引领人们摆脱封建礼教和宋明理学的桎梏，任情适意，顺欲乐生。个体在从传统社会刻板的伦理价值体系中解放出来后，既可以从修齐治平、德言容功的宏大志向与精神追求方面去攀登，也可以在柴米油盐、饮食起居的琐屑饾饤与切近物欲满足中去践行。

随着旨在革尽人欲的天理之学为高扬万物有情的心性之说所替代，"情"终于从数百年来"理"的钳制下解放出来。深受阳明心学与泰州学派影响的思想家李贽（1527—1602），以其对程朱理学乃至整个封建礼教所展开的深刻揭露和尖锐批判而著称于世。批判的另一面，则集中表现为他对自然情性的呼唤：

> 盖声色之来，发于情性，由乎自然，是可以牵合矫强而致乎？故自然发于情性，则自然止乎礼义，非情性之外复有礼义可止也。惟矫强乃失之，故以自然之为美耳，又非于情性之外复有所谓自然而然也。故性格清彻者音调自然宣畅，性格舒徐者音调自然舒缓，旷达者自然浩荡，雄迈者自然壮烈，沉郁者自然悲酸，古怪者自然奇绝。有是格，便有是调，皆情性自然之谓也。莫不有情，莫不有性，而可一律求之哉！然则所谓自然者，非有意为自然而遂以为自然也。若有意为自然，则与矫强何异？ [1]

---

[1] 李贽.李贽文集［M］.北京：社会科学文献出版社，2000：123.

李贽强调自然情性，反对牵合矫强，认为发乎情性则止乎礼义。由于不同的个体情性不同，若内在的情性不被拘囿与约束，外化为风采各异的格调，个体在率性而为中彰显了自然之美。如果一律求之，则失其情性，失其自然，失其真且失其美。李贽的观点在很大程度上是对每一个个体情性的欣赏和价值的肯定。在明季以至清初的动乱时期，个体在激化的阶级矛盾与民族矛盾中感受到强烈的生存危机，怎样活着，是每一个存活下来的人开始认真思考的问题。李贽及其前辈学者用哲学思想启蒙一个时代。以随心所欲、因缘自适，甚至率性而为、放浪形骸为表现形式的尊情任性之说逐渐成为人们信奉与大胆践行的生活理念。

黄周星创作《补张灵崔莹合传》的时候距离尊情任性之说盛行天下的晚明并不十分遥远。

在戏曲文学领域，前此，已有汤显祖（1550—1616）在《牡丹亭》中宣扬"情不知所起，一往而深。生者可以死，死可以生。生而不可与死，死而不可复生者，皆非情之至也"。[①]此后，洪昇（1645—1704）又在《长生殿》里高唱"旧霓裳，新翻弄，唱与知音心自懂，要使情留万古穷"。[②]在小说领域，前此，已有冯梦龙（1574—1646）诸人在《情史》中鼓吹"天地若无情，不生一切物。一切物无情，不能环相生。生生而不灭，由情不灭故"。[③]欲立情教，教诲众生。此后，蒲松龄（1640—1715）又在《聊斋志异》中以至情的观念突破异类之间的鸿沟，成就了一段段美丽的邂逅。

与前此后此一脉承传，黄周星在张梦晋、崔素琼二人的身上倾注了自己对至真至纯至坚至贞的爱情的讴歌礼赞之情："顷阅稗乘中，有

一编曰《十美图》，乃详载张梦晋、崔素琼事。不觉惊喜叫跳，已而潸然雨泣。"也正是在这样的哲学、社会、文学语境中，黄周星在《补张灵崔莹合传》中经由张灵、崔莹演绎了自己的爱情理想。

《补张灵崔莹合传》以才子之才、佳人之色作为男女主人公最鲜明的特征，并进而以"才色相怜""才子宜配佳人"作为才子佳人理想爱情的基础。在小说开篇，才子张灵是以这样的形象出场的：

> 生而姿容俊爽，才调无双，工诗善画，性风流豪放，不可一世。家故赤贫，而灵独早慧。当舞勺时，父命灵出应童子试，辄以冠军补弟子员。灵心顾不乐，以为才何苦为章缝束缚，遂绝意不欲复应试。日纵酒高吟，不肯妄交人，人亦不敢轻与交。惟与唐解元六如作忘年友。灵既年长，不娶。六如试叩之，灵笑曰："君岂有意中人足当吾耦者耶？"六如曰："无之。但自古才子宜配佳人，吾聊以此探君耳！"灵曰："固然。今岂有其人哉？求之数千年中，可当才子佳人者，惟李太白与崔莺莺耳。吾虽不才，然自谪仙而外，似不敢多让。若双文惜下嫁郑恒，正未知果识张君瑞否？"①

张灵，生卒年不详，约为明成化（1465—1487）、弘治（1488—1505）、正德（1506—1521）间人，字梦晋，吴郡（今江苏省苏州市）人，曾受业于祝允明（1461—1527）。张灵攻书画，兼擅诗文。在绘画领域，广泛触及人物、山水、花鸟、竹石各类题材，与祝允明、唐寅（1470—1524）、文徵明（1470—1559）齐名，并称"吴中四子"。据文学家徐祯卿（1479—1511）《新倩籍》载：

---

① 黄周星. 补张灵崔莹合传［M］//夏为堂别集. 康熙二十七年刻本.

张灵，字梦晋，性聪明，善习技巧，家本贫窭，而复挑达自恣，不修方隅，不为乡党所礼。惟祝允明嘉其才，因受业门下，尝作文以厉之。关涉篇籍，能潜识强诵，文思便敏，骄曼可采。但恨生命逼苦，遭历艰困，祸殃纷然。内无僮仆，躬操力作，饔飧不继。父母妻子，愁思无聊，偃息敝庐。喟然长期，结心郁志，不遂所怀。然不能感激立节，君子有所嘲焉。①

书法家王穉登（1535—1612）在《国朝吴郡丹青志》中云：

张灵，字梦晋，家与唐寅为邻，两人气志雅合，茂才相敌，又俱善画，以故契深椒兰。灵画人物冠服玄古，形色清真，无卑庸之气，山水间作，虽不由闲习，而笔生墨劲，斩然绝尘，多可尚者。灵性落魄，简绝礼文，得钱沽酒，不问生业，嘐嘐然有古狂士之风。②

由此可以看出，黄周星笔下的"张灵"与徐祯卿、王穉登等人笔下的张灵在基本信息上是一致的。但是，正如黄周星自己所言："从来稗官家言，大抵真赝参半"。③于是，黄周星又对历史人物张灵作了重新塑造，强化了其诗文才华，而淡化了其书画才华。细究下来，当出于两点考量：一则故事所需，书画才华加之于唐寅六如居士身上，崔张情事前后均有赖于唐六如插穿其间，方得完整；二则，黄

---

① 徐祯卿. 张灵传［M］//新倩籍：卷一. 民国影印明代刻本.
② 王穉登. 张灵传［M］//国朝吴郡丹青志. 黄氏鸣玉堂刻本.
③ 黄周星. 补张灵崔莹合传［M］//夏为堂别集. 康熙二十七年刻本.

周星从诗文到曲稗，在创作过程中均具有强烈的主体色彩，常带自况意味，在小说人物张灵的身上，黄周星应该潜意识也作了相应的艺术处理。

至于足以彰显张灵纵酒不羁、才调无双的细节，黄周星则借唐寅作《张灵行乞图》予以了凸显与强化。"张灵行乞"是小说塑造人物的重要情节。作为名人轶事，早在弘治年间，阎秀卿在《吴郡二科志·狂简科》中就有记载：

> 寅尝拟游武丘，召灵与俱，往促之，尚卧，寅抵寝所，呼曰："日高春矣，睡何为？得无梦晋乎？"灵觉，怒曰："今者无酒，雅怀殊不启，方入醉乡，又为相觉。"寅曰："所以来，固欲邀子。"灵喜，加衣起，遂与寅上舟，扣舷痛饮，作《野人歌》。会数贾饮于可中亭，且咏诗，灵曰："此养物登高，不过弄杯酒耳，固不能诗，而抽心焦思，岂不过误哉？"因更衣为丐者上。贾与之食。啖之，谓曰："卿子厚润屋之资，当四美之会，登高能赋，又有大夫之才，此诚皇天奉卿子厚也。吾所得之虽至薄，而诗亦能，请狗尾续。"贾笑曰："丐者得无诳之最乎？"时贾所为诗有"苍官、青士、扑握、伊尼"诸词，因以问灵。灵曰："苍官，松也；青士，竹也；扑握，兔也；伊尼，鹿也。"贾始骇，令赓。灵即挥毫不已，凡百绝。抵舟，命童子易维萝阴下，令迹绝。贾使人察之，不见也，皆以为神仙。贾去，复上亭，朱衣金目，作胡人舞，形状殊绝。①

在阎秀卿的文字中，在性情上，张灵于唐寅动辄怒斥，缺少了一份

---

① 阎秀卿.张灵传［M］//吴郡二科志.明正德嘉靖间阳山顾氏刻本.

至交之间的亲近；在诗才上，仅以"挥毫不已，凡百绝"，不免于干瘪；至于其与商贾之间的交接，一方说商贾为"养物"——被畜养的动物，一方说张灵"得无诳之最乎"——混吃骗喝的叫花子、下三滥，故事是有了，却几与艺术美感无涉。到了黄周星的《补张灵崔莹合传》，小说在保留本事的基础上，在张灵的诗才上作了强化，同时，对张灵所处的人际关系，尤其是士商之间的矛盾冲突也作了诗化处理：

一日，灵独坐读《刘伶传》，命童子进酒，屡读屡叫绝，辄拍案浮一大白。久之，童子跟进，曰："酒罄矣。今日唐解元与祝京兆宴集虎丘，公何不挟此编，一往索醉耶？"灵大喜即行，然不欲为不速客，乃屏弃衣冠，科跣双髻，衣鹑结。左持《刘伶传》，右持木杖，呕吟道情词，行乞而前。抵虎丘，见贵游蚁聚，绮席喧阗，灵每过一处，辄执书向客曰："刘伶告饮。"客见其美丈夫，不类丐者，竞以酒馔贻之。有数贾人，方酌酒赋诗，灵至前请属和，贾人笑之。其诗中有"苍官、青士、扑握、伊尼四事"，因指以问灵，灵曰："松竹兔鹿，谁不知耶？"贾人始骇，令赓诗。灵即立挥百绝而去。遥见六如及祝京兆枝山数辈共集可中亭，亦趋前，执书告饮。六如早已知为灵，见其佯狂游戏，戒座客阳为不识者以观之，语灵曰："尔丐子持书行乞，想能赋诗。试题悟石轩一绝句，如佳，即赐尔卮酒。否则，当叩尔胫。"灵曰："易耳！"童子随进毫楮，灵即书云："胜迹天成说虎丘，可中亭畔足酣游。吟诗岂让生公法，顽石如何不点头。"遂并毫楮掷地，曰："佳哉！掷地金声也！"六如览之大笑，因呼与共饮。时观者如堵，莫不相顾惊怪。灵既醉，即拂衣起，仍执书向悟石轩长揖，曰："刘伶谢饮。"遂不别座客径去。①

在中国文化史上，魏晋与晚明遥遥相应。前者人性在蒙昧中走向觉醒，后者人性在压抑中走向复苏。越过横亘其间千年的正统与礼教，张灵之字"梦晋"一语成谶地揭示了他立身行事的风度与神采。在黄周星笔下，张灵依然是赤贫困顿的，以致酒罄后只能告饮索醉。不过，黄周星无意于用一种现实的笔触去再现现实的窘迫与屈辱。于是，张灵不仅拥有睥睨一世的才学、洒脱不羁的个性，还拥有善解人意的童子，心意相通的至交，陌生却不彼此仇视、对立的社会关系——这正是才子佳人小说中典型的才子形象。在一个狂欢的时代里，当下的快意就是终极的追求。不论是唐解元、祝京兆，还是童子与商贾，剥离了贵贱与尊卑，才华成为唯一的信仰。世俗眼中的怪异与放诞华丽转身为浩荡恣肆的诗意与不可遏止的风流。

至于女主人公崔素琼的绝色姿容，黄周星则借唐寅作《十美图》不避重复地予以反复铺陈与渲染：

> 盖翁（按，崔莹之父南昌明经崔文博）有女素琼者，名莹，才貌俱绝世。以新丧母，随翁扶榇归。……灵既于舟次见莹，以为绝代佳人，世难再得，遂日走虎丘侦之。久之杳然。……遂往过六如家，见车骑填门，胥尉盈座。则江右宁藩宸濠遣使来迎者也。六如拟赴其招。灵曰："甚善！吾正有厚望于君。吾曩者虎丘所遇之佳人即豫章人也。乞君为我多方访之，冀得当以报我。此开天辟地第一吃紧事也！幸无忽忘。"六如曰："诺！"即偕藩使过豫章。时宸濠久蓄异谋，其招致六如，一

---

① 黄周星．补张灵崔莹合传［M］//夏为堂别集．康熙二十七年刻本．

博好贤虚誉，一慕六如诗画兼长，欲倩其作《十美图》献之九重。其时宫中已觅得九人，尚虚其一。六如请先写之。遂为写九美而各缀七绝一章于后。……图咏既成，进之濠。濠大悦，乃盛设特宴六如，而别一殿僚季生副之。季生者，恔人也。酒次请观《九美图》，因进曰："十美歉一，殊属缺陷。某愿举一人，以充其数，诘朝请持图来献。"比持图以献，即崔莹也。濠见之曰："此真国色矣！"即属季生往说之。……时濠威殊张甚，翁再三力辞不得。莹窘激欲自裁。……遂恸哭入宫。濠得之甚喜，复倩六如图咏以为十美之冠。①

年长而不娶的张灵坚守着"才子宜配佳人"的底线，一直到他在舟次一睹崔莹的芳容，方才认为找到了绝代佳人。小说对于崔莹美貌的表现，还借助了侧面烘托的手法，阴险邪恶的小人季生陷害崔莹也只是因为垂涎她的美貌而不可得，转而心生怨愤；宸濠宫中先集九美，最后悲愤入宫的崔莹却被置于十美之冠。如此，才子、佳人的标准配置在小说中已经安排妥当。

同样秉持"才子宜配佳人"的理想，黄周星不忘对才色不匹的婚嫁现象予以讽刺："若双文，惜下嫁郑恒。"所谓双文有貌，郑恒无才，才色自不相匹配。在黄周星看来，这既是令人痛惜的，也是应该嘲弄、批判的。不过，以"才色"作为理想爱情的基础着实未能把握至情至性的真谛。在文学史上，唐人传奇早已提出才、色相宜的主张。宋元以降，当理学逐渐遭遇心学的冲击，在个性解放的明末清初，人们越来越清晰地认识到"情"才是关键。黄周星显然不会停留在唐人传奇对爱情的认识水平上。

---

① 黄周星. 补张灵崔莹合传 [M] // 夏为堂别集. 康熙二十七年刻本.

崔张爱情在本质上更适宜于看作是一场超脱于现实又溃败于现实的形而上的绝恋：

> 盖灵自别六如后，邑邑亡憀，日纵酒狂呼，或歌，或哭。……遂跃入剑池中，众急救之出。则面额俱损，且伤股不能行，人送归其家。自此委顿枕席，日日在醉梦中。至是忽闻六如至，乃从榻间跃起，急叩豫章佳人状。六如出所摹素琼图示之。灵一见诧为天人，急捧置案间，顶礼跪拜。自陈"才子张灵拜谒"云云。闻莹已入宫，乃抚图痛哭。六如复出莹所题《行乞图》示之。灵读罢益痛哭，大呼佳人崔素琼，随踣地呕血不止。家人拥至榻间，病愈甚。三日后邀六如与诀，曰："已矣！唐君，吾今真死矣！死后乞以此图殉葬。"索笔书片纸云"张灵，字梦晋，风流放诞人也。以情死"。遂执笔而逝。……莹首讯张灵近状。六如怆然抆涕曰："辱姊钟情远顾，奈此君福薄，今已为情鬼矣！"莹闻之，呜咽失声。询知灵葬于玄墓，约明日同往祭之。六如明日果携灵诗草及《行乞图》至，与莹各挈舟抵灵墓所。莹衣缞绖，伏地拜哭甚哀。已乃悬《行乞图》于墓前，陈设祭仪，坐石上，徐取灵诗草读之。每读草，辄酹酒一卮，大呼"张灵才子"。一呼一哭，哭罢又读，往复不休。六如不忍闻，掩泪归舟。……及返，则莹已自经于台畔。①

张、崔二人"非有一词半缕之成约"，只是在人群中多看了彼此一眼，就最终走向了为情所困以至为情而死的绝境。在《余既为张灵、崔莹

---

① 黄周星.补张灵崔莹合传［M］//夏为堂别集.康熙二十七年刻本.

补合传，复以十绝句吊之》中，黄周星写道："初无旧约与新盟，痴殉皆因一字情。说向人间浑不解，仰天空自哭千声。"[1]世俗难以理解的痴殉，正是黄周星终其一生在现实之外理想之中所追求的至情至性的"奇缘"。追求两情相悦的自主与自由，相对于传统的婚恋观念而言，这本身就带有浓郁而鲜明的时代气息，同样折射着黄周星的爱情理想。情性自由的思潮被压抑在礼法名教的沉闷凝滞的空间里，时时迸发出"乾坤几个自由身"的感慨。源之于心，发之为文。在文学创作中，作家会竭力舒展被束缚的心灵。尤其是在婚恋问题上，更强烈地体现着率性任情的倾向。"（崔莹）闻人声鼎沸，乍启槛窥之。则见一丐者，状貌殊不俗。丐者亦熟视槛中，忽登舟长跪，自陈张灵求见，屡发遣不去。"如果说于崔莹着一"窥"字颇为切合闺阁少女的身份，那么张灵登舟长跪自陈求见的举止显然违背纲常名教。然而，这种无须媒妁、不合礼仪而两情相悦、自行择偶的行为方式正契合作家的"奇缘"爱情理想，也带有时代所赋予的个性解放的特质。

基于才色相宜之上的青年男女自行建立起来的至情至性的理想爱情的归宿在哪里呢？天花藏主人、烟水散人的作品展示着"私订终身后花园——落难公子中状元——奉旨完婚大团圆"模式化的情爱历程。才子佳人们在一片喝彩声中圆了功名富贵的美梦。等而下之的另一批文人更是不断地在作品里炮制着浅薄的爱情、廉价的婚姻，借乌有先生发泄其黄粱事业。

然而，黄周星一生身世坎坷，奇缘无遇，他深切地知晓在礼教的禁锢下、在动荡的时局中，理想的爱情终归虚化。黄周星认为，让张、崔二人实现美满姻缘，以至偕老白头、子孙满堂，这是平庸之辈的厚福与理想，与真正的才子佳人是不相干的：

---

① 黄周星.补张灵崔莹合传［M］//夏为堂别集.康熙二十七年刻本.

畸史氏曰："嗟乎！盖吾阅《十美图》编，而后知世间真有才子佳人也！"从来稗官家言，大抵真赝参半，若梦晋之名既章章于《六如集》中，但素琼之事无从考证。虽然有其事，何必无其人？且安知非作者有为而发乎？独怪梦晋之才，目空千古，而其尚论才子佳人，则专以太白与莺莺当之。夫太白，诚天上仙才，不可有二。若千古佳人，自当以文君为第一，而梦晋顾舍彼取此。厥后，果遇素琼，毋以思崔得崔，适符其谶耶？至于张以情死，崔以情殉，初非有一词半缕之成约，而慷慨从容，等泰山于鸿毛，徒以才色相怜之故。推此志也，凛凛生气，日月争光，又远出琴心犊鼻之上矣。①

换句话说，他认为真正的才子佳人所追求的是一种基于忠贞爱情的精神生活，更是一番超越庸常的"奇缘"。正因如此，黄周星始能跳出同一时期才子佳人小说"大团圆"的窠臼，设置了"张以情死，崔以情殉"的悲剧情节。这种具有"凛凛正气"、堪与"日月争光"的情感归宿是黄周星爱情理想第三个层面的重要构成因素。张梦晋、崔素琼对爱情的追求在表达了作家对真挚情感礼赞的同时，更在道义的层面上激起了同一时代乃至后人强烈的情感共鸣。然而，这一番文字的历险却无法改变黄周星渴求超越庸常的"奇缘"理想最终归于幻灭这一无奈甚或惨痛的现实。

《补张灵崔莹合传》并不仅仅是一篇反映爱情理想的小说。作品所塑造的张梦晋这一人物形象体现着黄周星在人格操守、道德判断层面的更高追求。

黄周星的诗文创作具有强烈的抒情意味。诗歌之外，在小说、戏

---

① 黄周星.补张灵崔莹合传［M］//夏为堂别集.康熙二十七年刻本.

曲、杂著创作过程中，黄周星也不避自况色彩，呈现主体投射的倾向。从某种意义上讲，张灵这个由历史走进小说的人物形象堪作艺术化了的黄周星。

生活中黄之嗜酒，恰如作品中张之善饮。不仅如此，黄周星的许多创作都散发着浓郁的酒香，比如歌行《楚州酒人歌》，比如杂著《酒社刍言》，甚至在生命的终点，黄周星也是在痛饮大醉后走向河川。如果说这只是生活表象的相似，那么两人在精神上也有着共同的家园：黄周星在平生诸多诗文中动辄提及灵均、太白、刘伶、阮籍；而张灵，字即"梦晋"，且喜读《刘伶传》，倾慕李太白。魏晋是一个动乱的年代，也是一个思想活跃的时代，还是一个人性走向自觉的时代。正始名士服药，竹林名士饮酒。竹林的代表是嵇康和阮籍。刘伶也是这里面的一个。名士们率直任诞、清俊通脱，服药、清谈、徜徉山水之外，纵酒狂歌是一种受到普遍崇尚的生活方式。嗜酒，在生理上几近于酒精中毒的病态，在心理上却是一种对于自然性情的保护与捍卫。在"竹林七贤"中，刘伶的社会地位是最低的，经济上也最为窘迫。为抽身于喧嚣之外，刘伶选择用纵酒的方式保持了对尘世的疏离和人格的独立。对魏晋名士风流的向往，无疑是作品内外联系张灵和黄周星的精神纽带，更是把握小说人物形象塑造成功经验的关掖所在。

一个有趣的细节是，小说中张灵百转千回觅素琼而不得，托唐寅寻访豫章而无果，遂欲投剑池以自戕并终由此而逝：

盖灵自别六如后，邑邑亡憀，日纵酒狂呼，或歌，或哭。一日中秋独走虎丘千人石畔，见优伶演剧，灵视良久，忽大叫曰："尔等所演不佳，待吾演王子晋吹笙跨鹤。"遂控一童子于地，而跨其背，攫伶人笙吹之。命童子作鹤飞，捶之不起。童子怒掀灵于地。灵起曰："鹤不肯飞，吾今既不得为天仙，惟当作水仙耳。"遂跃入剑池中，众急救之出。则面额俱损，且伤股不能行，人送归其家。自此委顿枕席，日日在醉梦中。[①]

崔莹留下惊鸿一瞥，而后一去不返，杳如黄鹤，只不过是压垮张灵的最后一根稻草。张灵的悲剧绝不仅仅是源于难逢的奇缘，甚至根本就与这所谓的"奇缘"无关。失之交臂的爱情只是黄周星在小说中对现实的摹仿与夸张，不免于扭曲与变形。王子晋，即王子乔，东周灵王之子，聪慧而有胆识，爱好吹笙，擅为凤鸣。为使百姓免于水患，他以"川不可壅"的道理，试图劝止周灵王决洛河之水，致使周灵王震怒，贬王子晋为庶人。王子晋为此寂寞寡欢、忧郁成疾。传说王子晋游于伊水和洛水，遇到道士浮丘公，随往修行，在缑氏山乘白鹤飞升而去。黄周星笔下的张灵演王子晋吹笙跨鹤不宜简单地视为小说家者言。在放诞的行为背后，张灵超越了爱情的失落与无助，深隐心性中的不合时宜以自我放逐的形式承载了指向理想人格捍卫与坚守的别一种意蕴。

在阎秀卿《吴郡二科志·狂简科》中，张灵的歌哭无绪则完全无关风月：

> 初，张灵与唐寅俱为郡学生，博古相上。适鄞人方志来督学，恶古文词，察知寅，欲中伤之，灵把郁不自遣。寅曰："子未为所知，何愁之甚？"灵曰："独不闻龙王欲斩有尾族，虾蟆亦哭乎？"后灵果为所斥罢。或谓之曰："以子之才，顾不得激致青云，乃重遭显弃，岂无雉经之用，而何以立于世？"灵曰："昔谢豹化为虫，行地中，以足覆面，作忍耻状。使灵用子言，

---

① 黄周星.补张灵崔莹合传［M］//夏为堂别集.康熙二十七年刻本.

亦当如是矣。纵不尔，亦安得更衔凿落耶！"①

在阎秀卿的记录中，造成张灵困境的是学问、才华、性情、操守上的被质疑、被压制，或者是与官方在价值观念上的巨大落差与尖锐冲突。而且，不止于张灵，还有唐寅，甚至指向了追求个性、张扬性情的一代文士。循着这一条线，再来审视《补张灵崔莹合传》，一些细节不再是闲笔：

> （张灵）家故赤贫，而灵独早慧。当舞勺时，父命灵出应童子试，辄以冠军补弟子员。灵心顾不乐，以为才何苦为章缝束缚，遂绝意不欲复应试。日纵酒高吟，不肯妄交人，人亦不敢轻与交。

> 属鄞人方志来校士，志既深恶古文词，而又闻灵踸弛不羁，竟褫其诸生。灵闻乃大喜曰："吾正苦章缝束缚，今幸免矣。顾一褫何虑再褫，且彼能褫吾诸生之名，亦能褫吾才子之名乎？"②

"章缝"即章甫与缝掖的省称，前为玄冠，后为宽袍，用以代指儒者及其学说。《礼记·儒行》："丘少居鲁，衣缝掖之衣；长居宋，冠章甫之冠。"从阎秀卿笔下博古且擅为古文辞，到黄周星笔下苦于儒教束缚而绝意仕进，张灵形象逐渐超拔庸常，成为直接站到正统对立面的异类。甲申之前，黄周星进学通达，在南明仍入仕户部。但是，在主体色彩鲜明、具有自况意味的张灵身上如何竟至于判若两人。事实上，变化

---

① 阎秀卿. 张灵传 [M] // 吴郡二科志. 明正德嘉靖间阳山顾氏刻本.
② 黄周星. 补张灵崔莹合传 [M] // 夏为堂别集. 康熙二十七年刻本.

的不是黄周星以及黄周星的价值观，而是明清鼎革、华夷巨变的政局。入清后，黄周星心系故国，不仕贰朝的政治坚守与张灵坚定的走向正统的边缘甚至对立面，在引入朝代更迭的视角后，就呈现出了清晰可辨的逻辑线。从这个角度来说，《补张灵崔莹合传》的成书年代依然是锁定在入清之后，尤其是在恢复无望之后。在此之后黄周星选择两避博学鸿儒之举，并最终以死亡捍卫了自己的政治人格。

回到张灵在小说中投入剑池自戕这一细节，在现实中黄周星也是自沉以殁。在小说创作过程中，这只能视为一种巧合。不过，我们无法拒绝透过文字依稀窥见黄周星对自己的人生归宿作了安排，而张灵醉酒之后跃入剑池竟似黄周星在生命的终点选择同样的方式终止痛苦的一场无奈的预演。而且，张灵所说"天仙""水仙"云云，与黄周星晚年的神仙志向、飞升幻梦竟也是协同一致的。

区别于唯纲常伦理是从，循规蹈矩的人生状态，黄周星在张灵身上寄托了作家自身以率真、狂放、痴情为特征的自由人格理想。自信率真、任性张扬、一往情深，是张灵的鲜明性格特征。这种性格的外化常常被视为傲视而立，甚至离经叛道。真率少文，与正人君子、鬼神仙佛相知，而与小人多不合的黄周星，立身行事，常常也在正统之外。

张灵有言："求之数千年中，可当才子佳人者，惟李太白与崔莺莺耳。吾唯不才，然自谪仙外，似不敢多让。"张灵对自我有着强烈的认同，虽为熟谷而不下垂，虽为智者而不谦卑。据孟棨《本事诗·高逸》载："李太白初自蜀至京师，舍于逆旅。贺监知章闻其名，首访之。既奇其姿，复请所为文。出《蜀道难》以示之。读未竟，称叹者数四，号为'谪仙'。"[①]时任秘书监的贺知章为状元出身，风流潇洒，旷达豪

---

① 孟棨.高逸第三［G］//丁福保.历代诗话续编：本事诗.北京：中华书局，1983：14.

放，"谪仙"是他对李白才华与风采的认可与评价，而不是李白的自评。但是，张灵则是以"谪仙"作为参照，对自己做出了"不敢多让"的自评。乍一看，这是令人错愕的行为。当商贾问之以"苍官、青士、扑握、伊尼"四事时，梦晋答曰："松竹兔鹿，谁不知耶？"言辞之间自信漫溢。张梦晋"日纵酒高吟，不肯妄交人"；当地方有司"闻灵跅弛不羁，竟褫其诸生"时，张梦晋大喜过望，"吾正苦章缝束缚，今幸免矣"，又言："彼能褫吾诸生名，亦能褫吾才子之名乎？"既流露出对仕途功名的不屑，又饱含着对个人才学的自矜。

谦卑以自牧，谦卑则不逾矩。就此而言，张灵自负狂放的做派显然是与传统温柔敦厚的教旨背道相驰。然而，是非不可妄断，高低同样难分轩轾。正如袁宏道（1568—1610）在《识张幼于箴铭后》中说：

> 余观古今士君子，如相如窃卓，方朔俳优，中郎醉龙，阮籍母丧酒肉不绝口，若此类者，皆世之所谓放达人也。又如御前数马，省中闲树，不冠入厕，自以为罪，若此类者，皆世之所谓缜密人也。两种若冰炭不相如，吾辈宜何居？袁子曰："两者不相肖也，亦不相笑也。各任其性耳。性之所安，殆不可强，率性而行，是谓真人。今若强放达者而为慎密，强慎密者而为放达，续凫项，断鹤颈，不亦大可叹哉！"①

袁宏道在放达与缜密之间似乎持有一种客观公允的立场。两种迥乎不同的行事风格，在袁宏道看来原本并无优劣。但是，从正统的视角来

---

① 袁宏道.笺校识张幼于箴铭后传［M］//袁宏道集.上海：上海古籍出版社，1979：193.

看，将恃才傲物、目空一切与淳谦周密、恂恂规矩并举，分庭抗礼，本身就是一种突破与僭越。然而，性情的思潮早已洪波涌起。率真自信、拒绝伪饰，正是张灵的魅力所在，也是黄周星所追求的理想人格的重要内涵。

明清之际，无论是社会生活中还是在文学作品里，多有雄放不羁的狂人，徐渭（1521—1593）、李贽（1527—1602）、汤显祖（1550—1616）、袁宏道（1568—1610）、冯梦龙（1574—1646）、张岱（1597—1689），以及小说虚构人物孙悟空、贾宝玉……大抵同类。以《鸳鸯牒》《花月令》为人所知的文人程羽文（1644—1722）以"六病"勾勒了属于晚明的时代剪影：

> 一曰癖。典衣沽酒，破产营书。吟发生歧，呕心出血。神仙烟火，不斤斤鹤子梅妻；泉石膏肓，亦颇颇竹君石丈。病可原也。二曰狂。道旁荷锸，市上悬壶。乌帽泥涂，黄金粪壤。笔落而风雨惊，啸长而天地窄。病可原也。三曰懒。蓬头对客，跣足为宾。坐四座而无言，睡三竿而未起。行或曳杖，居必闭门。病可原也。四曰痴。春去诗惜，秋来赋悲。闻解佩而踟蹰，听坠钗而惝恍。粉残脂剩，尽招青冢之魂；色艳香娇，愿结蓝桥之眷。病可原也。五曰拙。学黜妖娆，才工软款。志惟古对，意不俗谐。饥煮字而难糜，田耕砚而无稼。萤身脱腐，醯气犹酸。病可原也。六曰傲。高悬孺子半榻，独卧元龙一楼。鬓虽垂青，眼多泛白。偏持腰骨相抗，不为面皮作缘。病可原也。[①]

虽"癖""狂""懒""痴""拙""傲"被程羽文名之以"六病"，实际

---

① 程羽文.剌约［M］//清闲供：卷七.明读书坊刻本.

上包括程羽文在内的诸多文士却乐此不疲、身体力行。这些在张灵身上或许已经是客观存在的特质，在黄周星的笔下得到了进一步的强化。张灵"独坐读《刘伶传》，命童子进酒，屡屡叫绝，辄拍案浮一大白"。当其欲挟文赴唐、祝二人虎丘宴集索醉时，"不欲为不速客，乃屏弃衣冠，科跣双髻，衣鹑结，左持《刘伶传》，右持木杖，呕吟道情词，行乞而前"。在虎丘中秋出行时，"遂控一童子于地，而跨其背，攫伶人笙吹之"，更显惊世骇俗。这种癫狂的言行，在本质上是对格套、规矩的清醒对抗，但是由于超出了固有社会体制的常规和道德判断的底线，梦晋自然不免被统治者视为异端而罹"褫其诸生"之祸。然而，张灵依然兀自行止，无拘无束，自舒其逸，自得其乐：这种狂放的性格其实是黄周星自由人格理想的第二个构成要素。

至于张灵对崔莹的一见钟情，最终缠绵病榻，则是集中从"痴"的维度承载黄周星的理想人格。痴，是专注、迷恋，是绝圣弃智，是无视现实利害完全听凭自己兴味的一厢情愿、一意孤行。它的外在状态是失智的、迷狂的，它的内在状态是明确的、笃定的。李贽在很大程度上将"礼义"、法度直接定格在虚伪的道学，进而视作"自然""情性""声色"的羁绊与束缚。于是，所谓的"发乎情，止乎礼义"，在李贽看来无疑是一种悖论，甚至是一则伪命题。所谓情不知所起，一往而深。真正能做到止乎礼义的"情"难见其真，由衷而生的真情往往又很难止乎礼义。故此，李贽又指出礼的本质是"天理"，非礼的真相则是"人欲"。孔子说："非礼勿视，非礼勿听，非礼勿言，非礼勿动。"[1]经过宋明理学的阐释，"四勿"说成了"存天理，灭人欲"的礼教最直接的行为标准。经过李贽的入里鞭辟，"四勿"与人之性情之间的不可调和已经十分显豁，为现实人生与文学创作的狂欢提供了哲学基础。

---

[1] 杨伯峻. 论语译注［M］. 北京：中华书局，2006：130.

情感的悸动，对声色的喜好，是自然而然的事情，越是压制越容易爆发，甚而更强烈。为情痴狂就是正常人性在压制之下日益扭曲、离经叛道的外现。张灵一旦钟情于素琼，"邑邑亡憀，日纵酒狂呼，或歌或哭""委顿枕席，日日在醉梦中"终至"呕血不止""掷笔而逝"。张灵"因情而死"，表面上看是对于声色的追求，实质体现出的却是生命对于突破禁锢、张扬个性的理想人格的执着追求。黄周星倾注在张灵这一人物形象上的大量笔墨就是要凸显一种丰满、生动的人生境界：死者形，不死者性。相对于无欲无求、无爱无恨的形如槁木、生气索然的躯壳而言，张灵所痴迷的、黄周星所追求的是闪耀着光辉的自由人格理想。

同样归于幻灭的这种独特的人格理想与作品中所表现的张、崔爱情及其幻灭又有所不同。张、崔二人所承载的才色相宜的爱情在当时符合人们对于婚恋认知的主流，是一种理所当然。因而，当二人的爱情遭遇挫折，归于幻灭，依然能激起人们在道义的层面上对真、善、美遭遇毁灭的同情和礼赞。然而，黄周星在张灵身上所寄托的以自信率真、任性张扬、一往情深为特征的自由人格理想却流露出浓厚的离经叛道的趣味，并不能在现实世界中得到更广泛层面受众的认同。人格理想的追求与幻灭也许是作品内外张灵、黄周星追求"奇缘"爱情理想归于幻灭之外，更沉痛的悲剧。

文言小说的创作，既是文人的释怀写心，又是文人的审美活动，是对源于生活又高于生活的艺术美的追求和创造。在《补张灵崔莹合传》中，作家的爱情理想和人格理想正是运用娴熟而又具有张力的艺术技巧来传达、实现的。

通过人物形象表现一代文人的癫狂与清醒的悲剧命运是《补张灵崔莹合传》文言小说的最大特色。张灵这个形象的悲剧性首先体现在他和崔素琼的爱情上，他因情而死，争取自由、幸福爱情生活的斗争以自己的牺牲而告终。能够欣然沉醉于甜蜜爱情的人，最好也能冷峻地审视它在遭遇庸常后的尴尬，在虚构的文学世界里，被给予悲剧结局的爱情或许不是没有原因的：他们作为爱情的英雄，激发了悲悯与礼赞，并将永远留在读者的记忆之中；如果让他们在柴米油盐的琐碎中慢慢老去，他们就会扮演一对快乐夫妇的角色，坐在一起，打着呵欠，有时甚至发生龃龉，如此一来似乎毫无诗意可言。早在近二百年前，黄周星已经认识到了这一悲剧审美心理：

> 而或者犹追恨于梦晋之早死，以为梦晋若不死，则素琼遣归之日，正崔张好合之年，后此或白头唱和，兰玉盈阶，未可知也。噫！此固庸庸蚩蚩者之厚福也！何有于才子佳人哉！①

张、崔二人能成为文学史上的光辉形象，正在于他们在被毁灭的同时成就了自我，进而以悲剧的形式激发了读者对于爱情理想的认同情感与追求愿望。

当然，张灵的悲剧绝不仅囿于爱情。作为艺术形象的张灵在追求人性的真、善、美的过程中先是被削去功名，后被摧毁了爱情，最终毁灭在恶势力肆虐的社会里，是明中叶以后对传统礼法持叛逆态度的知识分子的典型，是新的社会势力的萌芽，具有无法超越时代的宿命的悲剧性。

进一步地，张灵的人生悲剧带有相当的普遍性，黄周星在小说中通过张灵这一形象展现的是整整一代文人的悲剧。作为信史有载的历史人物，张灵生活在社会肌体千疮百孔、礼教桎梏却日益深重的明代后期。在思想文化领域像徐渭（1521—1593）、李贽（1527—1602）、汤显祖（1550—1616）、袁宏道（1568—1610）、冯梦龙（1574—1646）、张岱（1597—1689）等一批较为敏感而有见识的

---

① 黄周星. 补张灵崔莹合传［M］//夏为堂别集. 康熙二十七年刻本.

思想家、文学家率先突破了固有秩序的藩篱。在思想上他们多愤世嫉俗，耻于仕进，关注自我，追求人格的独立与完善；在生活中他们裘马轻狂，诗酒自适，率性而为，甚而放浪形骸。作品中张灵"绝意不欲复应试"，"日纵酒高吟，不肯妄交人"，其立身行事中流露出的狂放与自信确为晚明一代文人士子的生活写照与灵魂雕刻。

对现实的再现与对理想的表现在《补张灵崔莹合传》中得到了高度的融合。作品在明代中叶以后社会生活的基础上，融入了黄周星的人生历程和生命感受，塑造出张灵这一典型人物。就此而言，《补张灵崔莹合传》是一部现实主义作品。黄周星以满腹才情独辟蹊径，谱写了一曲因情而死、为情而殉的情爱悲歌。作品中张灵、崔莹二人只有"半面之缘"，黄周星以此来写张崔二人"初非有一词半缕之成约，而慷慨从容"之义举。惟其率性，方成至美。死则死矣，万无复生之理；若张崔二人因情死、为情殉的爱情未曾游离于彼时彼地之社会，更未悖造化之常情常理。故而，"情"的力量在张灵、崔莹的爱情悲剧中表现得既真实可信又丰沛感人。

在另一个层面上，作品更出色地表现了作家的理想。黄周星丰沛的情感推动他必须按照其所希望的、应当的境界来处理历史人物与故事。小说开篇所述"张灵行乞"之事，既超乎常人情理，又契合人物性格，作家在这一富于戏剧性的场景中叙述张灵、唐寅诸人闲情逸致、怡然自得的文人雅趣，饶有情趣；篇末从唐六如的视角叙写一天明月下，万树梅花开，情致缠绵的张梦晋、崔素琼二人袅袅走来：

六如于明年仲春，躬诣墓所拜奠。夜宿丙舍傍，辗转不寐，启窗纵目，则万树梅花，一天明月，不知身在人世。六如怅然叹曰："梦晋一生狂放，沦落不偶。今得与崔美人合葬此间，消受香光，亦差可不负矣！但将来未知谁葬我唐寅耳！"

不觉欷歔泣下。忽遥闻有人朗吟，云："花满山中高士卧，月明林下美人来。"六如急起入林迎揖，则张灵也！六如讶曰："君死已久，安得来此吟高季迪诗？"灵笑曰："君以我为真死耶？死者，形；不死者，性。吾既为一世才子，死后岂若他人泯没耶？今乘此花满山中，高士偃卧时来造访耳！"复举手前指曰："此非'月明林下美人来'乎？"六如回顾，有美人姗姗来前，则崔莹也。于是两人携手整襟，向六如拜谢合葬之德。①

"梅花"自是中国文学中意蕴丰富的意象，至于"明月"出自明遗民黄周星之手笔，不免具有特定情境下的某种政治意味。张、崔二人高洁的操守志趣以及二人于尘世历经"寒彻骨"，于幻境方得"扑鼻香"的爱情乃至于作家黄周星的政治理想都借助于这些意象得到了蕴藉幽深的完美寄托。概而言之，这篇小说既有对现实生活客观真实的描绘，又有对美妙幻境的潜心营造，更有对理想人生与人世的美好憧憬，共同生成文本不容匆匆略过的艺术感染力。

在《痴情三首·序》中，黄周星说自己"生平有二恨，一无知己，二无奇缘，今但愿得一文君足矣"。可见，他对理想爱情的热烈追求。然而，纵观黄周星一生，身处明清鼎革、山河易主的动荡时代，"知己"飘零、"奇缘"难逢，可谓百年一恨，将就一生。正基于此，作家产生了对爱情的独特认知和对人格操守的追求，并将其尽数融汇于《补张灵崔莹合传》之中。"才子佳人事已陈，谁知化腐更为新。千秋一卷崔张传，真可崩天泣鬼神。"②作为对其价值的充分认同，这篇优秀的文言小说在问世后不久即被改编为戏曲搬演于舞台，闪耀着璀璨夺目的光华。

---

① 黄周星.补张灵崔莹合传［M］//夏为堂别集.康熙二十七年刻本.
② 黄周星.补张灵崔莹合传［M］//夏为堂别集.康熙二十七年刻本.

第三节　天空之城
——戏曲创作研究

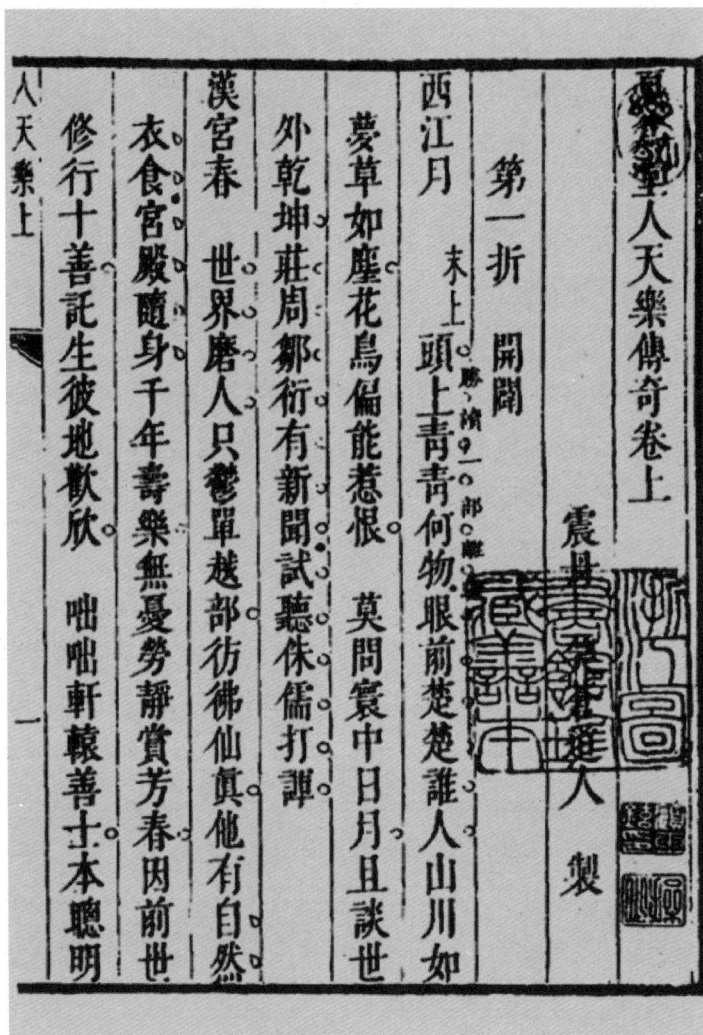

图2-3　人天乐传奇

（载于《夏为堂别集》，康熙二十七年刻本，国家图书馆藏）

在宋元南戏和金元杂剧的基础上，明代戏曲创作沿着传奇、杂剧两种不同体式在各自的路径上迈进，迎来古典戏曲发展的又一个黄金时期。

明代杂剧在上承元杂剧的同时，受到南戏和传奇的影响，在题材、体制以至辞采等方面形成独特的艺术风格，又被称为"南杂剧"。明末沈泰编《盛明杂剧》初集、二集，每集各收明人杂剧30种，计60种。初集刊于崇祯二年（1629），十四年（1641）成二集。"盛明"是对明王朝的称颂，意谓明朝是昌明鼎盛之世，而非专指明朝的某一个昌盛的时期，因此，《盛明杂剧》可视为整个明代杂剧的选集。事实上，今存明人杂剧的精华，基本上都保存于《盛明杂剧》中。傅惜华（1907—1970）《明代杂剧全目》著录明杂剧523种，庄一拂（1906—2001）《古典戏曲存目汇考》进一步扩增至830多种。

明代传奇上承宋元南戏，发展演变成为明清两代戏曲文学的主要形式，名家辈出，佳作纷呈。明末毛晋（1599—1659）汲古阁刻《绣刻演剧》（即《六十种曲》）6套，每套10种，计60种。《六十种曲》编于崇祯年间，陆续刻齐。初印本没有总名称，只于扉页上题"绣刻演剧十本"，所以人称《绣刻演剧十本》或《绣刻演剧》。康熙年间以《六十种曲》作为总题名重印，6套同时出齐。书中收集《琵琶记》等南戏、传奇作品59种，元王实甫《西厢记》杂剧1种，共60种。作为现存明代传奇最丰富而重要的一部总集，《绣刻演剧》与《盛明杂剧》几近同时问世于明季，二者交相辉映，堪称明代曲选双璧。傅惜华《明代传奇全目》著录传奇950种，庄一拂《古典戏曲存目汇考》进一步扩增至1 200种。

明代戏曲久盛不衰，无处不在，风行于达官贵族的庙堂与贩夫走卒的江湖，所谓"王实甫高东嘉之戏剧，妇孺辈皆能言之"。[①]明代初

---

① 黄周星.人天乐传奇［M］//夏为堂别集.康熙二十七年刻本.

期，太祖朱元璋为了巩固统治，曾以有关风化的剧本《琵琶记》作为导向，对戏曲演出的内容作出规定。成祖朱棣颁布了严厉的诏令来规范戏曲演出的内容：

> 永乐九年七月一日，该刑科署都给事中曹润等奏：乞敕下法司，今后人民倡优装扮杂剧，除依律神仙道扮、义夫节妇、孝子顺孙、劝人为善及欢乐太平者不禁外，但有亵渎帝王圣贤之词曲、驾头杂剧，非律所该载者，敢有收藏并传诵、印卖，一时拿送法司究治。奉圣旨：但这等词曲，出榜后限他五日都要干净，将赴官府烧毁了。敢有收藏的，全家杀了。[①]

甲申、乙酉之后，铜驼荆棘，沧桑互易，社会层面的伦理与哲学层面的恒常成为一个时代伪命题。明末个性张扬、离经叛道的思想与做派，促进了文学创作在实践中文体选择的倾斜。与朝代的恒常同样遭遇被质疑的困境的还有"经国之大业，不朽之盛事"的"文章"——区别于戏曲的正统诗文。金圣叹（1608—1661）"第六才子书"随着《盛明杂剧》《绣刻演剧》付梓刊行，戏曲作为区别于诗文的独特文体样式，越来越受到文人的青睐。黄周星在笔耕不辍的生命历程中邂逅戏曲本就是一件自然而然的事。

康熙十年辛亥（1671），黄周星在文学创作兴趣上出现转移，并在康熙十六年丁巳（1677），收获了传奇《人天乐》与戏曲理论《制曲枝语》。与《人天乐》同时收入《夏为堂别集》的还有《惜花报》《试官述怀》两种杂剧。据卷首朱日荃于康熙二十七年戊辰（1688）所作序文，可知其当刊刻于这一年或稍后。相对于《人天乐》而言，

---

① 顾起元.国初榜文［M］//客座赘语：卷十.万历四十六年刻本.

杂剧两种更鲜为人知，倒是与《人天乐》同刊一集，附于《人天乐》卷前的《制曲枝语》常为人论及，流布甚广。

作为传奇与心史的《人天乐》

《人天乐》剧本一共36折。全剧目次如下：

第一折	开辟	第十三折	不嗔	第二十五折	赎儿
第二折	定位	第十四折	天合	第二十六折	仙联
第三折	述怀	第十五折	不邪	第二十七折	鬼传
第四折	福纲	第十六折	天育	第二十八折	意园
第五折	不杀	第十七折	净口	第二十九折	天园
第六折	天殿	第十八折	天寿	第三十折	辑谶
第七折	不盗	第十九折	魔哄	第三十一折	救鬼
第八折	天食	第二十折	济困	第三十二折	凡圆
第九折	不淫	第二十一折	筹魔	第三十三折	仙引
第十折	天衣	第二十二折	解冤	第三十四折	人乐
第十一折	不贪	第二十三折	鹻魔	第三十五折	天乐
第十二折	天娱	第二十四折	赎女	第三十六折	仙圆

剧本基本上分为两条线索，其一是轩辕载戒恶修善的现世历练，主要关目有不杀、不盗、不淫、不贪、不嗔、不邪、净口以及济困、解冤、赎女、赎儿等；其一是郁单越洲的理想生活，主要关目有天殿、天食、天衣、天娱、天合、天育、天寿等。最后以轩辕载游郁单越洲后，历人乐、天乐，仙圆升天而作结。

黄周星在确定了两条叙事线索后，艺术性地建造了各自独立的两个世界。作为现实世界，《人天乐》呈现出的景象是一片黑暗与腐败。在第二折《定位》中，黄周星借造化主人之口对东胜神洲、西牛货洲、北俱庐洲、南赡部洲的人情风景进行评论。四部神洲中，造化主人说："莫说帝王将相，就是那孔仲尼和李伯阳、释迦牟尼这三个人，也都是生在他那一方（南赡部洲）的。"可见，黄周星是以南赡部洲来隐喻自己生活的现实世界的。

现实世界是黑暗腐败的，现实人生是凄凉无助的，黄周星转而在《人天乐》中营造自己的理想世界。先于传奇《人天乐》，黄周星作有《郁单越颂》《将就园记》一诗一文。"向闻袆子述俱庐洲之乐云：'自然衣食，宫殿随身。'穷愁中每思此二语，辄为神往。顷见《法苑珠林》所载《长阿含经》一篇，始得其详，因厘为七则，喜而颂之，不复问其真妄也。"这里交代了黄周星创作《郁单越颂》的动机。七则之中，六则分颂人事：天地人、自然食、树曲躬、诸香树、儿有神、寿千岁，后一则总说。在《郁单越颂》中，黄周星的理想世界已经初具雏形，并在后来的文字中被描绘得越来越清晰。最终，黄周星以"游戏文字"为命，在幻想中建立起"墨庄幻境"的两座仙园——将园、就园。这就是黄周星作于康熙十三年甲寅（1674）的《将就园记》。在这篇文章中，黄周星写到了"将园十胜"，其中"郁越堂"一胜写道：

> 郁越堂，郁单越洲有自然衣食，宫殿随身，堂名义盖取此。因稍更袁石公句为联，悬堂中，云："笑看东震旦，坐抚北俱庐。"俱庐洲即郁单越来。恨不生郁越洲，花宫衣食足优游。而今别有花天地，谁复埋忧与寄愁。①

---

① 黄周星.人天乐传奇［M］//夏为堂别集.康熙二十七年刻本.

别有天地的"郁越堂"，衣食优游，无忧无愁，渐近理想。然而，郁单越洲里的郁越堂并非没有缺陷。黄周星理想世界的最高境界是"将就园"。按黄周星的解释："将者，言意之所至，若将有之者；就者，言随遇而安，可就则就也。"可见，在黄周星看来，"将"是理想，"就"是现实，黄周星把二园并举，为现实世界与理想世界打开了一条隐微而玄妙的通道。

作为一部传奇，《人天乐》不再是静止地描述理想世界的美景，黄周星开始探索通往理想世界的道路。《人天乐》全剧三十六折直接写郁单越如意生活的有八折，即《福纲》《天殿》《天食》《天衣》《天娱》《天合》《天育》《天寿》，正面描述郁单越的种种妙胜；写轩辕载现世修行的则多达十一折，即《不杀》《不盗》《不淫》《不贪》《不嗔》《不邪》《净口》《济困》《解冤》《赎女》《赎儿》，借以表现前世修行为善，才能托生此地。

《人天乐》真实再现了文人士子在皇朝易代后的痛苦生活和凄惶遭遇。那么，这个世界究竟是什么样子的呢？

　　【金盏儿】他那里贵的啊，位王侯，富的呵，拥琼镣。那贫贱的，便鹑衣藿食那能够，总有朱门金穴向谁求。因此上人怀着狼虎意，家蓄着虺蛇谋。正是那起心天地怕，眨眼鬼神愁。那贫贱的也罢了，就是那富贵的呵！

　　【后庭花】他享珍筵想御馐，着绯貂望衮旒。则待要粉黛成林树，金珠积土丘。肯轻丢，思前算后，要与万代儿孙作马牛。越官高越不休，越金多越不够。便占断天宫白玉楼，他雄心还过北斗。[1]

① 黄周星.人天乐传奇［M］//夏为堂别集.康熙二十七年刻本.

这两支曲子将富贵与贫贱两相对比，流露着对欲壑难填的富贵之人的无情批判和对生活在水深火热中的下层贫民的深切同情。当然，无处不在的困顿让一颗诗意的灵魂伤痕密布。于是，黄周星笔下的世界远不止于富贵与贫贱的对立与冲突。

轩辕载聪颖博学、宽容仁厚，原有济世安民、扶王定国之志，但是突如其来的世变毁了他美好的一生。穷途末路之时，又遭奸佞小人——草木生欺谤，只得忍耻偷生，携眷流浪。黄周星身遭劫难，感同身受，故而能以浅近之笔将遗民的不幸与痛苦写得触目惊心，令人掩卷垂泣。作品第十一折《不贪》，以自揭己短的方式，鞭挞了绰号"臭钱痨"的富翁王和的丑恶嘴脸：

> 我一生好利，百计图财，但知为富不仁，何尝见得思义。鸡鸣而起，孳孳盗跖之徒；龙断必登，望望叔疑之辈。大开着日新店铺，须教他日新日新日日新；现掌着万贯家赀，要攒到万贯万贯万万贯。井水当酒卖，还说无糟可养猪；筏糠换田来，更愿耕牛不喂草。屏后列金钗十二，都饿成楚宫细腰；堂前有食客三千，各回去本家吃饭。①

黄周星戏曲创作追求雅俗共赏，兴观群怨以感人心，所谓"感人者，喜则欲歌欲舞，悲则欲泣欲诉，怒则欲杀欲割"。②在王和形象的塑造与接受中，实现了作者与读者的双向奔赴。对贪婪、奸诈、悭吝、凶残的富人秉性，黄周星给予了不遗余力的讽刺与抨击。读者对王和形象的"审丑"体验与黄周星产生了跨时空的共鸣。

---

① 黄周星. 人天乐传奇［M］//夏为堂别集. 康熙二十七年刻本.
② 黄周星. 制曲枝语［M］//夏为堂别集. 康熙二十七年刻本.

如果说草木生、王和是人群中偶然的人性遭遇，那么"官馆观郭"之说，则让人彻底沦陷于王朝倾覆的时代深渊。轩辕载贫贱弃家、逢乱流离，儿女离散、资生无计。他说："我想古人处乱世的，只有两策，一则躬耕陇亩，一则教授生徒。我今无田可耕，须得寻一个馆地，教授几个生徒，以为糊口之计方好。"然而，辛苦多日所得的些微聘资又为人所盗。从此，他过着八方流离、四海为家的难民生活。他在第三折《述怀》中说：

> 读书人第一得意便是作官了，若不得官作，只好处馆。若再不得馆处，只好入道观作个道士。若再道士没得作，只好学齐人东郭求乞耳。①

这个所谓的"官馆观郭"之说，道尽了轩辕载这位少负才子之名、早登科第之盛的文士遭逢国变后的辛酸与无奈。其实这何尝不是黄周星的辛酸与无奈呢？

围绕在轩辕载这一核心人物的周围，黄周星还写了一大批贫穷士子。如四明周生，因家贫而外出处馆，馆事未成，只好求乞回乡。楚中李生遭逢母丧，竟无力埋葬。玉峰朱生卖儿寻女，生离死别，痛不欲生。轩辕载、周生、李生、朱生等共同构成了一幅乱世士子的悲情画卷，向世人展示着士子们为血泪浸染的乱离生活。在《人天乐》中，黄周星还特别关注了战争兵乱给民众带来的灾难。先有何监军因兵败而殉节，妻子何夫人被掳为奴，衣食无着，饥寒交迫，唯求一死，后有毛侍御因国破而被乱兵杀戮，两个女儿也被掳走，其后妹妹被挟走，剩下被赎回的姐姐毛小姐一人，沦落天涯，无以为家，不胜悲苦。黄

---

① 黄周星.人天乐传奇［M］//夏为堂别集.康熙二十七年刻本.

周星晚年呕心沥血创作出《人天乐》，以开阔的视角对离乱社会、将就人生作出了深刻反映，具有强烈而厚重的认识价值和思想价值。

《人天乐》创作完成的时候，黄周星踌躇满志，顿生"由生得熟，骎骎乎渐入佳境"的感慨。蒋瑞藻在《小说考证》中说，"先生（黄周星）曾著一传奇，名《人天乐》，离奇诡异，不可至诘，而笔锋之恣横酣畅，与之相称"，对《人天乐》的艺术风貌与成就有所论及。^①

作为对时间流转的对抗，黄周星在戏曲《人天乐》的创作过程中，本能地选择让时间停下脚步，然后在空间里穿行。就故事架构逻辑与叙述内推动力来说，《人天乐》放弃了传统叙事文学作品对于时间的倚重，不再谋求以时间为轴心连缀人物及其活动，拒绝搬演人与事绵延性的存在与逝去，转而向空间拓进。

从时间到空间的转向，为传奇《人天乐》注入了强烈的抒情性。黄周星创作《人天乐》的意旨一在哀穷悼屈，一在劝善醒迷。为了完满地实现这一意旨，黄周星在作品中有大段的说教，故而《人天乐》的情节极为平淡。黄周星无意于人物的刻画、矛盾的设置、情节的敷衍，而是追求主观情感酣畅淋漓的抒发与表达。于是，《人天乐》呈现出与传统戏曲迥异的风格，带有明显的"诗剧"的倾向。不过，《人天乐》在艺术上的缺陷也相伴而生。人物形象苍白模糊：俱庐洲人无疑都是一些概念化的群体，主人公轩辕载也只会一味地恬退隐忍、修心向善，成为道德的代言人与说教的传声筒。戏剧冲突软弱无力，作家把将就园作为戏曲的高潮，缺乏波澜、悬念：在对现实社会有所反映的同时，把更多的笔墨放在彼岸虚幻世界纯概念的描写上。因而，作为戏曲，《人天乐》在艺术上不免缺乏与其思想交相辉映的魅力。

---

① 蒋瑞藻.小说考证［M］.上海：上海古籍出版社，1984：147.

传奇《人天乐》双线交织，对现实与虚幻两个世界均有描写。作品一条线索写轩辕载在尘世的苦难生活中戒恶修善，如《不杀》《不盗》《不淫》《不贪》《不嗔》《不邪》等折，这也是全剧的中心情节。另一条线索则写俱庐洲人的福地生活，如《福纲》《天殿》《天食》《天衣》《天娱》等折。双线交织，既有对现实社会的再现，又有对虚幻境界的描绘，很好地服务于作家劝诫世人刻苦修行由尘世飞升到仙界的主观命意。但是，《人天乐》在结构上的缺陷也是相当明显的。作品中部分情节直接移植于作家自己创作的《将就园记》《郁单越颂》等诗文，带有明显的拼凑组合的痕迹。尤其是下卷十八出散漫杂乱，写轩辕载广行善事，由于缺乏严谨的艺术构思，《赎女》一折后又出现了《赎儿》，不免冗赘。对于舞台演出来说，这种冗杂散乱的情节结构是很不适宜的。故而传奇《人天乐》只宜案头阅读而未有搬演于场上的记录。这也是该剧作鲜为人知的原因之一。

传奇《人天乐》风格离奇诡谲。不可否认，作品的确有意于揭露当时社会的黑暗与腐败；这样的意图在戏曲中的确得到了一部分故事情节和人物形象的承载。但是，由于作家大量使用非现实的素材来创作戏曲另一部分内容，把神仙才子、鬼怪魔王、忠孝廉洁、善恶因果等一一安排进作品，因此，《人天乐》就显得有些虚幻以至诡异。从第二折《定位》开始，造化主人演说四部神洲，极力表现非现实世界的理想生活。这种带有浓厚宗教意味的理想王国在当时的社会是没有现实基础的，完全是凭作家主观想象出来的一座"天空之城"。不过，《人天乐》离奇怪异、荒诞不经的风格，与其《楚州酒人歌》等诗歌和《补张灵崔莹合传》等文言小说中所呈现出的豪荡不羁、飘逸奔放的风格是基本一致的，进而助推黄周星文学创作在整体上区别于其他作家，而独标一格。

《人天乐》是黄周星在晚年创作的一部戏曲作品。在《制曲枝语》中，黄周星对自己的诗文创作历程和戏曲创作转向有过一番陈述与感慨：

> 余自就傅时，即喜拈弄笔墨，大抵皆诗词古文耳。忽忽至六旬，始思作传奇。然颇厌其拘苦，屡作屡辍。如是者又数年，今始毅然成此（传奇《人天乐》）一种。盖由生得熟，骎骎乎渐入佳境。乃深悔从事之晚，将来尚欲续成数种，因思六十年前，安得有此。王法护曰"人固不可以无年"，每诵此言，为之三叹。
>
> ——笑苍道人漫识[①]

"至六旬，始思作传奇"中的"传奇"就是《人天乐》。黄周星出生于1611年，由"六旬"，不难推知他酝酿戏曲创作是在1670年前后。在《人天乐》卷首，浯溪磨崖漫士《题词》中谓："戊午秋，笑苍子与余别二十五年，一旦返金陵，出《人天乐》示余。""戊午"，当指康熙十七年戊午（1678），也就是说至迟1678年，黄周星完成了《人天乐》的创作。《人天乐》散场诗中写道：

> 闲逛春风六六年，世间哪得寄愁天。
>
> 一生忍耻居人后，万事伤心在目前。
>
> 但把文章供傀儡，不将富贵换神仙。
>
> 酒垆若问轩辕子，只在齐州几点烟。[②]

---

① 黄周星. 制曲枝语 [M] // 夏为堂别集. 康熙二十七年刻本.
② 黄周星. 人天乐传奇 [M] // 夏为堂别集. 康熙二十七年刻本.

鉴于黄周星在创作过程中强烈的主体倾向、自况色彩，"散场诗"虽为戏文之语，但是也可引以为参照，借以推断黄周星的戏曲创作历程与时间节点。如上文所言，他在1671年开始创作戏曲，则应该是在1677年，在"闲过春风六六年"之后，六十六岁的黄周星完成了传奇《人天乐》的创作。结合其传略中"六岁能文"的记载，参校以"余自就傅时，即喜拈弄笔墨，……因思六十年前，安得有此"，进一步旁证了上述推断。人固不可以无年，可以肯定地说，《人天乐》是黄周星饱经忧患，临近人生晚期时的作品。至于具体年份，基于前此分析，基本可以断定为康熙十六年丁巳，即1677年。

历经了一生的凄风苦雨，在人生渐近垂暮的岁月里驻足回望，黄周星立足于沧桑世事和颠沛人生，凭借卓越才华凝聚丰沛情思，书写了一部属于自己的人生大戏。在《人天乐·自序》中，黄周星说：

> 嗟乎！士君子岂乐以词曲见哉？盖宇宙之中，不朽有三。儒者孰不以此自期。顾穷达有命，彼硕德丰功岂在下者所敢望。于是不得已而竟出于立言之一途。此庾子山所谓穷者欲达其言，劳者须歌其事也。然上下数千年，立言之士莽莽如尘沙，汒汒如烟海。……
>
> 仆生来有文字之癖，即八股功令少时皆唾弃不顾，而独酷嗜诗词古文。迨幸邀卤莽之获，则益性命以之。约计五十年中，其所撰著不下数十种，不幸洊罹锋镝，燔溺剽夺，所存不过千百之一二，未免有见少之憾。然昔人池草燕泥云汉雨桐之句虽少亦传，而万首诗窖乃有不愁遗一字者，则不独身之穷达有命，即文之显晦亦有命矣。且仆久处贱贫，备尝艰险，自丧乱以来，万念俱灰，独著作之志不衰，迄来此念亦灰，独神仙之志不衰耳。然天上无凡俗神仙，必欲蜕凡祛俗则又非文字不

可。于是不得已而出于词曲之一途。

少陵云：文章一小技，于道未为尊。况词曲又文章中之卑卑不足数者。然果出文人之手，则传者十常八九。试观王实甫、高东嘉之戏剧，妇孺辈皆能言之，而名公钜卿之鸿编大集或毕世不入经生之目，其他则可知矣。虽词曲一道，其难十倍于诗文，而欲求流传近远，断断非此不可。此仆之传奇所为作也。

但苦怀抱恶劣，万事伤心而又多俗累，穷愁喧卑冗杂，每一搦管则米盐琐聒于斯，儿女叫号于斯，彼观者所谓可歌可舞者，皆作者所谓可愤可涕也。昔汤若士作四梦，自谓人知其乐不知其悲。杨升庵读西厢谓其人必大不得益于君臣父子之间。以古准今，何独不然。兹仆所作《人天乐》，盖一为吾生哀穷悼屈，一为世人劝善醒迷。事理本自显浅，不烦诠译。若置之案头，演之场上，人人皆当生欢喜之心，动修省之念，其于世道人心，或亦不无小补。

虽然，是岂仆之得已哉。夫思德功而不可得，乃降而为立言。思立言而有不可得，乃降而为词曲。盖每下愈况，以庶几一传于后世。后之览者，或因词曲而知其人，因其人而并及其诗文，未可知也。呜呼，人之称斯文也，岂不重可悲也哉。[1]

在甲申国难三十年后，前朝旧事随着年华老去早已渐行渐远，恍如隔世，隐约如风中的叹息，不绝如缕，终成绝响。黄周星及其同时代的一批遗民纷纷迈入人生暮年，甚或已然作古。历经庸常岁月日夜相继的消磨，那些坚守的遗民气节，远不如晃动的牙齿坚定牢固，那

---

[1] 黄周星. 人天乐传奇 [M] // 夏为堂别集. 康熙二十七年刻本.

些严防的民族大义，远不如萧疏的白发淑愿判然。黄周星从政治语境中抽身出来审视个体生命自身的价值与意义，是历史宏观逻辑下的必然：不朽，成为黄周星在暮色渐浓的生命终点最强烈的精神需要。在生平撰著未免有见少之憾时，又冷峻地审视到"名公钜卿之鸿编大集或毕世不入经生之目"的窘迫与尴尬，《人天乐》作为词曲之一道承载了黄周星对于生命不朽的追求与梦想。

对于黄周星来说，传奇《人天乐》犹如一部心史。《左传·襄公二十四年》记载了鲁国大夫叔孙豹（？—前537）的"三不朽"之说：

> 太上有立德，其次有立功，其次有立言。虽久不废，此之谓不朽。若夫保姓受氏，以守宗祊，世不绝祀，无国无之，禄之大者，不可谓不朽。[①]

"立德立功立言"三不朽之说是相对于家世煊赫、香火绵延而言的，其本身辐射出更为宏大的思想格局、蕴含着更为丰富的逻辑层次。"德"侧重道德操守，"功"强调事功业绩，而"言"基本可以理解为著书立说，即把真知灼见形诸语言文字，传于后世。若对立德、立功、立言分别作阐释，德强调创制垂法、博施济众，功强调拯厄除难、功济于时，言强调言得其要、理足可传。对德、功、言的追求，可以视为古圣先贤超越个体生命的时空阈值而追求永生与不朽的路径与策略。黄周星正是在这样的文化心理与实践策略中，走上了戏曲创作这条"立言"之路，并释放出了巨大的艺术创作能量。

正如署名"驭云仙子"的《纯阳吕祖命序》中所说："《人天乐》诚

---

① 杨伯峻.春秋左传注［M］.北京：中华书局，1990：1088.

济世慈航也。夫以济世之心运如椽之笔，不啻舌上莲花、空中楼阁，真堪觉一世，岂徒作文字观而已哉？……愿读斯传奇者，毋视为泛常戏剧，当尊之为《道德经》也可，当尊之为《太上篇》也可。"①与相当一部分叫好且叫座的场上之曲相比，《人天乐》文人气息与说教意味过于浓郁，并不适合唱念搬演。正因为如此，黄周星的戏曲创作不可视为兴之所至，更不可简单视为游戏文字。以传奇《人天乐》为核心，黄周星的创作心态内蕴着丰富的逻辑层次：

读书人追求生命的不朽，在现实中往往只能借助立言来有所达成——一方面"硕德丰功非在下者所敢望"，勠力上国，流惠下民，不是一般人通过努力就能达成的；另一方面"穷者欲达其言，劳者须歌其事"，穷愁困顿的现实处境为底层文士凿开了苦涩而丰沛的泉源。即便如此，能经由立言走向不朽的文士仍是凤毛麟角，"不独身之穷达有命，即文之显晦亦有命"，即便"生来有文字之癖"且笔耕不辍的黄周星也不免心生困惑与迟疑。

在历史的语境中审视黄周星的创作生涯，如果说早年是在文字中歌哭家国（或可视为正统意义上的"立言"），那么晚年则是用文字在搭建解蜕人世而登入仙班的天梯，"仆久处贱贫，备尝艰险，自丧乱以来，万念俱灰，独著作之志不衰，迩来此念亦灰，独神仙之志不衰耳。然天上无凡俗神仙，必欲蜕凡祛俗则又非文字不可。于是不得已而出于词曲之一途"。自康熙十年辛亥（1671），黄周星酝酿戏曲创作到康熙十六年丁巳（1677）前后，传奇《人天乐》创作告竣，对《人天乐》的创作产生了直接影响的《郁单越颂》《将就园记》就作于此数年间。黄周星的文学创作历程在文体选择上出现转向：在《人天乐》里，黄周星哀穷悼屈，演绎了区别于才子佳人的另一种落魄文人羽化登仙

---

① 黄周星. 人天乐传奇 [M] //夏为堂别集. 康熙二十七年刻本.

的白日梦。

"彼观者所谓可歌可舞者，皆作者所谓可愤可涕也。"黄周星对于文学创作主体与文学接受主体作出了区分，并在定位与认知的基础上，指出创作主体与接受主体在创作意旨与接受效果上普遍存在的差异。驭云仙子在《人天乐》卷首的《纯阳吕祖命序》中说："笑苍子（黄周星）愍人世之劳苦，汨没于声色货利中，无有已时。因假轩辕生名，现身说法，演为《人天乐》一书，以略述夫力善之概。非徒自觉，欲以觉人也。"[1]黄周星在"哀穷悼屈"之外，寄托《人天乐》以"劝善醒迷"的社会干预功能。

"思德功而不可得，乃降而为立言。思立言而有不可得，乃降而为词曲。"黄周星的立言具体所指不详，但可以肯定的是"词曲"不在其中。探寻其晚年创作，尤其是戏曲创作，视角需要适度予以调整，与其从戏曲创作的角色、冲突、声腔、曲词、宾白、科介、关目、结构等戏曲艺术的常规落点予以赏评，不如基于黄周星的创作体验"词曲一道，其难十倍于诗文"，切近创作实际地探讨黄周星如何突破词曲之难——在这样的视角下，《人天乐》在戏曲史上应是另一种格局与定位。

由于创作于作家阅尽世事沧桑的晚年，传奇《人天乐》不再像《补张灵崔莹合传》关注一己小我的爱情与人格；苦难的人生也磨钝了黄周星曾寄托在张梦晋身上的率真、痴情与狂放的灵性与锐气。推己及人，在《人天乐》中，黄周星借轩辕载的形象塑造更多地表达的是一种试图超越当下的理想建构。这种理想首先是建立在对现实的艺术再现与揭露批判的基础上的。剧本一条线索在展现郁单越美好生活图景之前，先在第二折《定位》中借造化主人之口，指出："郁单越为人难之一，因其人

---

① 黄周星. 人天乐传奇［M］//夏为堂别集. 康熙二十七年刻本.

寿乐，不受教化，一者圣人不生其地，二者韦驮只在三洲感应，再不到他那一洲，因其不得见佛闻法，故名为难。"同时，通过另一条线索写轩辕载戒恶修善在南瞻部洲刻苦修行。轩辕载在南瞻部洲刻苦修行，其目标正是郁单越的"自然衣食，宫殿随身"的如意生活。此外，在《魔哄》《筹魔》《馘魔》数折中，阿修罗魔王作乱兴兵，毗沙门天王同哪吒太子统领兵将保护郁单越，在摩利支天大士协助下，降服魔王，同样借以说明修善的感报。传奇《人天乐》以先凡后仙的"大团圆"作结：先是"凡圆"，轩辕载二子皆获功名，自己也起补翰林，享受人乐；后是"仙圆"，轩辕载成道成仙，享受天乐。事实上，郁单越系出佛经，黄周星将佛家乐地郁单越洲作为人乐之地，将道家称颂的中海昆仑作为天乐之地，体现的是黄周星在晚年对于宗教的皈依，当然，在仙佛之道上，更能看出黄周星对道教的敬仰和推崇，俨然道士。轩辕载拥有的双重意义的团圆，慰藉着现世中黄周星苦闷的心，也满足了他学道成仙的愿望。遗憾的是，轩辕载游俱庐洲，登郁单越，人福天报，过上了"自然衣食，宫殿随身"的梦寐以求的理想生活，进而平地羽化以飞升，与天地相始终，终究不过是无法超越时空的幻梦一场。

黄周星的这种理想自有其源自宗教的虚幻、消极的一面。但是，从另一个角度看：黄周星身当乱世，潦倒窘困，凭吊故国，怀念宗主，愁绪满怀却又无力改变现实，只有在精神上寻求通向理想世界的途径，幻想着以将就园作为人生的归宿。周翼高在《九烟先生遗集·跋》中说："如《夕阳》《将就园》诸篇，皆眷怀明室，藉诗词以抒其忠爱之忱，亦《黍苗》《离骚》之遗意也。"这一评论并不牵强，传奇《人天乐》对理想世界的探寻追求，确已表现了包括黄周星在内的大多数遗民不忘故国却又恢复无望，进退失据终归于虚化的时代情绪。不可否认，传奇《人天乐》有着道德说教的刻板和神仙道化的虚妄，但是黄周星本着"哀穷悼屈""劝善醒迷"的创作意旨，更使得这部传奇无论是其历史价值还是理想光辉都是不容忽视的。

作为杂剧与小品的《惜花报》与《试官述怀》

康熙二十二年癸亥（1683），黄周星故去后的第三年，王晫撰集成八卷三十门四百五十二条的《今世说》刊刻问世。在"忿狷"门里，出现了黄周星的名号：

> 黄九烟落落高踪，时人恶其冷……黄名周星，江南江宁人。庚辰进士，官户部。以文章名节自任，兼擅篆籀，工图章。性肮脏难合，虽处困穷，不改其操，君子高之。[①]

王晫（1636—？），初名棐，字丹麓，号木庵，自号松溪子，浙江钱塘（杭州）人。南明永历二年、清顺治五年戊子（1648）年参加县试，选补为县学生。然而，王晫最终放弃了举子业，转而读书著述、市隐交游。康熙十七年戊午（1678），有官宦推荐王晫应召博学鸿词科，被其拒绝。同年，在受到浙江官员以博学鸿儒举荐后，黄周星避走湘潭。在《今世说·德行》卷首，王晫自述：

> 喜读书，所交多贤豪长者。遇同好，辄谈论移日，或至信宿不厌。其他虽相对终日，卒不妄交一言。匪类故多恨之。平生重然诺，与人期或允所请，不爽时刻。性不耐饮，复善愁，凡在六合之内，或有才士穷途，佳人失所，每闻其事，辄为於邑，甚至累日减餐，终身不见喜色。[②]

---

① 王晫.黄周星传［M］//今世说：卷八：忿狷.康熙二十二年新安张氏霞举堂刻本.
② 王晫.本传［M］//今世说：卷一：德行.康熙二十二年新安张氏霞举堂刻本.

在王晫所谓的"贤豪长者"中，黄周星当位列其中。在《今世说》中，王晫有别于寻常体例，将自己事迹纳入集中，在"德行""文学""雅量""赏誉""品藻""容止"等门实现了容才情、德行于一身的理想自我形象的建构，而这一形象显然与黄周星等前代遗民颇类。基于在同一事件中相同的处境与姿态，更是基于相近的情趣与志向，王晫对黄周星的认同以至仰慕就自然而然了。事实上，两人的交谊可以追溯到十年前甚至更早。

康熙七年戊申（1668），王晫创作文言短篇《看花述异记》，写王生游览西湖沈园之后，梦入花国仙境一番游历的故事。王生入梦后，先由职掌"春工"魏夫人的侍女黄令徵接引，一路芳菲盈目、鸟语笙簧，并时时有美女掩映于花光树影之间，而后抵达仙阙，魏夫人特地为王生举行了歌舞盛会，并告诉他："美人是花真身，花是美人小影。以汝惜花，故得见此，缘殊不浅。向汝作《戒折花文》，已命卫夫人楷书一通，置于座右。"在会上，王生在魏夫人的安排下，得见弄玉、丽娟、卢女、绛树、绿珠、阿纪、徐月华、袁宝儿、绿丝、醉桃、薛琼琼、梅妃、杨玉环、许合子、念奴、红线等不同时代的美女，欣赏了她们的歌舞演奏。忽而梦回，只见晓星欲落，斜月横窗，花影翻阶。王生露坐石上，忆所见闻，恍如隔世。因慨叹天下之事，大多如此。好景难常在，乐极而悲生，不仅仅是一种普遍存在的人生感喟，对于王晫而言更是一种对模糊的汉族王朝的瑰丽想象与被现实唤醒后的枯索无奈。于是，在遇到晚年对戏曲创作刚刚萌发热情的黄周星后，《惜花报》问世了。

黄周星以《看花述异记》为底本，重组故事，架构起由"推举""接引""观乐""证仙"四折构成的一本杂剧《惜花报》，敷演王丹麓爱花成痴、惜花如命而遇仙得道、白日飞升的故事。在第二折中，王丹麓自述身世：

俺潜心图史读书，不为功名，乐志田园，闭户惟敦孝友，更且性情澹逸，耻随尘市经营，兴味索辣，怕见炎凉反覆。因此上，寄迹风尘外，驰神山水间。每遇月夕花朝良辰美景，或登高以舒啸，或临流而赋诗。虽未敢称烟火神仙，想亦可作云霞伴侣。[①]

与其说这是剧作里的王丹麓，不如说这就是《今世说》里王晫塑造的理想自我。当然，这同样可以视为黄周星的写照。这只"花心动"曲辞，交代了王丹麓的心性，传达的则是王晫与黄周星共同的志趣。

如果只看到黄周星在《惜花报》里与王晫的《看花述异记》同声相应，那就忽略了黄周星在自己的创作过程中借他人酒杯浇胸中块垒的努力。在《看花述异记》里王生由现实步入梦境，"几不复知身在人世"，在鸡鸣之后，最终由梦中醒来，在现实中"忆所见闻，恍然如隔世"。王晫有理想，至少摆出了政治感伤的姿态，却不至于迷狂，不避梦境的虚妄与现实的感伤。黄周星则不同，他不仅有姿态、有理想，最终陷入了惜花福报、白日飞升的迷狂。《惜花报》虽是对《看花述异记》的改编，但是其第四折却完全突破了王晫原创思路，凭空杜撰了"证仙"的情节。剧本中，王晫惜花如命，形之于篇章，先做《折花戒文》，后做《落花祭文》，所谓种种功德，终成修仙善果：

【前腔】花运久虚罳，盼仙缘，也寂寥。谁知今日里，仙缘花运齐来到。花封富饶，仙都寿高。花仙唱和无边妙。饮酕醄，千秋万古高，乐事自今朝。

【尾声】千秋万古同欢乐，这的是惜花福报。奉劝世间人，

---

① 黄周星. 人天乐传奇［M］// 夏为堂别集. 康熙二十七年刻本.

且莫把天上春工辜负了。①

源自《看花述异记》，而又超越《看花述异记》，黄周星在《惜花报》中缘着自己的意念，用神仙道化置换了政治感伤，继续探索在超越当下、超脱现实的道路上。

从文体上锁定《惜花报》的杂剧或者戏曲身份，进而去确证其作为一部戏的成败，尤其是诟病其人物的苍白、冲突的乏力，其实都是没有太多意义的，因为对于黄周星而言《惜花报》只是一段告白，或者说只是一份宣言。

同样，不必拘泥于传统意义上的杂剧展开文体分析的作品还有杂剧《试官抒怀》。《试官述怀》篇幅极其短小，不分折。全剧只有"净"与"杂"两个角色，"净"即试官；至于"杂"就是一个引发试官言说的"行动元"，面目完全模糊。在文本构成上，全剧只有【水底鱼】【点绛唇】【清江引】【黄莺儿】四支曲词，其余皆为一般意义上的宾白。事实上，《试官抒怀》更接近一篇檄文，或者说是基于"净""杂"问答的抒情小赋。当然，这并不意味着《试官述怀》创作难度的降低和文学价值的匮乏。短剧之难，有非人所书知者。也就是说，这种一折短剧，需要创作者付出更多的心血在情节关目之外去构思如何书写自我、寄托情思。

于是，《试官述怀》现实批判意义反倒更为强烈。黄周星科举出身，早年有科名之盛，对科场的种种现象当不陌生。入清后，在坐馆与交游的岁月里，对清廷开科取士过程中的种种弊端更多所感触。在摆脱时艺的束缚，并且在文体上发现了戏曲的魅力后，黄周星开始将对现实批判的矛头直接对准科场腐败。试官开场即道：

---

① 黄周星.惜花报［M］//夏为堂别集.康熙二十七年刻本.

文运天开，科场点秀才。三年大比，个个赶将来。放屁文章总一般，大家容易大家难。之乎者也成何用，只要金钱中试官。①

在个人需求的强烈诱导下，科举俨然从一种制度上升为一种本质上近乎迷信的"信仰"。科举迷信在漫长的历史中叠加、固化，人们将科举考试的客观结果归结于神秘因素，或者干脆希望通过迷信手段影响应试结果。黄周星以人间清醒的姿态描述了考生们"放屁文章总一般"的事实，然后又不留情面地撕下了考官们"只要金钱中试官"的遮羞布。试官接着唱道：

那中试的休感激我座主恩深，只为他钱能使鬼；那落第的休怨恨我试官眼瞎，总因你命里无财。这正是文章自古无凭据，惟愿家兄暗点头。②

黄周星一针见血地揭穿了科场之中试官取士的标准并非士子文章的优劣而是士子行贿资财的多寡。参之以顺治年间的科场舞弊案件，这种构思与胆识具有强烈的批判色彩和厚重的认识价值。《试官述怀》的批判视野突破了科举与试官，深入金钱无处不在的社会面去揭露"家兄"——金钱的罪恶。来看一段关于士子艰难备考动机的对白：

【杂】禀爷，这样苦恼，那秀才们进来做甚？

【净】他进来要中哩！

【杂】要中他做甚？

---

① 黄周星.试官述怀［M］∥夏为堂别集.康熙二十七年刻本.
② 黄周星.试官述怀［M］∥夏为堂别集.康熙二十七年刻本.

【净】中了好做官。

【杂】要做官做甚？

【净】做了官好抓银子。①

即使我们无意于去寻绎黄周星在戏曲创作技法上的探索、在风格上的铸就，仍然得承认《试官述怀》的戏曲语言虽极其浅近俚俗，但是这段宾白对丑恶现象的鞭挞却具有相当的力度。历史上，从晋人鲁褒作《钱神论》到唐人张说作《钱本草》，再到元代高明作《乌宝传》，不同时代对金钱的追逐、对货币的崇拜已经被刻画得入木三分。与此一脉相承又遥相呼应，黄周星在《试官述怀》中借试官之口又唱道：

> 孔方兄弄得人颠颠倒，恶业何时了。主考为他昏，举子为他恼，算世上无如银子好，罢了罢了。科场中一团怨气，秀才们昏天黑地，何时得公道昭彰，除非是弥勒出世。②

对于金钱本身，黄周星是蔑视的；对于金钱所造成的痛苦与罪恶，黄周星是感同身受而又深恶痛绝的。作为剧作富于现实意义的一部分，这同样增强了这篇檄文的批判力度。但是，对于现实，黄周星终归是有心救世，无力回天，最终将就又无奈地回到了虚幻的宗教之路，希冀"弥勒出世"扭转乾坤。

---

① 黄周星．试官述怀［M］//夏为堂别集．康熙二十七年刻本．
② 黄周星．试官述怀［M］//夏为堂别集．康熙二十七年刻本．

第三章 操曲晓声

观千剑而后识器，操千曲而后晓声。

神州荡覆。黄周星不仅仅成为一位有"幸"的诗家，其文学创作广泛涉及诗、词、散曲、小说、传奇、杂剧，并兼及赋、论、序、传、记、书牍、时艺等不同类型的文章领域。

在写诗之外，黄周星更在读诗。他以性情作为唐诗乃至诗歌的精神内核，以惊天、泣鬼、移人的快意作为审美体验的终极追求，志在千古，在唐诗接受领域奉献了一部极具个人色彩与审美特质的选本《唐诗快》。

传奇《人天乐》当然没能为黄周星架设飞升至墨庄幻景的天梯，但是却让他深悟戏曲三昧，对戏曲逐渐形成了独特的认知和深刻的理解。作为黄周星在戏曲创作实践的基础上总结出来的颇具特色的戏曲理论，《制曲枝语》意味着他实现了另一种意义上的越渡。

西游故事在流传整整千年之后，黄周星为它整理出了一个在后世最为通行的版本《镌像古本西游证道书》——虽然未必是黄周星一人所为，但是说与有荣焉，当不为过。

第一节 好把一编传不朽
——诗歌选本研究

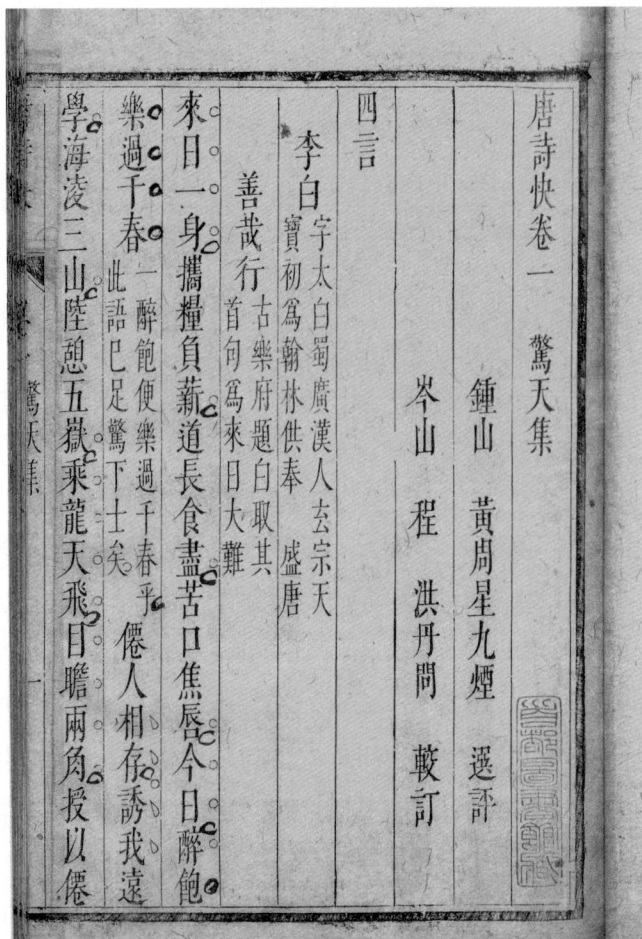

图3-1 唐诗快十六卷
（清康熙二十六年堂刻本，首都图书馆藏）

　　黄周星是一位孤履危行、欹嵚历落的诗人，也是一位手眼别具、自成一家的诗论家。他以一部《唐诗快》奠定了自己在唐诗接受史上的位置。

　　作为中国诗歌发展最为辉煌的历史时期，有唐一代所涌现的灿若辰星的诗人及其创作的浩如烟海的作品在嗣后中国文学发展的一千多年历程中始终以一座难以逾越的巅峰姿态，成为人们膜拜的对象。后世对唐诗的接受一方面体现在对唐诗气象风神的不断揣摩与摹仿，另一方面则体现在对诗人诗作的整理与研究。诗歌总集、诗人别集成为后者的主要载体和表现形式。与此同时，我们不难发现，诗歌选本也以其独特的价值成为唐诗传播过程中不容忽视的文学现象。与作者之于作品所具有的创作主体地位相同，选家之于选本同样具有不容置疑的主体地位。在对选家的社会环境、文化语境、文艺思想、家学师承、身世经历等方方面面给予足够的关注后，一部选本的意义从某种"可能"转化为"现实"。

　　作为一种重要的接受形式，唐诗的编选，自唐代开始从未间断。在清代乾隆年间大型官修诗集《全唐诗》诞生之前，唐及唐以后的各个朝代的有识之士——无论是终身致力于唐诗学研究的学者大家还是对唐诗感兴趣的一般爱好者，他们上至帝王贵胄、馆阁重臣，下至黄冠炼客、禅林衲子，以至行商坐贾、贩夫走卒，尤其是在社会不同阶层中穿行游移的文人士子、骚客词伯，出于不同的诉求，自觉承担起抄录、编辑、刻印、传播唐诗的责任，从而使这笔宝贵而丰厚的文化遗产得以代代相传，经久不衰，始终与日月争辉，散发光彩。

　　作品的问世，一般就意味着作家与作品的分离。作品承载着作家的创作意图进入到读者接受视野。与此同时，相对独立的作品在作家所赋予的意义之外获得了另一种意义生成的可能性——专业读者（比如批评家）以及更广泛的普通读者不断尝试着对作品进行再"创作"。

如果说，具体文学阅读与批评的兴趣更倾向于对单个文本或个体作家的意义进行剖析，那么，选本则能在此基础上更好地对一个作家、一个区域、一个时代、一种题材、一种体裁的整体风貌展开具有高屋建瓴意味的全局总揽与概括，秉持特定的标准，达成更为宏大、深远、多元的诉求。

不论出于何种诉求，任何一位选家都会尽可能按照明确、统一的标准选择作品。就"标准"本身而言，可以很直观。比如以体裁为准，唐诗选本领域内的《万首唐人绝句》《三体唐诗》《全唐律诗》等选本即属此类。又比如以诗人为准，明代郑鄤（1594—1639）编选的《李太白诗选》《杜子美诗选》《王摩诘诗选》等即属此类。当然，也有不少"标准"是潜隐、复杂的，尤其是在一些综合性的大型选本中，其编选标准并不能一眼看出，甚至深入探究后也难以做到"一言以蔽之"，比如，《河岳英灵集》《中兴间气集》，甚至广为今人熟知的《唐诗三百首》——当然，不断挖掘并归结这些选本之后所潜隐的编选"标准"正是选本研究的重要意义之所在。不过，如果编选"标准"的确立在初衷上是要贯彻与遵守的话，很多选本在实际的编选过程中又常常出现对最初设立的"标准"的程度不一的背离。这更加强化了编选"标准"研究的地位与意义。

对于选家来说，在选本编选、生成之后，一方面实现了自身的诗歌乃至美学诉求，另一方面经由选本加持了其在人群中的诗人、诗论家乃至意见领袖的身份。以唐诗选本为例，相当一部分选家本身业已是不同时代颇有成就的诗歌创作者。至于他们通过编选唐诗在唐诗接受与传承领域所产生的影响，更是远超其诗名。仅以唐人为例，《箧中集》编选者元结、《极玄集》编选者姚合、《又玄集》编选者韦庄等人莫不是如此。如果把目光后移至宋金元时期的唐诗选本编选者元好问、方回等人，同样是值得在诗歌创作、诗歌编选等不同领域加以全面研究的大家。明清以降，在文化主体不断拓宽与下移的形势下，更多的唐诗选本骈兴错出。《唐诗快》正是在这样的潮流中问世了。在《唐诗快》发现与接受的过程中，黄周星顺理成章地进入了唐诗学的视野，并成为独特的另一个。

黄周星与《唐诗快》的独特需要搁置于一个更为开阔的视野中，才能得到较为清晰的呈现。据《四库全书总目提要》记载，分布于唐、宋、金、元、明各个朝代的唐诗选本有近50种，其中唐人选唐诗13种、宋人选唐诗4种、金元两朝选唐诗4种、明人选唐诗26种；此外，记载了截至《四库全书总目提要》成书时期的清人选唐诗18种。唐诗选本显然不止上述60余种。在明清两朝，尤其是黄周星生活的17世纪，唐诗接受正处于巅峰时期。在刊刻、教育等外部因素的推动下，说唐诗选本数以百计地涌现，毫不夸张。在黄周星的时代，高棅（1350—1423）于洪武年间编选的《唐诗品汇》，李攀龙（1514—1570）于嘉靖年间编选的《唐诗选》以及钟惺（1574—1624）、谭元春（1586—1637）于万历年间编选的《唐诗归》，历时性地出现在明代诗坛与学界，三选鼎立，在诸多唐诗选本中拥有绝对的影响力。这种影响力正是黄周星无以回避的文化、教育、学术氛围。

明代李东阳（1447—1516）在《麓堂诗话》里探讨了诗歌尤其是唐诗的编选问题：

> 选诗诚难。必识足以兼诸家者，乃能选诸家，识足以兼一代者，乃能选一代。一代不数人，一人不数篇，而欲以一人选之，不亦难乎！选唐诗者，惟杨士弘《唐音》为庶几。次则周伯弼《三体》，但其分体过于细碎，而二书皆有不必选者。赵章泉《绝句》，虽少而精。若《鼓吹》，则多以晚唐卑陋者为入

格，吾无取焉耳矣。①

在李东阳的视野中，一些前代唐诗选本，诸如周弼《三体唐诗》《唐音》《章泉涧泉二先生唐诗选》《唐诗鼓吹》等，纷纷出现，却并未提及《唐诗品汇》。究其原因，主要在于刊刻行世于太祖洪武二十六年（1393）年的《唐诗品汇》影响力尚未得以显现。弘治十年（1497），李东阳受命为总裁官，修撰《明会典》，在卷二中记载：

> 凡进士间选为庶吉士。洪武间分置于近侍衙门。永乐以后，止隶翰林院。命学士等官教之。学业成者除翰林官，其后二甲除编修，三甲除检讨，兼除科道部属等官。②

庶吉士，又称吉士，亦称庶常，是明、清两代文职高级官员选拔过程中的短期过渡性职位，从这个意义上说，庶吉士制度可以视为明、清两代基于科举制度而派生出的高级官员职前岗前培训制度。明成祖永乐三年（1405），专选庶吉士入文渊阁进学，此后逐渐形成非进士不入翰林，非翰林不入内阁的通例。在通过科举考试中进士的人当中选择具有潜质的人才予以进一步培养以担重任，或为皇帝主笔制诏，或为皇帝讲解经籍，最终成为内阁辅臣。庶吉士在历史上对明、清两代的政治、文化产生了深远的影响。就《明会典》来看，庶吉士可以进入翰林院，得到以翰林学士为首的教习官的教诲与引导。

虽然与治国辅政的初衷有些距离，但是庶吉士的研习活动主要聚

---

① 李东阳. 麓堂诗话［G］//丁福保辑. 历代诗话续编. 北京：中华书局，1983：1376.

② 李东阳. 选官［G］//明会典：卷二. 司礼监明正德四年刻本.

集于诗、文读写领域。不难想见，彼时翰林院中作为王朝高级官员储备力量的庶吉士们在教习官的指导与督促下每日诵习诗文的情形。正统以后，庶吉士专注于研习南宋理学家真德秀纂辑的《文章正宗》和明初文人高棅选编的《唐诗正声》：

> 凡庶吉士以学士二员教习。然洪武中宋濂，永乐中解缙，皆领庶吉士，未尝抗颜为师也。至正统戊辰（1448），乃为定制。先是，庶吉士俱于东阁进学，至是令于本院外公署教习。其教庶吉士，文用《文章正宗》，诗用《唐诗正声》。①

在教习过程中，作为纲领与范本的是《文章正宗》《唐诗正声》。南宋著名理学家真德秀（1178—1235）在宋理宗绍定五年（1232），编选《文章正宗》一书，以实践其所主张的"德本文末""君子之文"理学文学观。《文章正宗》分辞命、议论、叙事和诗赋四大类，收录诗文共987篇，呈现出主理、求正、崇古、尚雅的审美取向。作为选本，《文章正宗》呈现出实践倾向并具备实用价值，尤其是真德秀为选文增设评注，剖析艺术技巧，为研习者提供了具有较高识鉴水平与一定参考意义的优质文本。至于《唐诗正声》，则必关联《唐诗品汇》，涉及一个繁简本的问题：

> 是编之诗，格调高矣，意兴深矣，岂直风云之形，月露之态而已耶？观其征戍放逐之辞，读之令人多悲慨；栖迟游览之辞，读之令人多潇散；朝会应制之辞，读之令人油然有忠爱之想焉。盖唐一代之盛衰，风化之淳漓，亦于是乎寓，未可尽以

---

① 张廷玉等.明学士掌教习庶吉士［G］//词林典故：卷三.文渊阁四库全书本.

文目之，安得不以"正"名之也？故愚尝谓《品汇》之外，唐人无诗矣；《正声》之外，唐之诗得其正者亦鲜矣。观斯集者，尚以孔子删定之意折衷之，其亦可以群，可以怨，可以事父与君焉耳矣，而何拘拘然格调，意兴之评哉！①

《品汇》即《唐诗品汇》，高棅于是作中，所录凡681家，诗6 723首，分五古、七古（附长短句）、五绝（附六言）、七绝、五律、七律、排律编次。诸体之中，各分正始、正宗、大家、名家、羽翼、接武、正变、余响、旁流九格，其凡例谓：大略以初唐为正始，盛唐为正宗，为大家，为名家，为羽翼；中唐为接武；晚唐为正变，为余响；方外异人等诗为旁流。间有一二成家，特立自异者，则不以世次拘之。《唐诗品汇》问世后，逐渐成为士林范本，"海内文士欲历唐人之蹊径，闯唐人之壶奥，则必于《品汇》求之"。②《正声》，即《唐诗正声》，可以视为《品汇》的简缩本、精华本。《唐诗正声》二十二卷，所录140位诗人929首诗作，在体量上明显小于《品汇》，其用于教习的目的更为明确。《明史》也说高棅"所选《唐诗品汇》《唐诗正声》，终明之世，馆阁宗之"。③在庶吉士教习过程中得到推崇的《唐诗品汇》与《唐诗正声》，在社会层面为人追捧就不难理解了。

　　黄周星个人阅读史已然难以厘清。也就是说，在编选《唐诗快》之前，黄周星究竟通过怎样的渠道，或经眼或研习了哪些唐人诗集或唐人选集，无法确考。不过，作为庚辰科二甲进士，黄周星的唐诗接受历程必然不乏《唐诗品汇》与《唐诗正声》的身影。至于在既有关

---

① 何城.重刊唐诗正声序［G］//高棅.唐诗正声.明嘉靖二十四年何城重刻本.
② 马得华.唐诗品汇序［G］//高棅.唐诗品汇.明嘉靖十八年刻本.
③ 张廷玉等.明史［M］.北京：中华书局，1974：7336.

乎黄周星的文献中检索不到《品汇》或《正声》的信息，黄周星似乎是在刻意回避此二者。从对《唐诗快》的审视中正可以看出黄周星的唐诗观乃至诗歌观与《品汇》《正声》的差异。

唐代宗宝应元年（762），战乱之中辗转流离的李白，前往当涂（今安徽省马鞍山市当涂县）投靠在那儿任县令的族叔李阳冰。同年七月，杜甫获悉李白正在当涂养病，写下《寄李太白二十韵》，诗云："昔年有狂客，号尔谪仙人。笔落惊风雨，诗成泣鬼神。"九百年后，面对这样的诗句，乱后余生的黄周星思绪万千。王朝的背影早已在易代的烟尘中淡去，现世中故旧寥落，知己难寻。李杜交谊深厚，惺惺相惜，尤其是杜甫，写下了不少追慕、思念李白的诗作。也许正是"笔落惊风雨，诗成泣鬼神"这样的诗句，点燃了馆中枯坐的黄周星编选一部属于自己的唐诗选本的热情。

不同于创作，选本常常是即兴而为；也不同于阅读、浏览，选本在兴之所至的意趣之外，甚至可以是茶余饭后的消遣。对于黄周星来说，《唐诗快》的编选也是一段惨淡经营的历程。经由老杜笔下"仙人"与"鬼神"的启发，黄周星开始翻检前人诗作，在李杜元白诸多唐人的笔下，寻找心灵的归宿：

> 天上有诗仙，地下有诗鬼，人间有诗人，三才正鼎峙。我思邈古来，到今千万纪。圣贤与英雄，衮衮随流水。与日月争光，如此人有几？相传三不朽，德功言者是。德功安往哉？独其言在耳！其言维伊何？坟索及经史。浩汗称百家，纵横到诸子。读之如望洋，数之难屈指。多少慧业人，岭岭埋故纸。何物通性情，触耳能兴起。哀感顽艳均，惟有诗而已。诗者本天机，别趣非关理。风雅共离骚，千秋尊祖祢。一辞安能赞，捧

诵咸唯唯。过此首先秦，逮至今日止。上下二千年，作者多于蚁。人言气运殊，升降分隆庳。昔为粲与淳，今为醨与秕。唐以后无诗，虽有未足齿。吾意颇不然，贞元终复始。岁岁有嘉禾，时时有名卉。悦目即嫱施，适口即珍饵。诸家非一家，众体非一体。选词惟选佳，撷句惟撷美。追貌如追魂，擢肤如擢髓。但取快意观，何必拘绳轨？俗调与油腔，相去几千里。见此太憎生，荑荑同莠秕。与其收卑庸，毋宁过奇傀。惊天天欲倾，泣鬼鬼不死。移人将移情，琴海诓堪拟。尤物一嫣然，城国皆敝屣。所以列三科，甲乙微分垒。大意将毋同，一贯义取此。我本旷逸人，钟情更无比。生有风骚癖，吟咏罕暇晷。每欲勒一书，藏山复悬市。无数古精灵，奔命环窗几。一一听品题，权衡如校士。我自用我法，公正无偏倚。既非竟陵钟，亦非济南李。宁俟一人知，毋为众人喜。收得好门生，荣乐胜金紫。大雅庶可扶，狂澜庶可砥。此志何时酬，怅惜飞光驶。鼎鼎六十秋，贫贱负冠履。孤持千古意，谁人喻斯旨？屈宋倘复生，或者称知己。[①]

黄周星的世界观充满宗教色彩，所以在他看来天上有诗仙，地下有诗鬼，人间有诗人，三才鼎峙。独具天机别趣的诗歌，成为仙、鬼、人对抗时光、伫立历史的依凭所在。绵延两千年的诗歌创作到唐代登顶，攀上了艺术的巅峰。对于词句佳美的纷繁诗作，黄周星秉持自己的标准，以淋漓痛快为准绳，追求"惊天天欲倾，泣鬼鬼不死，移人将移

---

① 黄周星.余尝欲评选古今人诗，自葩骚而外釐为三集，一曰惊天，一曰泣鬼，一曰移人，而总名曰诗贯.先以一诗识之 [M] // 九烟先生遗集.道光二十九年刻本.

情"的审美效应，编选诗歌。在这首选诗题咏之后，黄周星又有《选唐诗快既为长歌复系以一绝句》：

> 千秋大雅谁扶轮，万丈文光自有神。
>
> 好把一编传不朽，惊天泣鬼与移人。[①]

黄周星在诗尾自识云："此余癸丑冬所咏也。初欲名为《诗贯》，复改为《诗别》，后以泗滨戚子缓耳玭言，遂定名《诗快》云。""癸丑"即康熙十二年（1673），从这一年开始，黄周星开始诗歌的选编工作。在千挑万选之后，黄周星对诗作分门别类，成《诗快》一部。《诗快》，最初拟定的名字是《诗贯》《诗别》。顾名思义，"快"则强调快意爽利、酣畅淋漓的审美体验，"贯"当然强调的是承传演进、一以贯之的逻辑序列，至于"别"许是强调体制样式的别具一格或者趣味格调的别开生面。在与友人切磋之后，取"快"为名，应该是逐渐明晰了对快意爽利、酣畅淋漓审美体验的追求。同一时期的叶燮在《原诗》中，也阐发了诗歌"言者与闻其言者，诚可悦而永也"的观点。[②]只不过，相比较而言，黄周星更多了一份艺术家的张扬，而叶燮则多了一份批评家的克制。当然，由于选诗范围圈定在唐代，所以《诗快》一般被称为《唐诗快》。

一直到康熙十八年己未（1679），经过长达六年时间的酝酿，黄周星完成了《唐诗快》的编选，再作四首诗歌记录：

其一：

> 惊天泣鬼更移人，生面重开净扫尘。

---

① 黄周星.选唐诗快既为长歌复系以一绝句［M］//九烟先生遗集.道光二十九年刻本.

② 叶燮.原诗［M］.北京：人民文学出版社，1979：5.

诗赋有时还复古，风骚此日似怀新。

傥来富贵真无谓，不朽文章定有神。

万丈焰光千古事，眼前誉谤总休论。

其二：

天人鬼物岂相同，同属情田性海中。

草木禽鱼情可化，日星河岳性皆通。

盛衰理一非关理，正变风殊总是风。

解得别才兼别趣，唐诗终古在虚空。

其三：

生来诵法素王编，寝食蓺坛七十年。

敦厚温柔皆似此，兴观群怨岂徒然。

风流合让唐人占，忠孝还从鲁国传。

说到移人无不有，何须问鬼复呵天。

其四：

鬼泣天惊半信疑，移人人岂不堪移。

代无初晚惟求快，格有高卑略过奇。

十六卷中吾自苦，百千年后世应知。

此书若问何时歇，直到乾坤混沌时。^①

黄周星通过四首七律进一步表达了自己在唐诗编选过程的观念与体验。在《惊天集》《泣鬼集》《移人集》中，黄周星以性情而非义理作为唐诗乃至诗歌的精神内核，以快意作为审美体验的终极追求，志在千古。"高山流水诗千轴，明月清风酒一船。借问阿谁堪作伴？美人才子与神

---

① 黄周星.余自癸丑岁有选诗之咏，忽忽又数载矣。至己未之春，馆于岑山程子斋中，因从事斯役，于是先成《唐诗快》十六卷，复笑咏四首识之 [M] // 九烟先生遗集.道光二十九年刻本.

仙。"相对于现世的无奈与当下的困顿，《唐诗快》的编选在精神层面将黄周星引向超越与解脱。从这个意义上来说，承载才子之心的《唐诗快》与神仙之志的《人天乐》，对于晚年的黄周星具有相同的意义。

《惊天集》为《唐诗快》第一卷。录四言古1首、五言古1首、七言古10首、长短句5首、五言律1首、五言绝句1首、七言绝句3首，共计22首。在《题惊天集》中，黄周星说：

> 或问于九烟曰："天可惊乎？"九烟曰："可。"曰："奚惊？"曰："天以风雷惊人；人以文章惊天。风雷者，天之文章；文章者，人之风雷也。"昔太白登华山落雁峰曰："此处呼吸，想通帝座，恨不携谢朓惊人诗来，搔首问青天耳。"夫以惊人之诗问天，则骎骎乎惊天矣。但不知阊阖之中亦解道"澄江净如练"否？少陵之寄太白曰："笔落惊风雨。"风雨非天之风雨乎？然不曰"天"而曰"风雨"，犹之乎呼"荩臣"告"仆夫"云尔，尚未敢讼言惊天也。至长吉之《咏李凭箜篌》则直曰"石破天惊逗秋雨"矣。夫箜篌，一小技耳，尚可以破石惊天，而况大于箜篌者乎？尝观《周易》之"坤"曰："龙战于野，其血玄黄。"《太元之剧》曰："海水群飞，蔽于天杭。"此真惊天语也。诗中有类此者，自不得不亟取之。[1]

《惊天集》22首，在三集之中体量最小，却意义重大。黄周星以李杜诗作开篇，近乎开宗明义，既强调主体的艺术个性，又凸显主体的政治站位。以惊人之诗问天，黄周星在从诗歌到文言小说再到戏曲等不同形式的文艺创作过程中一以贯之的主体性、抒情性，在《唐诗快》

---

[1] 黄周星.题惊天集［M］//九烟先生遗集.道光二十九年刻本.

编选中再次得以呈现。诗歌闪耀着真挚热烈地追求理想人格与自由境界的人性光辉，弥漫着浪漫主义的气息。渴望飞翔的人不会甘于爬行。为了超越当下的苦难，黄周星通过编选驰骋瑰丽想象的唐人诗作，走进了幻境；为了规避生死的自诘，黄周星通过编选求仙问道的唐人诗作，走向了飞升。李贺的《梦天》是《惊天集》22首诗作之一。在同一时期创作的传奇《人天乐》中，轩辕载成为黄周星的化身，为之代言。在第三十六出下场诗中写道："酒垆若问轩辕子，只在齐州几点边"，这里化用的是李贺《梦天》诗"遥望齐州九点烟"。李贺在诗里神游清幽辽阔月宫，以排遣无绪愁情。这样想象瑰丽以至奇幻怪谲的诗作，成为在日月逾迈、沧桑改换中苦苦煎熬的黄周星心头好。

《泣鬼集》为《唐诗快》第二、三卷。卷二录五言古16首、七言古9首、长短句4首，计29首。卷三录五言律25首、五言排律1首、七言律11首、五言绝句10首、七言绝句37首，计84首。两卷共计收录诗作113首。从体式上看，第二卷为包括五言古诗、七言古诗和长短句在内的古体，第三卷为包括五言律诗绝句、七言律诗绝句和五言排律在内的近体。在《题泣鬼集》中，黄周星说：

> 九烟曰："古今来，善泣者无如鬼。"昔皇颉制字，鬼为夜哭，哭字耳，非哭诗也。然而有字即有诗矣。《檀弓》云，有爱而哭之，有畏而哭之。后世诗有佳有劣，不知此夜哭之鬼，果爱其佳而哭耶？抑畏其劣而哭耶？尝观《葩》《骚》所载，如《长楚》《桑柔》之什，《山鬼》《礼魂》之歌，其为可泣者多矣。而初不闻有鬼从而泣之者，岂其时鬼皆顽聋乎？惟贺季真初见太白《乌栖曲》，以为可泣鬼神，而少陵即用其语相赠。《长吉集》中，一则曰"愿携汉戟招书鬼"，再则曰"秋坟鬼唱鲍家诗"。后人遂以鬼才目之。夫鬼能泣诗，诗亦能泣鬼。鬼

诗之与诗鬼，正未知是一是二。①

在《惊天集》之后，作为编选者的黄周星又一次从基于个人身世的阅读体验对唐人诗作进行筛选分类，主体色彩依然强烈。所不同之处在于，《惊天集》侧重于经由编选唐人诗作实现对理想境界的勾勒，进而表达黄周星对这一理想境界的渴盼；《泣鬼集》侧重于借唐人诗作之酒杯，表达黄周星胸中对山河破碎、生计维艰现实的咏叹。以对李白诗作的编选为例，《惊天集》选《短歌行》等诗作入集，以乐观浪漫、昂扬奋发的精神，在喟叹生命短促的同时表达了对人生的珍惜、对建功立业的渴望；《泣鬼集》则选《望鹦鹉洲怀祢衡》《哭宣城善酿纪叟》等诗作入集，或表达对权势的憎恨、对理想人格的爱慕与叹惋，或表达斯人已逝的伤痛和知音难觅的彷徨。如此，则可以理解黄周星何以选此诗入《唐诗快》之《泣鬼集》。唐人诗作编选的背后正是黄周星破碎的生命与斑驳的心影。

《移人集》是《唐诗快》最后一部分，共选取了259名唐代诗人1 459首诗作。与《惊天集》《泣鬼集》相比，体量明显加大。黄周星在《移人集》中所选诗作多有现实困顿的底色，唯其如此，方能实现其共情移人的编选意旨。在《题移人集》中，黄周星说：

> 九烟曰："天下之最难移者，其惟斯人乎？"礼乐移之不得，政教移之不得，甚至兵刑移之亦不得，而独有一物焉，可以俄顷谈笑而移之。一物者何？即所云释西伯而走司寇者是也。故于《传》有之曰："尤物移人。"然此物安可多得，则思得近似者以充之。诗也者，文意之尤物也。孔子诏小子学诗，而曰

---

① 黄周星.题泣鬼集［M］//九烟先生遗集.道光二十九年刻本.

"兴、观、群、怨"之四者以言诗，可以言尤物，亦可取尤物。而比诗殆犹西子之与西湖欤！夫古今之为尤物者多矣，粉白黛绿，燕瘦环肥，其为物也不一，而皆足以倾城国而眩帝天，所谓美人不同面，而皆悦于目也。惟《诗》亦然，如《邶风》山榛隰苓之思，《楚辞》沅芷澧兰之赋，宁复知尤物之为诗，诗之为尤物乎！①

家国之痛是黄周星一生解不开的心结。山河易主之后，如何安顿心灵，是比衣食更深切的命题。这不是某一个人需要面对的困惑。黄周星在交游与创作之外，编选唐诗，在很大程度上也与此相关。尤物足以移人，但若非德义，则必有祸。以人喻诗，诗为尤物。如果诗歌能够改变人的心性与情绪，那么选择合乎"德义"的诗歌必须前置。在《惊天集》《泣鬼集》聚焦于黄周星对理想的渴盼、对现实的咏叹之后，《移人集》打开更大的格局，编选者试图借符合标准的唐诗来实现寻找共情进而调适精神状态的初衷。

与诗歌创作不同，《唐诗快》的编选更宜于视作一种诗歌批评行为，具有不容忽视的理论内涵。杨际昌（1719—1804）"上元黄九烟周星，所著《唐诗快》，自出手眼，脱尽沧溟、竟陵窠臼，足增人才识。"②在多本事而少品评的《国朝诗话》中，杨际昌给予了《唐诗快》话语不多但定位甚高的评价。杨际昌的认同当然不是指向唐人诗作，而是黄周星在《唐诗快》中对唐人诗作的去取。

杨际昌所谓"自出手眼"，指黄周星依据自己的才识和眼光，对唐

---

① 黄周星.题移人集［M］//九烟先生遗集.道光二十九年刻本.
② 杨际昌.国朝诗话［G］//郭绍虞.清诗话续编.上海：上海古籍出版社，1983：1681.

诗作出独到的鉴赏品评，进而编选《唐诗快》。这一点突出表现在选诗标准上。在《选唐诗快自序》中，黄周星说：

> 仆今者《诗快》之选，则不为其世而惟其人，不惟其人而惟其诗，又不惟其诗而惟其快。于中厘为三集，曰《惊天》，曰《泣鬼》，曰《移人》。移人则人快，惊天则天快，泣鬼则鬼亦快。而且人快则移人者尤快，天快则惊天者尤快，鬼快则泣鬼者尤快，盖一快则无不快也。其为选，则虚公平直，毫不敢以成心偏见参之。不问浓淡浅深，惟一以性情为断。初则去其不快者，取其快者，既乃去其差快者，取其最快者。譬之披沙拣金，剖璞出玉，盖几经剥换而后成。于以显微阐幽，哀穷悼屈，以此自快，亦云庶矣。虽然人之欲快谁不如我，务期凡读斯集之人，喜者可以当歌，欢者可以当剧，思者可以当月，愠者可以当风，倦者可以当游，雄者可以当猎，愁者可以当酒，寂者可以当花，郁者可以当香，病者可以当药，怒者可以当剑，仇者可以当椎，梦者可以当钟，冤者可以当鼓，媭者可以当婿，旷者可以当姬，不第者可以当银鱼，避世者可以当金马，求仙者可以当白凤，赍志者可以当青蝇。使我一人读之，歌哭叫跳不已，人人读之，亦歌哭叫跳不已。而千古以上之诗，人相与歌哭叫跳于前，千古以下之诗，人相与歌哭叫跳于后，则我一人之心快，而天下万世之人心俱快，是则仆之私志也。①

或知人论世，或以意逆志，在中国传统文学批评中往往受到关注的作家与作品，在黄周星编选《唐诗快》的过程中被置换为"读者"。所谓

---

① 黄周星. 选唐诗快自序［M］//九烟先生遗集. 道光二十九年刻本.

《诗快》之选，则不为其世而惟其人，不惟其人而惟其诗，又不惟其诗而惟其快"，黄周星以读者的酣畅淋漓、痛快爽利的阅读体验作为诗篇去取的标准：初则去其不快者，取其快者，既乃去其差快者，取其最快者。

当然，黄周星在文学创作中无处不在的强烈主体色彩，也同样弥漫在《唐诗选》的编选过程中，故此，其所谓"快"者，鲜有"春风得意马蹄疾，一日看尽长安花"的踌躇满志，而基本上都是"乡看秋草归无路，家对寒江病且贫""怪来诗思清人骨，门对寒流雪满山"之类的哀穷悼屈。就此而言，《唐诗快》呈现出一定的局限性，其以审美体验为尺度的去取标准，因为黄周星个人强烈的主体色彩介入，最终窄化为以具有悲剧意味的崇高美作为尺度——这势必在很大程度上拘囿了《唐诗快》的传播与影响。

"脱尽沧溟、竟陵窠臼"是"自出手眼"的另一面。相比较于自故自地以"快"，尤其是崇高美感作为尺度编选《唐诗快》而言，"脱尽沧溟、竟陵窠臼"具有更加丰富的诗学内涵与意义。在《余尝欲评选古今人诗，自葩骚而外釐为三集，一曰惊天，一曰泣鬼，一曰移人，而总名曰诗贯。先以一诗识之》中，黄周星写道："我自用我法，公正无偏倚。既非竟陵钟，亦非济南李。"杨际昌对《唐诗快》的评论与黄周星的自评是一致的。

"沧溟""济南李"言李攀龙。李攀龙（1514—1570），字于鳞，号沧溟，山东历城（今山东省济南市历城区）人。明世宗嘉靖（1522—1566）、穆宗隆庆（1567—1572）年间，受之前以李梦阳、何景明等人为代表的前七子的影响，李攀龙与王世贞、谢榛、宗臣、梁有誉、徐中行、吴国伦、余日德、张佳胤等人重揭旗鼓，相与呼应，标榜"文必秦汉、诗必盛唐"，继续提倡复古，声势则更为浩大，以至整个16世纪的诗学都近乎笼罩在"诗必盛唐"的复古风气之下。作为宗工巨匠的李攀龙，主盟文坛二十余年，其影响远及于17世纪。这也是在黄周星的自序与杨际昌的诗话中，李攀龙的名号屡次出现的客观原因。李攀龙诗文，由其友王世贞整理编辑为30卷，题《沧溟先生集》。此外，李攀龙选各代之诗编《古今诗删》，影响颇大。其后，就《古今诗删》摘取其中的唐代诗歌编选的《唐诗选》，成为当时通行的学塾启蒙读本。《四库全书总目》卷一百九十二《集部·总集类存目二》云：

> 《唐诗选》七卷，内府藏本。旧本题李攀龙编，唐汝询注，蒋一葵直解。攀龙有《诗学事类》，汝询有《编蓬集》，一葵有《尧山堂外纪》，皆已著录。攀龙所选历代之诗，本名《诗删》，此乃摘其所选唐诗。汝询亦有《唐诗解》，此乃割取其注。皆坊贾所为。疑蒋一葵之直解，亦托名矣。然至今盛行乡塾间，亦可异也。

由此可见，《唐诗选》七卷是从《古今诗删》中选唐诗部分删选而成的，其作为选本与李攀龙之间的关系基本是确定的。在《唐诗品汇》之后，《唐诗选》成为明代中后期最为流行的唐诗选本。作为明中期"诗必盛唐"观念的鼓吹与实践，《唐诗选》收录128位诗人共计465篇诗作。所收诗人诗作以盛唐为主，极少中唐、晚唐。

"竟陵""竟陵钟"言钟惺。钟惺（1574—1624），字伯敬，号退谷，湖广竟陵（今湖北省天门市）人。万历三十八年庚戌（1610），钟惺中进士，曾任工部主事、福建提学佥事，后辞官归乡，闭户读书，晚年逃禅，终于佛寺。万历四十二年甲寅（1614）至万历四十六年戊午（1618）期间，钟惺与同里谭元春（1586—1637）评定编选了15卷《古诗归》和36卷《唐诗归》。在《诗归序》里，钟惺说：

> 选古人诗，而命曰《诗归》，非谓古人之诗以吾所选为归，庶几见吾所选者以古人为归也。引古人之精神，以接后人之心目，使其心目有所止焉，如是而已矣。①

钟惺强调面对古人之诗时做出选择的主观能动性："引古人之精神，以接后人之心目，使其心目有所止焉"。这就必然指向对拟古文风的批判："作诗者之意兴，虑无不代求其高。高者，取异于途径耳。夫途径者，不能不异者也"。至于"七子"的复古主张与创作实践，钟惺认为只不过是"取古人之极肤、极狭、极熟便于口手者，以为古人在是"。相对于拟古之作，钟惺认为"真诗者，精神所为也"，而精神所在之处是一种孤僻的处境与心境："察其幽情单绪，孤行静寄于喧杂之中，而乃以其虚怀定力，独往冥游于寥廓之外。"回到《唐诗归》，初唐5卷，盛唐19卷，中唐8卷，晚唐4卷，凡36卷。中晚唐诗人诗作占据三分之一的体量与标举盛唐的《唐诗选》乃至《古今诗删》已经呈现了很大的差异。

黄周星在编选《唐诗快》的过程中"脱尽沧溟、竟陵窠臼"，集中表现在关于唐代诗歌历程的分期问题上。他在《唐诗快序》中说：

> 唐之一代，垂三百祀，不能有今日而无明日，不能有今年而无明年，则不能有一世而无二十世。于是乎武德不得不降而开元，开元不得不降而大历，大历不得不降而元和、长庆，元和、长庆不得不降而天祐。五季者，此理势所必至也。而后人遂执此为初、盛、中、晚之分。夫初、盛、中、晚者，以言乎世代之先后可耳，岂可以此定诗人之高下哉？且如天地间树声

---

① 钟惺.诗归序［M］//古诗归.万历四十五年刻本.

泉响、鸟语虫吟，凡有耳者闻之，未有不欣然以喜，或悄然以悲者。朝闻亦然，暮闻亦然，一岁闻之至岁岁闻之亦然。彼泉树虫鸟之音，岂尝有初、盛、中、晚哉？至于疾雷震霆，则掩耳而思避，鸦啼鸦噪，则抨弓而思弹，苟意所不许，固亦不问其为初、盛、中、晚也。①

黄周星指出作为对社会历史进程的阶段性划分，"初盛中晚"的分期无可厚非。不过，在《唐诗选》的语境中，"盛唐"已经超越了历史界分的意味，而具有了难以超越的诗歌巅峰的色彩。对此，黄周星表达了完全不同的观点："固亦不问其为初、盛、中、晚"。不仅如此，黄周星进一步表达了对"初盛中晚"优劣论的不屑，他说：

> 仆尝极服袁石公之论曰：文章之气，一代薄一代；而文章之妙，一代妙一代。故古有不尽之情，今无不写之景，其盛处正其薄处也，然安得因其薄而掩其妙哉？故仆以为，初、盛、中、晚之分，犹之乎春、夏、秋、冬之序也。四序之中，各有良辰美景，亦各有风雨炎凝，欢赏恒于斯，怨咨恒于斯，不得谓夏劣于春，冬劣于秋也。况冬后又复为春，安得谓明春遂劣于今冬耶？②

应该说，黄周星的世界观已然跳出了古今轩轾的格套，他以超拔的目光指出："古有不尽之情，今无不写之景"。这就如同春夏秋冬四时节序，风花雪月阴晴冷暖，各美其美，美美与共。既然如此，作为对古情今景、夏炎冬凝的写照与记录，诗人谈何高低，诗歌谈何优劣：

---

① 黄周星.选唐诗快自序［M］//九烟先生遗集.道光二十九年刻本.
② 黄周星.选唐诗快自序［M］//九烟先生遗集.道光二十九年刻本.

世俗小儒，骛外好高，胸中眼底实未得其最下者，而哆口辄取法乎最上，以中晚为未足，乃进而初盛。初盛犹未足，乃进而六朝。六朝又未足，乃进而秦汉。等而上之，其势不进于盘古不止。而盘古以前，相传如龙汉蚮高之属，又岂无更高于盘古者？则何不直求之混沌之初，未有天地之始乎？此真可为仰天捧腹，大笑绝倒者也。①

在嬉笑怒骂之间，黄周星对于复古思潮作出了自己的否定性判断。也正是在这种判断的基础上，黄周星在去取唐诗的过程中，区别于《唐诗选》专注盛唐，而将目光更多地投向了中晚唐。

下面以《泣鬼集》为例，对该集所选诗作超过2（含）篇的诗人进行分析。

序号	诗　人	诗　　作	入选篇数
1	张说（667—730）	《南中别蒋五岑向青州》《伤妓人董氏四首》	2
2	李白（701—762）	《望鹦鹉洲怀祢衡》《哭宣城善酿纪叟》	2
3	常建（708—765）	《昭君墓》《岭猿》	2
4	杜甫（712—770）	《赠苏侍御涣》《梦李白二首》《乾元中寓居同谷县作歌七首》《喜达行在所三首（原注：自京窜至凤翔）》《不见（近无李白消息）》《天末怀李白》《得舍弟消息》《第五弟丰独在江左，近三四载寂无消息，觅使寄此二首》《不归》《新婚别》《北征》《彭衙行（鄜阳县西北有彭衙城）》	12

---

① 黄周星.选唐诗快自序［M］//九烟先生遗集.道光二十九年刻本.

序号	诗　　人	诗　　作	入选篇数
5	王建（765—830）	《塞下曲》《自伤》	2
6	刘禹锡（772—842）	《燕尔馆破，屏风所画至精，人多叹赏题之》《蜀先主庙》《和杨师皋给事伤小姬英英》	3
7	白居易（772—846）	《哭皇甫七郎中湜》《感化寺见元九、刘三十二题名处》《元相公挽歌词（宿鄂州）》《哭从弟》《读邓鲂诗》《夜闻歌者》《上阳白发人——愍怨旷也》《新丰折臂翁——戒边功也》	8
8	元稹（779—831）	《哭吕衡州六首》《哭小女降真》《哭女樊四十韵》《哭子十首》	4
9	张祜（785—849）	《病宫人》《感王将军柘枝妓殁》《退宫人二首》《耍娘歌》《孟才人叹》	5
10	李贺（790—816）	《秋来》《南园》《金铜仙人辞汉歌》	3
11	曹唐（797？—866？）	《哭陷边许兵马使》《病马五首呈郑校书章三吴十五先辈》	2
12	刘叉（约806年前后在世）	《自古无长生劝姚合酒》《作诗》《自问》	3
13	李商隐（813？—858？）	《浑河中》《王十二兄与畏之员外相访见招小饮，时予以悼亡日近，不去，因寄》	2
14	曹松（828—903）	《哭陈陶处士》《己亥岁》	2
15	罗隐（833—910）	《偶题（一题作嘲钟陵妓云英）》《焚书坑》	2
16	陆龟蒙（？—881）	《离骚》《和袭美女坟湖》	2

序号	诗 人	诗 作	入选篇数
17	林 宽（ 约873年 前后在世）	《寓兴》《哭栖白供奉》	2
18	韩偓（844—923）	《夕阳》《偶题》《哭花》	3

符合篇数条件的诗人总量为18人。从年代来看，生活与主要创作时期处于盛唐的只有张说、李白、常建、杜甫4位，王建以下至韩偓等其他14位诗人则生活在中唐、晚唐时期。这样近八成的中晚唐体量，不用说《唐诗选》，即便较之于《唐诗归》，也是远超其上了。当然，回到黄周星的主体意识上来思考其对中晚唐诗人诗作的偏爱，应该与中晚唐诗人经历皇朝盛衰后在诗作中表现出的沉着痛快契合了黄周星的山河易主、身世漂泊的生命体验紧密相关。

在面对竟陵派与《唐诗归》的时候，黄周星应该具有一段曲折的从悦纳到拒绝的接受心路。钟惺强调真诗不在拟古蹈袭，而在精神。这种精神不是其他，而是一种幽情单绪、孤行静寄。对于嵚崎狷介的黄周星而言，竟陵派的文艺主张与自己的处境、心境甚是合拍，所以，黄周星早年就有《会仙峰颂衡岳漫仿竟陵体》这样的诗作，不可否认有致敬的意味。但是，黄周星的狷介却不狂妄、澹荡而不凉薄，明清鼎革、山河易主之后，他在乱世之中坚守孤高傲岸的操守，也在与人交接之中彰显民胞物与的风范。及至身心俱疲的晚岁，他依然选择一种非自然的方式与世人作别，终其一生，弥漫着浪漫的诗性。如此一来，在晚年编选的《唐诗快》中，黄周星流露出与《唐诗归》迥乎不同的诗学思想与审美趣味。至此，再来看杨际昌之所谓"脱尽沧溟、竟陵窠臼"，黄周星《唐诗快》就具有建构唐诗接受史的独特诗学内涵与意味。

第二节 枝辞蔓语见真章

——戏曲理论研究

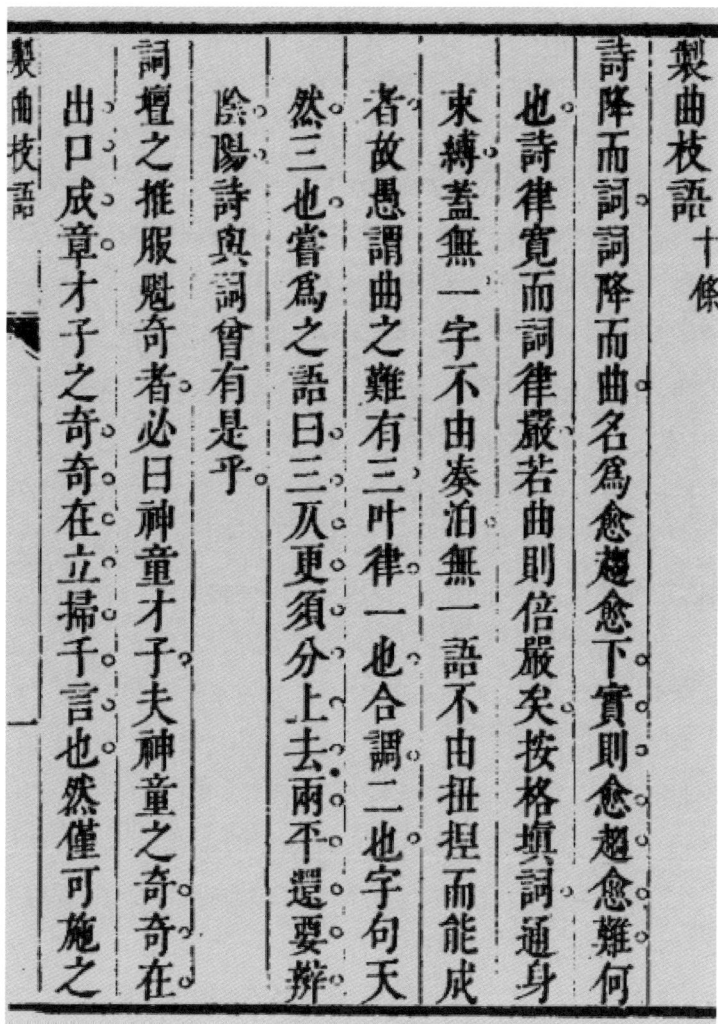

製曲枝語 十條

詩降而詞詞降而曲名爲愈趨愈下實則愈趨愈難何也詩律寬而詞律嚴若曲則倍嚴矣按格填詞通身束縛蓋無一字不由湊泊無一語不由扭捏而能成者故愚謂曲之難有三叶律一也合調二也字句天然三也嘗爲之語曰三叉更須分上去兩不還要辨陰陽詩與詞曾有是乎

詞壇之推服魁奇者必曰神童才子夫神童之奇奇在出口成章才子之奇奇在立掃千言也然僅可施之

製曲枝語

图3-2　制曲枝语

（载于《夏为堂别集》，康熙二十七年刻本，国家图书馆藏）

明神宗万历十七年己丑（1589），沈璟（1553—1610）以病告归，回到了吴江（今江苏省苏州市吴江区），在仕宦之后开启了创作戏曲、研究戏曲的另一种人生，并由此揭开了明代戏曲勃兴的大幕。

早在前朝，元代剧曲作家们大多生活在市井之中，他们深谙瓦肆勾栏中戏曲演出的不二法门。不仅具有一定的文学性，更符合表演尤其是演唱规律的场上之曲，不断被推上舞台。不过，明代知识分子在重新回归科举之后，再以闲情制曲，往往因为远离舞台，缺少实践，只能勉为其难地创作出文辞典雅却缺乏魅力的案头之曲。回归故里后，在戏曲演出十分频繁的吴江，沈璟潜心研究曲牌格律，对曲牌格律进行归纳、总结，编著了《南九宫十三调曲谱》《南词韵选》《北词韵选》等多种曲学著作，对作家创作及演员演唱的具体问题进行了理论探讨与厘清。同时，沈璟在创作中积极实践，奉献了包括《红蕖记》《义侠记》《博笑记》等17部作品在内的"属玉堂传奇"。

沈璟以"场上之曲"为导向，在理论与实践上的双重努力与成就，为他赢得了一批拥趸。王骥德就是其中之一。王骥德（1540—1623），字伯良，号方诸生、玉阳生，又号方诸仙史、秦楼外史，会稽（今浙江省绍兴市）人。祖、父均精于戏曲，家藏元人杂剧可数百种。受家庭熏陶，王骥德自幼即嗜戏曲。弱冠承父命改写祖父《红叶记》为《题红记》，早负才子之名。万历初师事徐渭（1521—1593），专攻曲学。事实上，王骥德平生与同时戏曲名家均有交往，徐渭以外，与沈璟、汤显祖（1550—1616）、吕天成（1580—1618）尤为莫逆。在这样的家世、治学、交游背景下，王骥德撰著成曲论专著《曲律》，将明代戏曲理论推向高峰。

《曲律》计四十章，体大思精，框架谨严，涉及戏曲源流、结构、音律、曲辞、科诨、宾白以及作家作品的品评等，几近覆盖了戏曲理论、创作、表演、评论各个方面。在戏曲的本体特性上，王骥德认为

"曲与诗原是两肠","词之异于诗也,曲之异于词也,道迥不相侔也。诗人而以诗为曲也,文人而以词为曲也,误矣,必不可言曲也"。①换句话说,创作者不可以机械地将对诗文的认知以及诗文创作的技法应用于曲。在《论剧戏》中,王骥德说:"其词格俱妙,大雅与当行参间,可演可传,上之上也";"词藻工,句意妙,如不谐里耳,为案头之书,已落第二义"。②在王骥德的视野中,曲体不同于诗词文赋,在词藻、句意之外,还必须有谐音的别一种追求,于是,曲俨然别是一家。

由对戏曲本体的独特认知出发,王骥德对音律给予了前所未有的关注。《曲律》凡四十章,其第二部分专论音律,从"论调名""论宫调"到"论平仄""论阴阳""论韵""论闭口字""论务头""论腔调""论板眼"和"论须识字",前两章专论音乐曲调,后两章专论声律演唱,多达十章。对于声调音律的关注,无疑为戏曲重新走向了场上、赢回舞台打下了坚实的听觉基础。王骥德并没有忽略戏曲的文学属性,在探讨音律法度的过程中,主张戏剧所用的宫调应该同戏剧人物的感情契合。在《论剧戏》里,他提出"用宫调,须称事之悲欢苦乐",赏则用仙吕、双调等类,哀怨则用商调、越调等类,以调合情,方能感人。③

基于曲体与传统文体的差异化认知,王骥德走向了对戏曲作为综合艺术融舞台性、文学性一身的思辨把握。于是,在戏曲形态上,王骥德主张曲白歌舞并重。正是出于对这种认识的落实,《曲律》在视野与格局上,相较于此前曲论之作有了明显的拓展与提升,除音律外,对戏曲结构、人物、科诨、宾白等也展开了探讨。在充分认知律、绝、词各有所限,而曲具备表意优势之后,王骥德旗帜鲜明地赋予了戏曲更为直接的情感承载与表达功能。与之相应,对于观众来

---

① 王骥德. 杂论第三十九 [M] // 曲律:卷四. 天启四年刻本.

② 王骥德. 论剧戏第三十 [M] // 曲律:卷三. 天启四年刻本.

③ 王骥德. 论剧戏第三十 [M] // 曲律:卷三. 天启四年刻本.

说，戏曲就先天地拥有了教化功能。他主张戏曲"令观者藉为劝惩兴起，甚或扼腕裂眦，涕泗交下而不能已，此方为有关世教文字。故不关风化，纵好徒然，此《琵琶》持大头脑处。《拜月》只是宣淫，端士所不与也"。[①]于是，在戏曲题材、主旨等内涵上，王骥德强调"曲尽人情"。

《曲律》既是在明代后期戏曲勃兴的大背景下收获的一部集大成之作，又是中国戏曲理论发展史上具有承前启后功能的一座里程碑。在王骥德之后，首先进入人们视野的是戏曲家、戏曲理论家李渔，在其《闲情偶寄》"词曲部""演习部"的许多论述中，可以发现王骥德《曲律》的影子。从戏曲结构等论述的角度来看，说《闲情偶寄》是对《曲律》的继承与发展当不为过。事实上，受到王骥德《曲律》深刻影响的，还有与李渔同时代的黄周星。

黄周星对于戏曲的关注在他的创作生涯中相对晚近，即便早年在南京不乏接触戏曲的机会，但是志在科举的黄周星对于戏曲应当说也不过是一个看客。他在《制曲枝语》中说："余自就傅时，即喜拈弄笔墨，大抵皆诗词古文耳。忽忽至六旬，始思作传奇。"[②]就傅，入学从师之意，年约七八。作为作家的黄周星，在生命的前六十年里，从未想过涉足于戏曲创作，毕竟有太多的不得不做的事情等着他去做，去求学，去入仕，去复姓，去悼亡，去赴死，去苟活。每件事都是紧迫的，每件事都是不可唐突、不可马虎的。悲欢来得真切，不容人有些许的恍惚与游移。但是，在逼近生命尽头的最后岁月里，黄周星不觉发现人生如梦，至少人生如戏。人生已然如戏，何不我自为之？在《拟作杂剧四种》中，黄周星写道：

---

① 王骥德.杂论第三十九［M］//曲律：卷四.天启四年刻本.
② 黄周星.制曲枝语［M］//夏为堂别集.康熙二十七年刻本.

美人才子与英雄，更着神仙四座中。

演作传奇随意唱，柳枝风月大江东。①

尘世中的人，永远无法摆脱的是执念，就如黄周星对"美人""才子""英雄""神仙"的渴慕，就是一种试图超越庸常与不堪的执念，虽然常常不免于徒劳。在《人天乐·自序》中，黄周星的心迹有所变化，从最初借戏曲表达自己对"美人""才子""英雄""神仙"的渴慕，数年之间，黄周星陷入了宗教的虚妄，残存到最后的只剩羽化飞升的迷梦。不过，正是这场迷梦，促使黄周星在屡作屡挫之后，写成一部《人天乐》，并汇同一卷渊源有自、甘苦自知的《制曲枝语》。

当然，对黄周星产生影响的前辈诸公当远不止王骥德一人。人类的认知是持续传承的，有关文化艺术的理解同样如此。于是，稍作梳理就不难发现，明代中后期举凡何良俊（1506—1573）、徐渭（1521—1593）、王世贞（1526—1590）、屠隆（1543—1605）、梅鼎祚（1549—1615）、汤显祖（1550—1616）、臧懋循（1550—1620）、沈璟（1553—1610）、潘之恒（1556—1622）、冯梦龙（1574—1646）、吕天成（1580—1618）、凌濛初（1580—1644）、阮大铖（1586—1646）、祁彪佳（1603—1645）等人的戏曲创作与戏曲研究，都在包括黄周星在内的后人身上有所传承与积淀。

另外，黄周星的戏曲创作与戏曲研究应当也受到了时代风尚与个人交游的影响。社会的变迁给明末清初的文人造成巨大的心灵震撼，诗文之外，戏曲也成为文人寄托情思的重要载体，繁盛一时。吴梅村（1609—1672）、李玉（1610—1671）、李渔（1611—1680）、尤侗（1618—1704）均有一定体量的戏曲作品问世。吴梅村有传奇

---

① 黄周星. 拟作杂剧四种［M］//九烟先生遗集. 道光二十九年刻本.

《秣陵春》一部和杂剧《通天台》《临春阁》两部。在作为戏曲创作与演出的中心城市——苏州，李玉从世态人情的题材中突围，转向历史、时事剧的创作，继《一捧雪》《人兽关》《永团圆》《占花魁》之后，在甲申之后奉献给剧坛的是《千忠戮》《清忠谱》这样的风雷激荡而又寄兴遥深的作品。在为李玉《北词广正谱》所作的序言中，吴梅村说：

> 今之传奇，即古者歌舞之变也。然其感动人心，较昔之歌舞更显而畅矣。盖士之不遇者，郁积其无聊不平之慨于胸中，无所发抒，因借古人之歌哭笑骂，以陶写我之抑郁牢骚；而我之性情，爰借古人之性情，而盘旋于纸上，宛转于当场。①

传统意义上的诗文作家们，重新审视戏曲的文体形态，着眼于其源自歌舞的戏曲表演所具备的显畅的歌哭笑骂功能，开始对戏曲进行文人化的深度开掘。虽然，这使得相当一部分作品呈现出案头化的缺陷。正是出于对戏曲表意功能的认知与期待，同时代包括黄周星在内的诸多文人，先后走上了戏曲创作与戏曲研究的道路。

至于来自个人的影响则或直接或间接。比如，尤侗的促进。尤侗在仕途遭遇困厄之际作有杂剧《读离骚》《桃花源》《清平调》《吊琵琶》《黑白卫》五部和传奇《钧天乐》一部。其杂剧大多借用历史上著名才人故事，经过二度创作，来抒写个人仕途受挫、怀才不遇的悲愤、期望；传奇《钧天乐》则是基于虚构，上卷搬演书生沈白、杨云赴京应试，因考官受贿徇私皆下第，杨云身亡，沈白上书揭发科场私弊，被乱棍打出，愤懑而死。下卷进入想象的世界，搬演天界召试真

---

① 吴伟业.北词广正谱序 [M] // 历代曲话汇编：清代编.合肥：黄山书社，2008：204.

才，沈白、杨云高中后赐宴，钧天广乐声中，沈、杨二人功名婚姻皆得美满。整部传奇以沈、杨二人在人间、天上的不同境遇，在嬉笑怒骂中表达对现实，尤其是科场之上文人窘境的愤懑与慨叹，在很大程度上激起了文士们的共鸣，赢得了一片喝彩。康熙九年庚戌（1670），黄周星于吴门过访尤侗，作《过吴门喜晤尤侗十首》，而尤侗回之以《白门黄九烟先辈贻诗十首口号答之八首》。次年，即康熙十年辛亥（1671），黄周星就酝酿并着手创作传奇《人天乐》，显然受到了尤侗的影响。又比如，李渔的先导。在《制曲枝语》中，黄周星说道"近日如李笠翁十种，情文俱妙，允称当行"。可以看出，对于李渔及其戏曲创作乃至戏曲研究，黄周星不仅十分熟悉，而且称许有加。

　　黄周星是以诗文著称于世的，晚年才开始从事戏曲创作。但是，在为期不长的戏曲实践过程中，黄周星对戏曲逐渐形成了独特的认知和理解。《制曲枝语》就是黄周星在戏曲创作实践的基础上总结出来的戏曲理论。仅仅一千三百余字的《制曲枝语》，观点涉及戏曲的文体属性、教化功能、风格意趣等诸多方面而偏重于创作论，又因其对戏曲创作不良风气的爽利批评而赢得的影响力与美誉度，甚至超越了传奇《人天乐》，成为黄周星在戏曲领域的代言。为便于分析，兹将十条录出，如下：

　　　　诗降而词，词降而曲，名为愈趋愈下，实则愈趋愈难。何也？诗律宽而词律严，若曲则倍严矣。按格填词，通身束缚，盖无一字不由凑泊，无一语不由扭捏而能成者。故愚谓曲之难有三：叶律，一也；合调，二也；字句天然，三也。尝为之语曰："三仄更须分上去，两平还要辨阴阳。"诗与词曾有是乎？

　　　　词坛之推服魁奇者，必曰神童、才子。夫神童之奇，奇在出口成章；才子之奇，奇在立扫千言也。然仅可施之于诗文耳。设或命之制曲，出口可以成章乎？千言可以立扫乎？故才者至此无所骋其才，学者至此无所用其学，此所谓最下之文字，实最上之工力也。以此思难，难可知矣。

愚谓：曲有三难，亦有三易。三易者：可用衬字衬语，一也；一折之中，韵可重押，二也；方言俚语，皆可驱使，三也。是三者，皆诗文所无，而曲所有也。然亦顾其用之何如，未可草草。即如宾白，何尝不易？亦须顺理成章，方可动听，岂皆市井游谈乎？

余最恨今之制曲者，每折之中，一调或杂数调，一韵或杂数韵，不问而陋劣可知。即东嘉《琵琶》，正自不免。至于次曲换头，无端增减数字，亦复何奇？余于此类，皆一概禁绝之。

余尤恨今之割凑曲名以求新异者，或割二为一，或凑三为一，如《朱奴插芙蓉》《梁溪刘大娘》之类。夫曲名虽不等于圣经贤传，然既已相沿数百年，即遵之可矣。所贵乎才人者，于规矩准绳之中，未始不可见长，何必以跳越穿凿为奇乎？且曲之优劣，岂系于曲名之新旧乎？故余于此类，皆深恶而痛绝之，至于二犯、三犯、六犯、七犯诸调，虽从来有之，亦皆不取。

有一老友语余云："制曲之难，无才学者不能为，然才学却又用不着。"旨哉斯言！余见新旧传奇中，多有填砌汇书，堆垛典故，及琢炼四六句，以示博丽精工者，望之如馄饨牲馐，触目可憎。夫文各有体；曲虽小技，亦复有曲之体。若典汇、四六，原自各成一家，何必活剥生吞，强施之于曲乎？若此者，余甚不取。

愚尝谓：曲之体无他，不过八字尽之，曰"少引圣籍，多发天然"而已。制曲之诀无他，不过四字尽之，曰"雅俗共赏"而已。论曲之妙无他，不过三字尽之，曰"能感人"而已。感人者，喜则欲歌欲舞，悲则欲泣欲诉，怒则欲杀欲割：生趣勃勃，生气凛凛之谓也。噫，兴观群怨，尽在于斯，岂独词曲为然耶！

制曲之诀，虽尽于"雅俗共赏"四字，仍可以一字括之，曰"趣"。古人云："诗有别趣。"曲为诗之流派，且被之弦歌，自当专以趣胜。今人遇情境之可喜者，辄曰："有趣！有趣！"则一切语言文字，未有无趣而可以感人者。趣非独于诗酒花月中见之，凡属有情，如圣贤豪杰之人，无非趣人；忠孝廉洁之事，无非趣事。知此者，可与论曲。

曲至元人，尚矣。若近代传奇，余惟取汤临川四梦；而四梦之中，《邯郸》第一，《南柯》次之，《牡丹亭》又次之；若《紫钗》，不过与《昙花》《玉合》相伯仲，要非临川得意之笔也。近日如李笠翁十种，情文俱妙，允称当行。此外尽有才调可观，而全不依韵，将真文、庚青、侵寻一概混押者，无异弹唱盲词，殊为可惜。

余自就傅时，即喜拈弄笔墨，大抵皆诗词古文耳。忽忽至六旬，始思作传奇。然颇厌其拘苦，屡作屡辍。如是者又数年，今始毅然成此一种。盖由生得熟，骎骎乎渐入佳境。乃深悔从事之晚，将来尚欲续成数种，因思六十年前，安得有此。王法护曰："人固不可以无年"，每诵此言，为之三叹。[①]

黄周星的戏曲理论基于他的戏曲接受与戏曲创作实践。尤其是包

---

① 黄周星.制曲枝语［M］//夏为堂别集.康熙二十七年刻本.

括案头文本阅读与舞台表演观赏在内的戏曲接受实践，为黄周星带来的有关戏曲最初、最深刻的印象。由元曲作家到临川，再到李笠翁，黄周星用最简省的文字勾勒出他心中的戏曲发展史，这部简史里既有时代界分，又有代表性作家作品，更有基于前人戏曲辩证和社会时局陡变的深层次的戏曲美学判断。其中最引人关注的，在于黄周星对汤显祖"临川四梦"和李渔"李笠翁十种曲"的接受与品评。

汤显祖（1550—1616），江西临川（今江西省抚州市）人。明神宗万历十二年甲申（1584），34岁的汤显祖中进士，在南京任职，并于1587年完成了《紫钗记》的创作。万历二十六年戊戌（1598），不耐官场烦扰与困顿的汤显祖弃官归里，并在接下来的三年间先后完成了《牡丹亭》（1599）、《南柯记》（1600）、《邯郸记》（1601）的创作。四部作品均由梦境敷衍成戏，故有"临川四梦"之称。《紫钗记》取材于唐代蒋防的传奇小说《霍小玉传》，写陇西书生李益与长安霍小玉相识、订婚、结合、误会，最终在侠士黄衫客的帮助下方得团圆的故事。《牡丹亭》取材于话本小说《杜丽娘慕色还魂》，写南宋南安太守之女杜丽娘因梦生情，伤情而死，人鬼相恋，起死回生，终于冲破阻碍，与岭南书生柳梦梅永结同心的故事。《南柯记》取材于唐代李公佐的传奇小说《南柯太守传》，写老大无成的淳于棼在醉后梦中做了大槐安国的驸马，出任南柯太守，经历了荣华富贵与仕宦沉浮，梦醒后看破世情、皈依佛教的故事。《邯郸记》取材于唐代沈既济的传奇小说《枕中记》，写时运不济的邯郸卢生在客栈得遇仙人，获赠瓷枕，梦中娶妻名门，蟾宫折桂，在遭谗被逐后再度返朝为相，尽享荣华，纵欲而亡，死后醒来，方知荣辱穷达不过是黄粱一梦，终于修仙悟道的故事。

从人物设置与情节安排来看，《牡丹亭》《紫钗记》属于儿女风情戏，而《邯郸记》《南柯记》则是具有比较鲜明映射意味的社会问题戏。清人陆次云在《北墅绪言·玉茗堂四梦评》中说：

> "四梦"皆作于临川，而如出两手。《邯郸》如云展晴空，
> 《南华》之妙境也；《南柯》如水归暮壑，《楞严》之悬解也。
> 《还魂》如莺惜春残，雁哀月冷，《离骚》之遗绪也；《紫钗》
> 拖沓支离，咀之无味，其初从事于宫商之作乎？何殊绝也。①

在晚明至清初，戏曲接受的时代语境发生了翻天覆地的变化，相对于
儿女情长而言，指向政治批判与人生感喟的故事在甲申、乙酉之后成
为拥有更多受众的剧本题材。黄周星身阅鼎革，垒愤激讦，意不在风
情，便不难理解。

另一方面，对于晚年进入戏曲领域的黄周星来说，最为重要的一
点还在于《邯郸记》《南柯记》修仙悟道、皈依佛门的故事结局更契
合他百无意趣的萧索心境和超越生死的飞升执念。王思任（1575—
1646）在《批点玉茗堂牡丹亭词叙》论"四梦""立言神指"时说：

> 即若士自谓一生"四梦"，得意处惟在《牡丹》。情深一
> 叙，读未三行，人已魂销肌栗；而安顿出字，亦自确妙不易。
> 其款置数人，笑者真笑，笑即有声；啼者真啼，啼即有泪；叹
> 者真叹，叹即有气。杜丽娘之妖也，柳梦梅之痴也，老夫人之
> 软也，杜安抚之古执也，陈最良之雾也，春香之贼牢也，无不
> 从筋节穷髓，以探其七情生动之微也。……如此等人，皆若士
> 玄空中增减圬塑，而以毫风吹气生活之者也。然此犹若士之形
> 似也。而其立言神指：《邯郸》，仙也；《南柯》，佛也；《紫钗》，

---

① 陆次云. 玉茗堂四梦评［M］//北墅绪言：卷五. 济南：齐鲁书社，1997年影印本.

侠也；《牡丹亭》，情也。[①]

毋庸置疑，王思任对"四梦"品评重心在《牡丹亭》，审美主要指向程朱理学的对立面——性情，关乎人物的种种点拨，关键只在于一"情"字。然而，"仙佛侠情"说，客观上为人们解读"四梦"提供了更多的可能性。在王思任批点之后三百年，吴梅（1884—1939）进一步地将"四梦"的主旨归结到"鬼侠仙佛"的寓意。实际上，从王思任的"仙佛侠情"说入手，结合"神仙之志"，对于黄周星"四梦之中，《邯郸》第一，《南柯》次之，《牡丹亭》又次之"的品评，就容易理解多了。

至于《紫钗记》，黄周星认为"不过与《昙花》《玉合》相伯仲，要非临川得意之笔也"。《昙花》即《昙花记》，为屠隆（1543—1605）所作，写唐朝定兴王木清泰受僧道点化，勘破酒色财气，弃家求道，历游阴曹地府与净土世界，于数番考验与磨难之后，最终证道登仙的故事。《玉合》即《玉合记》，为梅鼎祚（1549—1615）所作，改编自唐代许尧佐的传奇小说《柳氏传》及孟棨的诗论《本事诗》，写唐代长安韩翃、章台柳氏以玉盒为定情物，经历分聚离合的爱情故事。《昙花记》与《玉合记》在曲论中时有差评。对于黄周星而言，将《紫钗记》置于《昙花记》《玉合记》伯仲之间予以审视，应该也是看到了其饾饤堆垛、庞杂深晦、词曲难谐、繁荣拖沓、有失本色的弊病。不过，换个角度来看，当黄周星在明代戏曲作品中唯取"四梦"，进而将《昙花记》《玉合记》与《紫钗记》并称的时候，恰好又显示出黄周星对《玉合记》背后的动荡时局、颠沛人生和《昙花记》背后的劫数历

---

① 王思任. 批点玉茗堂牡丹亭词叙［G］//俞为民，孙蓉蓉. 历代曲话汇编. 合肥：黄山书社，2009：49.

尽、白日飞升的取向与认同。

　　与黄周星同时代的李渔，在戏曲接受的过程中，第一次进入黄周星的视野。"近日如李笠翁十种，情文俱妙，允称当行"：不足二十字的评论，是同年生同年死的两人，终其一生，迄今所见唯一的交集。当然，结合黄周星的交游，这也可以视为他在戏曲领域向李渔致敬。南明永历六年、清顺治九年壬辰（1652），李渔开始创作传奇《怜香伴》《风筝误》。康熙七年戊申（1668），李渔完成了《巧团圆》的创作。康熙九年庚戌（1670）前后，包含《怜香伴》《风筝误》《蜃中楼》《意中缘》《凤求凤》《奈何天》《比目鱼》《玉搔头》《巧团圆》《慎鸾交》在内的《笠翁传奇十种》（《笠翁十种曲》）由南京翼圣堂刊印问世。黄周星在康熙十年辛亥（1671）至十六年丁巳（1677）从事传奇《人天乐》的创作并撰写《制曲枝语》。如此看来，他应该是在第一时间就拿到了李渔的《笠翁十种曲》。所谓"情文俱妙"，是黄周星对戏曲在情感与文辞两个方面的评价。《笠翁十种曲》在明清易代之际的剧坛呈现出与以李玉为代表的苏州派、以吴伟业和尤侗等人为代表的文人派不同的创作倾向，它不张扬政治参与和民众忧患的意志，也不寄托文人歌哭无绪、沉郁佗傺的才情，而专注于以精湛的艺术形式去创造新奇轻松的风情与谐趣。人的精神世界终归浩渺难测，更无法一言以蔽之，也许在奔走呼号之后，黄周星逐渐从时代中抽身出来，生活不能总是荆棘铜驼，往往不过是一茶一饭，一笑解颐——李渔一直在那里。

　　黄周星从文体发展演变的纵向历程上梳理诗、词、曲（曲文）的承传关系，依循这样的逻辑，有关戏曲文体的认知逐渐显豁。黄周星说"诗降而词，词降而曲"，其背后有着前代曲论家对于曲体认知的深厚背景。比黄周星稍早的王骥德说："后《三百篇》而有楚骚也，后骚而有汉之五言诗也，后五言而有唐之律也，后律而有宋之词也，后词而有元之曲也"，^①详赡地梳理出文体代兴的脉络。与黄周星生活在同一时代的尤侗也认为诗词为曲之源头。正是在融汇前人观念的基础上，黄周星提出"曲为诗之流派"的主张。对曲的文体渊源，上溯到词进而溯源到诗的逻辑理路，具有双重意义。一方面，曲以诗词为源，在承认其合理的文体地位时，强调了曲应合乎音律，规避了词曲不相协的弊端。另一方面，视诗词为曲之源，必然导致对曲词之外宾白、科介的忽视，戏曲案头化的倾向必不可免——事实上，黄周星的戏曲实践，不论是传奇《人天乐》，还是杂剧《惜花报》或者《试官述怀》，都暴露这样的问题。

从语言艺术样式、音乐艺术样式的角度去探讨诗、词、曲三者间深厚的历史渊源关系的思路与结论，在黄周星戏曲创作论中得以延续，并导向了以诗为曲的局面。他说："诗降而为词，词降而为曲，名为愈趋愈下，实则愈趋愈难。何也？诗律宽而词律严，若曲则倍严矣。按格填词，通身束缚，盖无一字不由凑泊，无一语不由扭捏而能成者。"同时，又说"曲虽小技，亦复有曲之体"，指出了曲（曲文）自身属性：格律谨严，通身束缚。在《人天乐·自序》中，黄周星说"虽词曲一首，其难十倍于诗文"，同样指出了戏曲谨于章法格律的属性。从其传奇《人天乐》与杂剧《惜花报》等作品来看，黄周星的确也在如此践行。

在诗词曲同源、"曲为诗之流派"认识的基础上，黄周星向前迈进了一大步，提出"三难三易"说。黄周星认为戏曲在文本创作过程中具备"三难"和"三易"等诗词诸体所不具备的特点。所谓"三难"，即"叶律，一也；合调，二也；字句天然，三也。"南朝齐武帝永明（483—493）年间，周颙著《四声切韵》，提出汉字存在平、上、去、

---

① 王骥德.古杂剧序［G］//吴毓华.中国古代戏曲序跋集.北京：中国戏剧出版社，1990：137.

入四声，而沈约（441—513）将四声的区辨应用到诗句声、韵、调的配合中去，明确了五言诗创作时应避免的声律上的八种毛病，即平头、上尾、蜂腰、鹤膝、大韵、小韵、旁纽、正纽。"四声八病"说对于增加诗歌艺术形式的美感，增强诗歌的艺术效果，是有积极意义，直接为"约句准篇，回忌声病"格律诗的诞生奠定了基础。从中古汉语的平、上、去、入到今天的阴、阳、上、去，经历了漫长的演化历程，其关捩之处在于平分阴阳、浊上变去、入派四声。这些转变究竟在哪段历史时期完成，说法不同，不过，基本倾向于中晚唐至宋元时期。以周德清（1277—1365）的《中原音韵》来考察，四声的流转与变化在该书成书的1324年已经完成。黄周星所谓"叶律"，是"调声叶律"的简说，具体所指当是在制曲过程中调弄声韵使平仄和谐。他说"三仄更须分上去，两平还要辨阴阳"。在以诗为曲的潜意识中，原本适用于诗词创作的平仄要求，进入曲体之后更为严格，不论是在句子中间还是在韵脚的位置上，都比律诗要讲求得多。当然，曲词平仄不协的情况并不少见，黄周星近乎苛刻的认识可以看作一个浸淫诗文多年的正统意义上的文学家初涉曲坛的不适、惶恐与谨严。

叶律之外，黄周星所说的"合调"问题，在本质上就是依声填词。合调之难，与黄周星鲜有词曲创作，绝大多数的精力都付诸古近体相关。不过，也正因此，黄周星表现出了严谨的创作态度。17世纪中叶，剧坛多种声腔并存。顾起元（1565—1628）在《客座赘语》中对此有讨记录：

　　　　南都万历以前，公侯与缙绅及富家，凡有宴会、小集，多用散乐，或三四人，或多人，唱大套北曲。乐器用筝、篥、琵琶、三弦子、拍板。若大席，则用教坊打院本，乃北曲大四套者，中间错以撮垫圈，舞观音，或百丈旗，或跳队子，后乃变而尽用南唱。歌者，只用一小拍板，或以扇子代之，间有用鼓板者。今则吴人益以洞箫及吴琴，声调屡变，益为凄婉，听者殆欲堕泪矣。大会则用南戏，其始止二腔，一为弋阳，一为海盐。弋阳则错用乡语，四方士客喜阅之。海盐多官语，两京人用之。后则又有四平，乃稍变弋阳，而令人可通者。今又有昆山，较海盐又为清柔而婉折，一字之长，延至数息，士大夫禀心房之精，靡然从好，见海盐等腔已白日欲睡，至院本北曲，不菅吹箎击缶，甚且厌而唾之矣。①

在南北曲并存的局面下，纷繁的声腔为剧作家的创作、演员的表演提供了多种可能，也难免驳杂。对戏曲创作和舞台表演过程，黄周星在讲究曲律规矩准绳，主张"于规矩准绳之中，未始不可见长，何必以跳越穿凿为奇"的同时，反对每折之中，一调或杂数调，一韵或杂数韵，或者次曲换头，无端增减数字，尤其是对割凑曲名以求新异的做法深表反感。这与李渔主张的"凛遵曲谱"的原则是一致的。察遵曲谱，恪守词韵，对于戏曲创作是至关重要的，但客观地说，黄周星过于苛求戏曲创作叶律合调，也不符合戏曲舞台表演的实际，不免具有保守的意味。至于字句天然之难，需要辩证看待，一方面与元人酣畅洒脱的本色语相比，掉书袋着实面目可憎，另一方面与元剧作家生活在舞台中相比，明清之际的文人与舞台的距离着实远了许多。作为实证，黄周星在《人天乐》的创作过程中，在"三难"上用心着力，讲求曲律规范，力避杂调换韵，曲词、宾白流利自然，堪称范本。

所谓"三易"，即可用衬字衬语、一折之中韵可重押、方言俚语

---

① 顾起元. 戏剧［M］//客座赘语：卷九. 万历四十六年刻本.

皆可驱使。黄周星视野中的制曲或难或易多从音律、曲辞等方面考量，在一定程度上凸显了曲区别于诗词的文体特征，但对戏曲的情节关目、人物塑造、科介动作等同样重要的戏曲文体要素多未涉及，是有缺憾的。

黄周星强调戏曲创作者的素养："无才学者不能为，然才学却又用不着。"这就比较辩证地阐述了戏曲创作与才学修养之间的关系。戏曲创作自然离不开曲家的学识。但是不考虑情节关目、人物身份和观众的欣赏趣味与接受能力，一味地将典例故实强塞进曲词甚至宾白中，必将导致戏曲逐渐因表意的隐晦艰涩而远离受众。对此，黄周星反对在戏曲创作中堆砌典故、引经据典，"余见新旧传奇中，多有填砌汇书，堆垛典故，及琢炼四六句，以示博丽精工者，望之如饾饤牲筵，触目可憎，……若此者，余甚不取"。这与王骥德观点一致：

> 曲之佳处，不在用事，亦不在不用事。好用事，失之堆积；无事可用，失之枯寂。要在多读书，多识故实，引得的确，用得恰好，明事暗使，隐事显使，务使唱去人人都晓，不须解说。又有一等事用在句中，令人不觉，如禅家所谓撮盐水中，饮水乃知咸味，方是妙手。《西厢》《琵琶》用事甚富，然无不恰好，所以动人。《玉玦》句句用事，如盛书柜子，翻使人厌恶。[1]

李渔从"戏文做与读书人与不读书人同看"的角度出发，也提出了戏曲创作"忌填塞""贵浅显"的原则："曲文之词采，与诗文之词采非但不同，且要判然相反。何也？诗文之词采贵典雅而贱粗俗，宜蕴藉而忌分明；词曲不然，话则本之街谈巷议，事则取其直说明言。"为

---

① 王骥德. 论用事第二十一［M］//曲律：卷三. 天启四年刻本.

处理好学问与戏曲之间的关系，黄周星给出了一条无法之法："愚尝谓曲之体无他，不过八字尽之，曰'少引圣籍，多发自然'而已。"也就是说与其生吞活剥或者掉书袋，不如尊重曲家赤子之心、遵从人物情感逻辑，这也与他对《昙花记》等作品相对保守的评价是一致的。戏曲理论研究至今，这一观点几成共识。

黄周星以"天然""自然"等概念描述戏曲风格是《制曲枝语》关于戏曲风格论的主要观点。黄周星认为："制曲之诀，虽尽于'雅俗共赏'四字，仍可以一字括之，曰'趣'。古人云：'诗有别趣。'曲为诗之流派，且被之弦歌，自当专以趣胜。今人遇情境之可喜者，辄曰：'有趣！'"这一段话从欣赏者的角度进一步高度概括戏曲的艺术风格，因为"趣"之有无是欣赏者评论作品的重要尺度，所以"趣"也就成为制曲之人赢得舞台、赢得观众的不二法门。晚明文人如钟惺、王思任、袁宏道者大多喜论"趣"字，汤显祖论曲尤为强调"意、趣、神、色"。对此，黄周星均不仅有所继承，更有所突破。黄周星说："一切语言文字，未有无趣而可以感人者。"也就是说，有趣与无趣的分界在于作品是否"可以感人"，而黄周星又说："感人者，喜则欲歌欲舞，悲则欲泣欲诉，怒则欲杀欲割：生趣勃勃，生气凛凛之谓也。"由此可见，黄周星所高标的"趣"是指能唤起人们的喜怒哀乐等不同审美感受的艺术手段，绝非一般意义上的"令人可喜"者，比如带有诙谐幽默色彩的插科打诨、谐谑调侃之类。但是，由于黄周星晚年笃信宗教，所以他所提倡的"趣"带有强烈的宗教意味。再者，黄周星认为："趣非独于诗酒花月中见之，凡属有情，如圣贤豪杰之人，无非趣人；忠孝廉洁之事，无非趣事。"这样，黄周星的"趣"又包含了一定的道德教化色彩。所以，体现在《人天乐》等戏曲作品中，黄周星所倡的"趣"字已没有多少机趣、意趣可言。

黄周星十分重视戏曲的教化功能。他认为："噫！兴观群怨，尽在于斯，岂独词曲为然耶？"也就是说优秀的戏曲作品能使观众沉浸其中，在潜移默化中改变观众身心，达到劝惩教化的目的。在清初文坛上，顾炎武（1613—1682）再次发出关于文学救世的声音：

> 文之不可绝于天地间者，曰明道也，纪政事也，察民隐也，乐道人之善也。若此者，有益于天下，有益于将来，多一篇，多一篇之益矣。若夫怪力乱神之事，无稽之言，剿袭之说，谀佞之文，若此者，有损于己，无益于人，多一篇，多一篇之损矣。①

从明道、纪政事、察民隐、乐道人之善的角度，顾炎武主张"文须有益于天下"——闻者或悲或叹，或喜或愕，其善者知劝，而不善者亦有所惭而悚惕，以共成风化之美。这是时代赋予文学的使命，也成为一个时代的文化共识。黄周星认为戏曲具备移风易俗，转变世道人心使之向善的作用，这与清初文坛的"文贵益世"的思潮是一致的。《制曲枝语》是黄周星对其传奇《人天乐》创作实践经验的理论概括与总结。于是，黄周星在《人天乐自序》中旗帜鲜明地表达了对戏曲教化功能的期待："兹仆所作《人天乐》，盖一为吾生哀穷悼屈，一为世人劝善醒迷。事理本自显浅，不烦诠译。若置之案头，演之场上，人人皆当生欢喜之心，动修省之念，其于世道人心，或亦不无小补。"在戏曲创作实践中，黄周星致力于落实戏曲创作有补于世道人心的教化功能，通过象征与隐喻的诸多艺术手法，强化对官场腐败、社会黑暗的暴露与批判，使传奇《人天乐》和杂剧《惜花报》《试官述怀》等作品均具

---

① 顾炎武. 文须有益于天下 [M] // 黄汝成. 日知录集释. 上海：上海古籍出版社，2006：1439.

备了或指引人生或认识社会的格局。

第三节　且证道，且修心
—— 小说评点研究

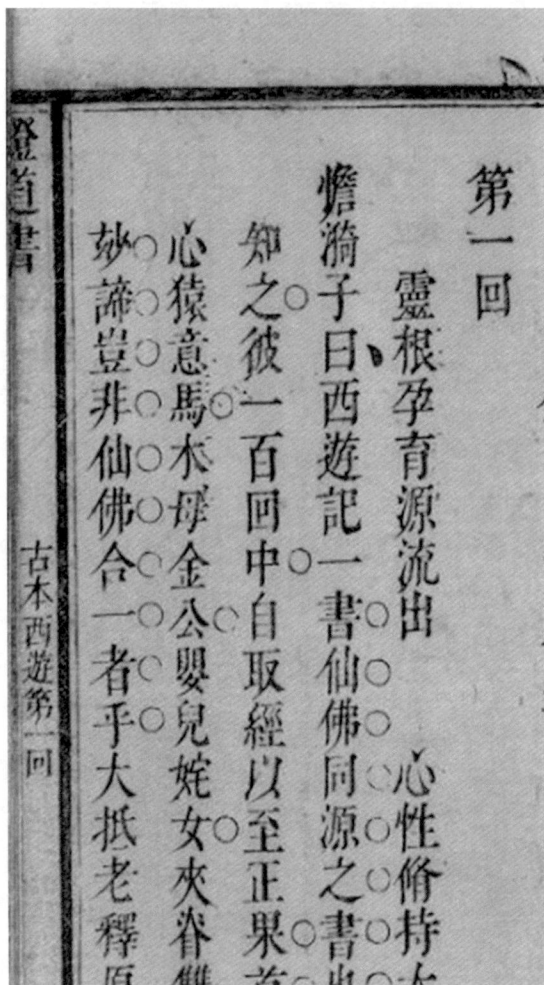

图3-3　镌像古本西游证道书
（康熙西陵汪氏峒寄刊本，国家图书馆藏）

《九烟先生遗集》收录了黄周星寄予友人的书牍信札二十份，其中两份是《柬汪儋漪》和《又柬汪儋漪》。其前者云：

> 仆生来有烟霞痼癖，每诵陶隐居青云白日之句，顿觉璚楼玉宇去人不远。恨半生漂泊，驹隙蹉跎，茫茫九点，欲觅一同心之侣，正如搴芙蓉于木末。昨来西子湖头，始得交吾兄，望其风格，知为方瞳绿发中人。及展读诸编，又字字皆云笈琅函，顺风问道，舍此其谁！仆将有灵均远游之志，欲发轫于二劳，撰辔于五岳，放杖于昆仑，泛槎于河汉，然后税驾于三神山，异人大药庶几遇之。足下能从我游乎？足下当为向子长，仆亦不失为禽子夏耳！①

其后者云：

> 神仙一道，世人多以为荒唐。仆独以为神仙必可学而至，但有三难耳！何谓三难？一曰根器，二曰功行，三曰机缘。彼无根器者，虽告以神仙而不信，所谓下士闻道则大笑之。此一难也！幸生而有志烟霞，根器具矣。自暴自弃可乎！故必须功行，所谓三千八百，何时圆满？此二难也！功行足矣，非得仙真接引，我从何处访求？不得不听之机缘。凑合此三难也，正如十子读书应举，根器，其天资也；功行，其学问也；机缘，则试官之遇合耳。虽然钟离祖师之语吕祖曰："吾之求人甚于人之求吾"，岳阳楼中早望见邯郸青气。故仆以为，人但患无根器功行，不患无机缘，功圆行满，机缘自至矣。仆之矢志神

---

① 黄周星. 柬汪儋漪［M］//九烟先生遗集. 道光二十九年刻本.

仙，从来持论如此，未知与吾憺漪不径庭否？至于世间一种文人，习染既深，妄肆讥讪，尝见一狂士诗云："人生最快事，天子作神仙。"是欲向秦皇汉武问徐福船、觅安期枣也，亦只如苍蝇声而已。①

黄周星的心性与志向在1662年发生了很大的变化。南明永历十六年、清康熙元年壬寅（1662），已过知天命之年的黄周星内心深处基于家国情结摇曳的小火苗彻底熄灭了。从弘光帝朱由崧南京继统、延续明祚，到永历帝朱由榔在西南抗清、在缅甸被俘杀，南明政权在流离颠沛中延续了十八年后，最后覆亡。先是一年，即南明永历十五年、清顺治十八年辛丑（1661），顺治帝去世，遗诏第三子玄烨即位。在南明覆亡的1662年，玄烨改元康熙，迎来一个全新的时代。作为对逐渐淡去的往昔记忆的告别，黄周星选择用改名换号的方式为自己举办了一个仪式。自此，黄周星变姓名曰黄人，字略似，号半非道人。其实，黄周星改变的岂止是名号，更是与昨日纠缠不清的生命状态。如今夙愿终归虚化，或许是该与自己和解了。所谓略似，当是身似；所谓半非，当是情非。曾经的眷恋与不舍、愧疚与悔恨、忍耐与抗争，于此做了一了断。黄周星与他的同时代的新朋旧友们正在与"遗民"的身份作别。问题在于，未来如何自处？在黄周星寄予汪憺漪的两份书牍中，可以找到答案：烟霞之趣（烟霞痼癖）与神仙之志（神仙一道）。"悲时俗之迫阨兮，愿轻举而远游。"正是现实的不堪与无奈，促使黄周星选择身心的逃遁，让身体和灵魂都在路上。正是在这样书牍往来中，汪憺漪走进了黄周星的生命，成就了黄周星的另一个侧面——作为小说评点家的黄周星。

---

① 黄周星. 又柬汪憺漪 [M] // 九烟先生遗集. 道光二十九年刻本.

在《何求老人诗稿》卷二《伥伥集》中，吕留良有《寄黄九烟》一诗，有云："闻道新修谐俗书，文章买卖价何如？"诗下自注："时在杭州，为坊人著稗官书。"[1]诗内诗外"修谐俗书""著稗官书"之说为厘清黄周星点评《西游证道书》的公案提供了有价值的线索。

康熙二年癸卯（1663），五十三岁的黄周星在杭州结识了六十岁的书坊主、刻书家、小说家汪象旭，介入了《西游证道书》的评点中。对此，黄周星在《西游证道书》跋语中做了交代：

> 笑苍子与憺漪子订交有年，未尝共事笔墨也。单阏维夏，始邀过蜩寄，出大略堂《西游》古本，属其评正。[2]

这段跋语中涉及了"憺漪子""单阏""蜩寄""大略堂《西游》古本""评正"等重要信息。"憺漪子"，即汪憺漪，也就是汪象旭。据中华书局《古本小说丛刊》影印《吕祖全传》卷首所题"奉道弟子憺漪子汪象旭重订"以及其下注脚"原名淇，字右子"等字样，汪象旭，原名淇，字右子，号憺漪，其生活年代与黄周星相当或稍早。在明清之际江南私人刻书风行的背景下，汪象旭由儒入商，成功地实现了身份的转型。在《吕祖全传》之后，汪象旭逐渐放弃了创作，将精力更多投注到了书籍刊印上。

"单阏"是地支纪年卯年的别称，黄周星跋语中所说"单阏"，应当是康熙二年癸卯，即1663年。这一年黄周星开始力证西游故事仙佛同源，与前此分析的黄周星改变名号，更改变心性与志向，转而求仙学道，正相吻合。这一阶段也是黄周星全面进入戏曲领域的节点，在

① 俞国林撰.吕留良诗笺释［M］.北京：中华书局，2018：332.
② 黄周星，汪象旭.镌像古本西游证道书［M］.康熙西陵汪氏蜩寄刊本.

传奇《人天乐》里黄周星同样是基于仙佛同源之说，在现实以佛家的清规戒律，检束身心，行善于世，经凡圆，而后汰尽杂念，澄澈本心，经由道家的羽化飞升，得获仙圆。

"蜩寄"是汪象旭的书坊，这里除却刊行《西游证道书》，还推出了《尺牍新语》《济阴纲目》《本草备要》《医方集解》《武经七书全文》《士商要览》《智囊全集》《西陵十子诗选》等多种书籍。由此也可以看出蜩寄书坊刊刻的书籍选材宽泛，经史子集多所涉及。汪象旭通过供给侧的多点突破，积极打开市场，满足不同读者的需求。接下来，内涵建设提上了日程。是时候思考如何提高书籍质量的问题了——汪象旭很大程度上正是在这样的商业思路下，求诸学识渊博又苦于生计的前朝士子。

按照《西游证道书》中的相关信息，"大略堂《西游》古本"应该是《西游记》传播早期的一个版本。万历二十年壬辰（1592），金陵世德堂刊印百回本《新刻出像官板大字西游记》。世德堂本一般被认为今存最早的《西游记》刊本。从1592年到黄周星受汪象旭之托参与评正的1663年，经过七十年的传播流布，世德堂本应该完全可以进入汪黄二人的视野。但是，《西游证道书》依托的却是另一个更为古早的版本——《西游释厄传》。《西游证道书》第一回回评说：

> 开口说个《西游释厄传》。厄者何？即后之种种魔难是。释厄者何？即后之脱壳成真是。明明自诠自解，无烦注脚。但人知为释厄传，而不知为证道书。证道而不能释厄，所证何道？释厄而不能证道，又何贵乎释厄也？要知释厄即是证道，证道即是释厄，原是一部《西游》，莫作两部看。[1]

---

① 黄周星，汪象旭. 镌像古本西游证道书［M］. 康熙西陵汪氏蜩寄刊本.

据此而言，在汪黄二人的评点过程中，《西游释厄传》是起点，《西游证道书》是终点，而整个笺评与印证的旨趣则在于打破世人仅视西游故事为稗史、小说的浅薄愚妄，以释厄来证道。《西游证道书》开篇诗中说到"欲知造化会元功，须看《西游释厄传》"，同样的信息也出现在世德堂本《新刻出像官板大字西游记》中。在《西游证道书》第九回回评中，评者又提及"大略堂《释厄传》古本"一事。如此看来，前此提及的《西游释厄传》，就是汪黄二人评点的底本，即"大略堂《西游》古本"。参校《西游证道书》跋语，则"大略堂《西游》古本"又称"大略堂《释厄传》古本"。汪黄二人似乎跨越流布七十年的世德堂本《新刻出像官板大字西游记》，径取更早的大略堂本《西游释厄传》作为评点的基础。不过，不免令人遗憾的是，现存史料中暂未见"大略堂《西游》古本"或者"大略堂《释厄传》古本"。

　　"评正"的内涵较为游移，略显微妙。黄周星与汪象旭的结识，从商业运作的角度，多少带有雇佣双方的意味：汪象旭可以借黄周星进一步提高书籍质量和美誉度，黄周星则可以通过在书坊的这份"兼职"补贴家用。但是，汪象旭也并非胸无点墨。于是，二人决定共事笔墨。《镌像古本西游证道书》目录页题曰：钟山黄太鸿笑苍子、西陵汪象旭憺漪子同笺评，正文卷首又题曰：西陵残梦道人汪憺漪笺评、钟山半非居士黄笑苍印正。这里提及的黄太鸿、黄笑苍、半非居士、笑苍子，就是黄周星；而汪憺漪、残梦道人、憺漪子则是汪象旭。仅就题署来看，《西游证道书》中的评点应该是黄周星、汪象旭联手为之。具体到汪黄之间的任何一位，应该说在笺评印正的时候均有所作为。也就是说，出现在《西游证道书》中的"笺评"虽仅见"憺漪子曰"，未见"笑苍子"曰，实则均宜视为"憺漪子并笑苍子曰"或"笑苍子并憺漪子曰"。就此而言，纠缠于《西游证道书》的署名、"版"权非此即彼的归属问题，无异于钻入牛角尖、走进死胡同。当然，无论是黄周星还是汪憺漪，都没有想到，他们选择了在当时具有相当受众的西游故事，不仅仅打造了一部畅销书，二人携手完成的《西游证道书》在西游故事传承演变历程中，尤其是在《西游记》小说接受过程中，俨然是一座重要的里程碑。

关于《西游证道书》价值的探讨，黄周星在《西游证道书》跋语有关古本与俗本的轩轻辨析中提供了有益的思路：

> 笑苍子于是书，固童而习之者，因受读而叹曰：古本之较俗本，有三善焉。俗本遗却唐僧出世四难，一也。有意续凫就鹤，半用俚词填凑，二也。篇中多金陵方言，三也。而古本应有者有，应无者无，令人一览了然，岂非文坛快事乎？ ①

黄周星对西游故事非常熟悉。在汪象旭出示"大略堂《西游》古本"之后，黄周星对"俗本"明确提出了三点不满：一则情节缺失导致故事逻辑前后龃龉不合，二则诗词偈语过多且拙，三则方言土语影响阅读体验。黄周星笔下所谓的"俗本"应当就是金陵世德堂刊印的百回本《新刻出像官板大字西游记》。如此一来，比对基于"大略堂《西游》古本"的《西游证道书》和17世纪上半叶通行的世德堂本《新刻出像官板大字西游记》就是件有趣的事情。

至于黄周星所说的"俗本遗却唐僧出世四难"，在《西游证道书》中出现在第九至第十二回。为便于比对，兹录两本前十五回目如下：

---

① 黄周星，汪象旭. 镌像古本西游证道书［M］. 康熙西陵汪氏蜩寄刊本.

	世德堂本（1592）	西游证道书（1663）	备　　注
第一回	灵根育孕元源出 心性修持大道生	灵根孕育源流出 心性修持大道生	世本作"育孕""元源"，"证道书"作"孕育""源流"
第二回	悟彻菩提真妙理 断魂归本合元神	悟彻菩提真妙理 断魔归本合元神	世本作"断魂"，"证道书"作"断魔"
第三回	四海千山皆拱伏 九幽十类尽除名	四海千山皆拱伏 九幽十类尽除名	两本无差异
第四回	官封弼马心何足 名注齐天意未宁	官封弼马心何足 名注齐天意未宁	两本无差异
第五回	乱蟠桃大圣偷丹 反天宫诸神捉怪	乱蟠桃大圣偷丹 反天宫诸神捉怪	两本无差异
第六回	观音赴会问原音 小圣施威降大圣	观音赴会问原因 小圣施威降大圣	世本作"原音"，"证道书"作"原因"
第七回	八卦炉中逃大圣 五行山下定心猿	八卦炉中逃大圣 五行山下定心猿	两本无差异
第八回	我佛造经传极乐 观音奉旨上长安	我佛造经传极乐 观音奉旨上长安	两本无差异
第九回	袁守诚妙算无私曲 老龙王拙计犯天条	陈光蕊赴任逢灾 江流僧复仇报本	两本主要差异之所在
第十回	二将军宫门镇鬼 唐太宗地府还魂	老龙王拙计犯天条 魏丞相遗书托冥吏	两本主要差异之所在
第十一回	还受生唐王遵善果 度孤魂萧瑀正空门	游地府太宗还魂 进瓜果刘全续配	两本主要差异之所在
第十二回	玄奘秉诚建大会 观音现象化金蝉	唐主选僧修大会 观音显像化金蝉	两本主要差异之所在
第十三回	陷虎穴金星解厄 双叉岭伯钦留僧	陷虎穴金星解厄 双叉岭伯钦留僧	两本无差异

	世德堂本（1592）	西游证道书（1663）	备　　注
第十四回	心猿归正 六贼无踪	心猿归正 六贼无踪	两本无差异
第十五回	蛇盘山诸神暗佑 鹰愁涧意马收缰	蛇盘山诸神暗佑 鹰愁涧意马收缰	两本无差异

就回目来看，世德堂本《新刻出像官板大字西游记》与《西游证道书》在第一回至第八回上差异甚微，几乎可以忽略；主要的差异集中在第九回至第十二回；而在此之后，从第十三回开始，两本之间的差异再次缩小。出现在第九回至第十二回中的差异，具体说就是《西游证道书》增补、细化了唐僧出世四难的情节。在《西游证道书》第九回回评中出现了这样一段文字：

　　童时见俗本竟删去此回（按：陈光蕊赴任逢灾，江流僧复仇报本），查不知唐僧家世履历，浑疑与花果山顶石卵相同。而九十九回历难簿子上，劈头却又载遭贬、出胎、抛江、报冤四难，令阅者茫然不解其故，殊恨作者之疏谬。后得大略堂《释厄传》古本读之，备载陈光蕊赴官遇难始末，然后畅然无憾。俗子不通文义，辄将前人所作任意割裂，竟不顾兔胫鹤颈之讥，如此类者，不一而足，可胜叹哉！①

在世德堂本《新刻出像官板大字西游记》第十一回"还受生唐王遵善果　度孤魂萧瑀正空门"选得高僧玄奘作设建道场的坛主后，有

---

① 黄周星，汪象旭. 镌像古本西游证道书［M］. 康熙西陵汪氏蜩寄刊本.

一段韵语予以介绍：

> 你道他是谁人？灵通本讳号金蝉，只为无心听佛讲。转托尘凡苦受磨，降生世俗遭罗网。投胎落地就逢凶，未出之前临恶党。父是海州陈状元，外公总管当朝长。出身命犯落江星，顺水随波逐浪泱。海岛金山有大缘，迁安和尚将他养。年方十八认亲娘，特赴京都求外长。总管开山调大军，洪州剿寇诛凶党。状元光蕊脱天罗，子父相逢堪贺奖。复谒当今受主恩，凌烟阁上贤名响。恩官不受愿为僧，洪福沙门将道访。小字江流古佛儿，法名唤作陈玄奘。①

在《西游证道书》第十二回"唐主选僧修大会　观音显像化金蝉"中，对玄奘介绍的文字则变成了：

> 你道他是谁？却正是那西方金蝉长老转世，小字江流和尚，法名玄奘禅师。查得他根源又好，德行又高；千经万典，无所不通，佛号仙音，无所不会。②

两个版本，两段文字存在明显的差异。世德堂本用一段韵语敷衍了玄奘的前半生；《西游证道书》则不满于前人删节割裂情节，遂将唐僧出身的故事改写成"陈光蕊赴任逢灾　江流僧复仇报本"，并以之作为小说的第九回，而世德堂本中第九、十、十一共三回的故事，在《西游证道书》中则整合成第十、十一两回，接着经由第十二回的过

---

① 吴承恩. 新刻出像官板大字西游记［M］. 万历二十年金陵世德堂刊本.
② 黄周星，汪象旭. 镌像古本西游证道书［M］. 康熙西陵汪氏蜩寄刊本.

渡，重新回到基本的故事逻辑中去。正如《西游证道书》第九回回评所说，西游故事自此"畅然无憾"。在《西游证道书》之后，清代《西游记》的版本还有《西游真诠》《西游原旨》《新说西游记》等，虽各有差异，但是在第九回至第十二回唐僧出身的故事上则基本都是承袭了《西游证道书》。

另外值得提出的一个细节是，《西游证道书》第九回的回评中说"童时见俗本竟删去此回"，而跋语中说"笑苍子于是书，固童而习之者"，前后两次提及孩童时期接触西游故事文本的情形，不经意之间揭示了《西游证道书》的笺评人既不是汪象旭一人，也不是黄周星一人，而是两人共事笔墨，协同为之。

对于俗本，黄周星的另一处诟病指向其"有意续凫就鹤，半用俚词填凑"。以世德堂本《新刻出像官板大字西游记》为例，在第十七回"孙行者大闹黑风山　观世音收伏熊罴怪"中，孙行者向黑熊精自报家门：

自小神通手段高，随风变化逞英豪。养性修身熬日月，跳出轮回把命逃。

一点诚心曾访道，灵台山上采药苗。那山有个老仙长，寿年十万八千高。

老孙拜他为师父，指我长生路一条。他说身内有丹药，外边采取枉徒劳。

得传大品天仙诀，若无根本实难熬。回光内照宁心坐，身中日月坎离交。

万事不思全寡欲，六根清净体坚牢。返老还童容易得，超凡入圣路非遥。

三年无漏成仙体，不同俗辈受煎熬。十洲三岛还游戏，海角天涯转一遭。

活该三百多余岁，不得飞升上九霄。下海降龙真宝贝，才有金箍棒一条。

花果山前为帅首，水帘洞里聚群妖。玉皇大帝传宣诏，封我齐天极品高。

几番大闹灵霄殿，数次曾偷王母桃。天兵十万来降我，层层密密布枪刀。

战退天王归上界，哪吒负痛领兵逃。显圣真君能变化，老孙硬赌跌平交。

道祖观音同玉帝，南天门上看降妖。却被老君助一阵，二郎擒我到天曹。

将身绑在降妖柱，即命神兵把首枭。刀砍锤敲不得坏，又教雷打火来烧。

老孙其实有手段，全然不怕半分毫。送在老君炉里炼，六丁神火慢煎熬。

日满开炉我跳出，手持铁棒绕天跑。纵横到处无遮挡，三十三天闹一遭。

我佛如来施法力，五行山压老孙腰。整整压盖五百载，幸逢三藏出唐朝。

吾今皈正西方去，转上雷音见玉毫。你去乾坤四海问一问，我是历代驰名第一妖。①

从情节上来说，黑熊精是孙悟空直接交锋的第一个妖怪。对阵伊始，行者自报家门，通过一番辉煌战绩的铺排与渲染，希冀震慑黑熊

① 吴承恩. 新刻出像官板大字西游记［M］. 万历二十年金陵世德堂刊本.

精，在人物的性格塑造与情节的前后关联上实属合情合理。但是，《西游证道书》对于这种口水歌谣，颇不以为意，于是，悟空辉煌史就变成了另一番模样：

> 自小神通手段高，随风变化逞英豪。花果山前为帅首，水帘洞里聚群妖。
>
> 玉皇大帝传宣诏，封我齐天极品高。几番大闹灵霄殿，三十三天闹一遭。
>
> 五行山压五百载，今保唐僧不惮劳。你去乾坤四海问一问，我是历代驰名第一妖。①

从五百字的长歌，到一百字的短章，《西游证道书》删除了八成的篇幅，保留下来的诗句也做了进一步的调整，实现了对诗词偈语的压缩与净化。最终，"那山有个老仙长，老孙拜他为师父""我佛如来施法力，五行山压老孙腰"这样的俗语白话乃至整篇诗词文本在《西游证道书》中被批量删除。世德堂本《新刻出像官板大字西游记》中近千首诗词偈语，在《西游证道书》中只有二百余首。在《西游记》版本的嬗变过程中，诗人黄周星的介入为西游故事文学艺术品位的提升起到了重要作用。

《西游证道书》的评点除了通过增补唐僧出世四难建构了更为完整、有序经得起推敲的叙事逻辑，通过在文学层面压缩与净化诗词偈语提升了文本的艺术品位外，对《西游记》的文学技法也予以有效的发掘，尤其是在结构上有不少发明。在第五回回评中就《西游记》的纵横笔墨作出这样的点评：

---

① 黄周星，汪象旭.镌像古本西游证道书［M］.康熙西陵汪氏蜩寄刊本.

　　憺漪子曰：凡天之生异人，必先使之与人不同，复纵之无所不至，而后收其功用。所谓千变万化，不出吾宗，绚烂之极，归于平淡也。《西游记》笔墨之纵横，至此回而极矣。前既以天生圣人命心猿，而又晋以齐天大圣之封号，至矣尽矣，无以复加矣。文字到此，已觉水尽山穷，乃忽然转出蟠桃园一段，绝处逢生，恍然别有天地，令人心旷神摇。其言蟠桃有三千、六千、九千年熟之不同，而人吃此桃者，功效亦因之。见得此物最奇最贵，虽天上众仙众神，轻易不得望见，而独纵此猴吃之，且将九千年熟者尽吃之。及其私赴蟠桃大会，已偷吃仙酒仙肴矣，大醉信步，何处不可误入，而偏纵之入老君兜率宫。又巧值宫中无人，直入丹房，饱吃仙丹。及逃回山洞，重复上天偷酒，与众妖同享。岂尝实有此人此事哉？作此书者，不过极力描写心猿之灵妙天纵，一至于此，必如此而复成其为金刚百炼之体，必如此而后方保得唐僧，上得西天，拜得活佛，取得真经。苟亦如七十二洞之群妖，日逐吃些山禽野兽，见一天兵，便心惊胆破，又安得有后面许多神通耶？此一回是作者绝大手笔，写得淋漓满志处，岂可技耳！ ①

西游故事作为长篇小说文本在结构安排上必定有其可圈可点之处，正因如此，《西游证道书》方能独具慧眼地超越俗本，补入唐僧出世四难；也正因如此，《西游证道书》较为宏观地把握住猴王出世的五回文字中潜存的逻辑，并予以凸显，把前后情节贯穿一体，进而指出其在猴王形象塑造、取经故事叙述中一环不可或缺而又环环紧密相扣的叙事功能。

　　同样精彩的，还有第八回回评：

① 黄周星，汪象旭. 镌像古本西游证道书［M］.康熙西陵汪氏蜩寄刊本.

　　儋漪子曰：凡作一部大文字，必有提纲挈领之处，然后线索在手，丝丝不乱。如此书拜佛取经，以唐僧为主。而唐僧所恃者，三徒一马。此三徒一马者，固非长安所随，唐王所赐者也。若必待登程之后，逐一零星凑合，便是《水浒传》中之李逵、武松、鲁智深矣。此书作者之妙，妙在于此一回内尽数埋伏，一沙、二猪、三马、四猿，先后次第，灼然不紊。及至唐僧出了长安城，过了两界山，一路收拾将来，便有顺流破竹之势，毫不费力。此一书之大纲领也。作文要诀，总不出此，岂独小说为然？ ①

从唐僧出世、猴王出世转移目光，《西游证道书》开始关注取经故事本身。情节铺展、结构安排的成功再次被抓取：三徒一马，搭建起一支分工各异、各司其职的取经团队，一路西行，逐一凑合。明晰的线索构建起连贯的脉络，顺流而下，势如破竹。此外，在评点《西游记》的过程中，引入《水浒传》等其他长篇小说予以比较，以梁山好汉的队伍组建对比西游取经的队伍组建，开阔的视野，更强化了其作为长篇小说评点的信度与价值。除此之外，《西游证道书》对人物塑造、语言运用的评点也多有可取之处。

　　《西游证道书》第一回回评，实则可以视为全书总评。

　　儋漪子曰：《西游记》一书，仙佛同源之书也。何以知之？曰：即以其书知之。彼一百回中，自取经以至正果，首尾皆佛家之事，而其间心猿意马、木母金公、婴儿姹女、夹脊双关

---

① 黄周星，汪象旭.镌像古本西游证道书［M］.康熙西陵汪氏蜩寄刊本.

等类，又无一非玄门妙谛，岂非仙佛合一者乎？大抵老释原无二道，世尊曾言过去五百世作忍辱仙人，而紫阳真人亦言如能忘机息虑，即与二乘坐禅相同，是言仙不能离佛，言佛不能离仙也。今观书中开卷，即言心猿求仙学道，而所拜之仙，乃名须菩提祖师。按须菩提为如来大弟子，神仙中初无此名号。即此可见仙即是佛，业已显然明白。而仙佛之道，又总不离乎一心，此心果能了悟，则万法归一，亦万法皆空，故未有悟能、悟净，而先有悟空。所谓成佛作祖，皆在乎此。此全部《西游》之大旨也。世人未能参透此旨，请勿浪读《西游》。①

宋末元初全真道士"缘督真人"赵友钦（1279—1368）在《金丹正理大全诸真玄奥集》中最初提出了"仙佛同源"之论，主张各门同事、异派同源。此后，天下无二道的观念为越来越多的人所接受。由认识论而方法论，人们走上了性命双修的仙佛之道。明代中叶，王阳明（1472—1529）继承宋代大儒陆九渊发明本心、收其放心的思想，糅以自身体悟，不断予以完善，形成了人人皆可为尧舜的独特的王氏"心学"体系。他主张修身必先养心，讲求知行合一，进一步走向三教合一：

> 譬之厅堂三间共为一厅，儒者不知皆吾所用，见佛氏，则割左边一间与之；见老氏，则割右边一间与之；而己则自处中间，皆举一而废百也。圣人与天地民物同体，儒、佛、老、庄皆吾之用，是之谓大道。二氏自私其身，是之谓小道。②

---

① 黄周星，汪象旭.镌像古本西游证道书［M］.康熙西陵汪氏蜩寄刊本.

② 王阳明.拾遗［M］//王阳明全集：传习录.上海：上海古籍出版社，2015：
　　1289.

王阳明用三间厅堂皆为所用，譬喻了三教合一的观念，如果传统社会以儒为本，那么佛道两家的思想完全可以为儒容纳，成就圣人之全。以儒为本的三教合流态势在明代中期以后成为洪流，几乎在每一个儒生的身上都渐染了佛、道的气息。至于鼎革之后，当以民族气节为底色的修齐治平理想成为侈谈，在某一个具体的儒生身上，更容易看到的则是佛道思想。黄周星就是典型。西游故事的核心在于西行取经，这样一个以佛教为背景的故事，可以说是先天地就与宗教存在关联。所以，当自称"奉道弟子"的汪象旭将所谓的"大略堂《西游》古本"放置到他的面前时，黄周星内心潜存日久的佛道思想立刻被唤醒，立刻放弃了"真进士""黄户部"的身份，转而以"半非居士""笑苍子"的名号，携手憺漪子，愉快地开始了旨在揭示《西游记》一书本质在仙佛同源的笺评印证工作。

纵观《西游证道书》，"仙佛同源"之说，不论是回评还是夹评，多所涉及。仅就回评视之，在第一回回评，即全书总评之后，第二回回评说：

> 憺漪子曰："悟彻菩提"，"断魔归本"，是此回中大眼目，亦此书中大眼目也。前既以须菩提祖师为神仙矣，则悟彻菩提，正悟此仙佛同源之理耳。既悟此理，即名得道。然而道高一尺，魔高一丈，有魔不成道，无魔亦不成道，有魔而不能断魔尤不成道，故曰"断魔归本"。断魔即是归本，归本即是菩提。早知灯是火，又何必骑驴觅驴耶？ [1]

在《西游证道书》增补的第九回回评中说：

---

[1] 黄周星，汪象旭.镌像古本西游证道书［M］.康熙西陵汪氏蜩寄刊本.

又曰：江流命名玄奘，奘之为义，大也，盛也，此字三数皆可通称。若夫道教曰玄，佛教曰空，其义各别。江流本释氏弟子，曷为冠"玄"于"奘"之首？曰：此正仙佛同源之旨也。君不见开卷第一回，曰神仙须菩提祖师乎？知须菩提之为神仙，则知玄奘之为玄奘矣。①

第七十七回回评更为具体：

又曰：如来因大鹏而及孔雀，遂发明佛母一段因缘。乃知大鹏为孔雀之弟，皆凤凰所育耳，何庄生又以为北冥鲲化？曰：从来仙佛寓言，本无分别，吾安知《南华》之鲲，非《西游》之凤耶？②

第七十八回回评说：

又曰：《西游》为仙佛同源之书。仙佛二教，皆有邪魔，而书中不斥妖僧而独斥妖道。如乌鸡国、车迟国、破儿洞、黄花观，与此处之清华洞，皆妖道也。窥丘祖之意，岂真以不肖待吾党哉？盖祖韶年访道，阅历最多，灼见夫道弱魔强，不得不汲汲为舜跖之辨。至若万寿山之镇元，玉真观之金顶，高矣，善矣，又孰敢置一喙耶？③

第九十八回回评说：

① 黄周星，汪象旭.镌像古本西游证道书［M］.康熙西陵汪氏蜩寄刊本.
② 黄周星，汪象旭.镌像古本西游证道书［M］.康熙西陵汪氏蜩寄刊本.
③ 黄周星，汪象旭.镌像古本西游证道书［M］.康熙西陵汪氏蜩寄刊本.

又曰：由玉真观至灵山，不出山门，即从中堂而出后门，明乎仙佛同门，道为堂宇，而禅为闻奥也。且大仙所指者，不在平地而在高峰，又明乎仙佛同归，道为入门升堂，而禅为登峰造极也。两家会合之妙，明白显易，无过于此。不然，《西游》一成佛之书也，何以前有三星洞之神仙，后有玉真观之大仙耶？①

回评之外，夹评中关乎"仙佛同源"之旨的评点层见错出。不过，由于汪象旭入道的独特经历，"仙佛同源"的背后，《西游证道书》明显更看重"金丹大旨"，所在皆是，兹录第三回回评中的一段文字：

又曰：篇中忽着"放下心"三字，是一回中大关键。盖心宜存不宜放，一存则魔死道生，一放则魔生道死。观猴王以前种种坚猛精专，一心办道，费多少勤苦修持之功，方得变化随身，把柄入手，刚逢一个脏魔，便自立刻剿除，成其无生无灭之体，此皆存心之大效验也。奈何大道甫成，一旦心满意足，便忽地放下心乎！此心才一放下，便有六怪相随而来。彼六怪半以魔为号，举牛、蛟、鹏三者，则狮、猕、猱可知，名为六王，实六贼也。心既为六贼所迷，又安得惺惺如故。于是乐而醉，醉而睡，睡而勾死人来矣，神昏意乱，乐极悲生，此又放心之大效验也。向使心常存而不放，则六魔藏形灭影，醉安得睡，睡安得死。不然，以猴王之神通，可以上山下海，岂独不能免于勾差之绳索，直待走到幽冥界边，然后掣出宝贝打为肉酱乎？观此，则知此心存放之关，即生死之界。三教圣人，门

---

① 黄周星，汪象旭. 镌像古本西游证道书［M］. 康熙西陵汪氏蜩寄刊本.

径不同，工夫各别，其大指所归，无非教人存心而已矣。[①]

　　此处所论"存心"与"放心"，显然受到陆王心学的直接影响。南宋陆九渊（1139—1193）在《与舒西美》一文中说："人孰无心，道不外索，患在戕贼之耳，放失之耳。古人教人不过存心、养心、求放心。此心之良人所固有，人惟不知保养而反戕贼放失之耳。"[②]如果良人固有本心，那么，"放心"就是受到外物迷惑后放纵不羁之心；至于"求放心"则是，指通过修炼，找回迷失的本心。就此而言，王阳明以知善知恶为良知、为善去恶为格物，主张格物致知，也是一种"求放心"。外丹不论，金丹之道以修心炼性为首，性在心内，心需存以求抱元守一，性要炼以求无思无虑，如此方能锁定心猿、拴住意马，返璞归真、明心见性——这是炼性修心之效，即内丹。当然，黄周星虽有修仙之志，但是在金丹大旨这一点上，半非居士笑苍子应该还是要逊色奉道弟子憺漪子许多。

---

①　黄周星，汪象旭. 镌像古本西游证道书［M］. 康熙西陵汪氏蜩寄刊本.

②　陆九渊. 与舒西美［M］//陆九渊集：卷五. 北京：中华书局，1980：64.

第四章

诗酒年华

十七世纪的江南，从繁华到沧桑，如同一场幻梦。

不只黄周星，许多人在这场梦里走完了一生。

南明永历三十四年、清康熙十九年（1680）的端午，黄周星穿过低矮的竹篱，走向小镇东边那条寂寞的小河川道。此刻超然，就像600年前，苏轼创作那首词作：

> 春未老，风细柳斜斜。试上超然台上望，半壕春水一城花。烟雨暗千家。
>
> 寒食后，酒醒却咨嗟。休对故人思故国，且将新火试新茶。诗酒趁年华。①

风细柳斜，春水春花。三十九岁的苏东坡在密州

---

① 苏轼.望江南·超然台作［M］//龙榆生.东坡乐府笺：卷一.上海：上海古籍出版社，2009：91.

新葺的楼台上登临遥望，放意肆志，"休对故人思故国，且将新火试新茶"，以期超然。三十九岁的黄九烟在杭州老旧的山水边与友诗战，放意肆志，"酒垆多为黄公醉，肯信兹湖不姓黄"，[①]以期超然。

三十年后，超然不用再期待，它终于来到。对于七十岁的黄周星来说，不过就是在度过悲欣交集的一生后，走出茅舍然后走向河川、走到梦醒这么简单的事情。伤心万事，将就一生，在这一天画上了休止符。

不能辜负的是，道别前，惺惺相惜的故旧与诗酒晕染的年华。

第一节　他不是一个人
——交游考

王朝易代造成的应激反应逐渐超越个体的情绪体验，经由共振，生成为群体的意志，促成了群体的行为，并由此为群体中的每个个体提供了歌哭笑骂的家国语境。同声相应，同气相求，交游成为黄周星将就的生命里重要的组成部分。

黄周星前半生身世迷离，不免伦常之苦，后半生遭逢国难，备尝生计之艰。早年在崇祯乃至弘光、隆武两朝，黄周星除湘人陶汝鼐等不多数人外，相知甚少。天地崩陷，日月湮沦。此后，黄周星生命的大部分时光都是在辗转流离、穷困颠沛中度过的。故而，黄周星在足迹遍及闽越吴湘后，交游甚广。当此之时，林古度、杜濬、冒襄、吴嘉纪、尤侗、徐枋、吕留良、张潮等人士均与黄周星有交往且多有酬唱诗文流传后世。

17世纪的黄周星，从来都不是一个人。

---

① 黄周星.次韵复程子[M]//九烟先生遗集.道光二十九年刻本.

一　林古度

林古度，字茂之，福清（今福建省福清市）人。生于明万历八年庚辰（1580），卒于清康熙五年丙午（1666），享年八十七岁。林古度才情与德行并重，诗歌兼具幽深孤峭与清畅婉丽之风，名噪一时，但是无意仕进，游学金陵（今江苏省南京市）。明亡，林古度以遗民自居，加之年辈较高，时人称为"东南硕魁"。

林古度与其父林章（1551—1599）都以操守高洁而名扬于世。林章，字初文，官于万历朝，因上疏言事触怒权贵而系狱，最终暴病逝于狱中。朝野上下，林章声誉鹊起。早岁在金陵，林古度与曹学佺（1574—1646）、钟惺（1574—1624）、钱谦益（1582—1664）、谭元春（1586—1637）等名士交往。钱谦益在《列朝诗集小传》丁集《林举人章》中说："初文二子，君迁、古度皆能诗。古度与余好，居金陵市中，家徒四壁，架上多谢皋羽、郑所南残书，摩挲抚玩，流涕渍湿，亦初文之遗忠也。"[①]崇祯三年庚午（1630），黄宗羲游学金陵时，曾向林古度学习诗艺。

由于在明朝并未入仕，加上其父林章在明朝的境遇，林古度在明清鼎革之际就常情常理来说，是没必要忠于前朝，完全可以超然于事外的。但是，作为忠臣之后，林古度在甲申变后，俨然遗民，流寓溧水（今江苏省南京市溧水区）乳山，诗名之外，以节操为世人所重，时人称"乳山老人"。入清后，林古度将一枚万历年间的钱币缝在衣带间，佩之终身。此举在遗民中广为流传，时时激荡起遗民心中的家国愁绪。康熙三年甲辰（1664），林古度以耄耋之年游扬州，诗人汪楫（1626—1699）以《一钱行》诗为赠。吴嘉纪（1618—1684）

① 钱谦益.林举人章［M］//列朝诗集小传：丁集.上海：上海古籍出版社，2008：529-530.

也为茂之的事迹深深打动，作《一钱行赠茂之》。将儿时的一枚钱币作为遗民身份的符码佩戴一生，以此旧物寄托沧桑之感、故国之思，这对于明清之际的遗民来说，是很容易引发共鸣的。林古度晚岁卜居南京珍珠桥南的一条陋巷中，生活极度贫困，夏无蚊帐，冬无棉被，曾作《金陵冬夜》自伤自嘲：

> 老来贫困实堪嗟，寒气偏归我一家。
> 无被夜眠牟破絮，浑如孤鹤入芦花。①

　　长寿多辱。在清朝日渐稳定的统治下，在三九寒冬的深夜里钻入破碎的棉絮，是政治与自然对这位老诗人、老遗民的双重挑衅。好在林古度阅尽沧桑，戚而能谐，权且作孤鹤入芦花，不过一场黑色幽默。林古度向来以其峻洁的人格操守为人尊重。南明永历十五年、清顺治十八年（1661），顾炎武在《赠林处士古度》一诗中盛赞林古度具有"受命松柏独，不改青青姿"的风采和见证神州陆沉、百年沧桑的阅历。在前朝旧臣以正统忠君为内涵的"保国"之外，顾炎武看到了林古度以匹夫之贱与有责焉为内涵的"保天下"②的另一面。就此而言，林古度不应被视为寻常意义上的"遗民"。

　　南明永历七年、清顺治十年癸巳（1653）黄周星由杭州返南京，奔生父黄一鹏丧。次年，黄周星与林古度在南京相逢。黄周星即作有《题乳山老人万人缘疏并序》：

① 林古度.金陵冬夜［M］//周啸天.元明清名诗鉴赏.成都：四川人民出版社，2001：522.

② 顾炎武《日知录》卷十三《正始》："易姓改号，谓之亡国；仁义充塞，而至于率兽食人，人将相食，谓之亡天下。是故知保天下，然后知保其国。保国者，其君其臣肉食者谋之；保天下者，匹夫之贱与有责焉耳矣。"

诗人林茂之老矣，贫且甚。山有薄田，欲耕无力。展诵短疏，心恻久之。

世变侵书枕，年凶到砚田。

难邀千里醉，且慕万人缘。

白发陶元亮，丹心鲁仲连。

谋生兼忍死，相见各潸然。①

作为遗民高标、文坛尊宿，林古度诗作清绮婉丽，字里行间含感伤风华、怆怀旧事的不尽神韵。其《芳草》《桃花》《新燕》《新柳》诸诗以比兴之笔，写尽世变年凶，抚今追昔，空寂超逸，而兴会神到之处，又婉而多讽。林古度凭此一点，就对黄周星充满了吸引力。孤绝于世外，当务之急是解决生计问题。这对于普通遗民而言尚且不易，遑论一位年过七旬的老者。虽然有几分薄田，但林古度已然无力稼穑。面对潦倒落魄的七十三岁的林古度，肠热心慈的黄周星不免心生恻隐。当然，在悲悯之外，黄周星更多的是对眼前这位虽白发苍苍却垢尘不污、任真自得的"陶元亮"，虽遭逢乱世、身阅鼎革却丹心不改的"鲁仲连"的钦敬与仰慕。共同的情怀与相类的境遇，使黄、林二人能够超越年辈，相与酬唱。

在南京服丧守制期间，黄周星又作有《又和林茂之来韵》《次韵再答林茂之》等诗作，引茂之以为楷模、同志，情谊更笃。不数年，黄周星离开南京，辗转吴越多地。耄耋之年的林古度于康熙五年丙午（1666）病卒。

---

① 黄周星.题乳山老人万人缘疏并序［M］//前身散见集编年诗续钞.民国二十八年《南林丛刊次集》铅印本.

二 陶汝鼐

陶汝鼐，字仲调，一字燮友，号密庵，宁乡（今湖南省宁乡市）人。生于明万历二十九年辛丑（1601），卒于清康熙二十二年癸亥（1683），享年八十三岁。陶汝鼐少奇慧，工诗、文、书法，因出类拔萃而名动海内，进而获"楚陶三绝"的美誉。

崇祯二年己巳（1629），密庵以贡生廷试，"会帝幸太学，群臣请复高皇积分法，祭酒顾锡畴奏荐汝鼐才，特赐第一，诏题名勒石太学"。[①]崇祯六年癸酉（1633），陶汝鼐举于乡，中湖广举人。南明弘光朝，陶汝鼐为何腾蛟（1592—1649）监军。永历朝，陶汝鼐授翰林院检讨，积极投入到湖广乃至西南一带的抗清斗争中。南明永历七年、清顺治十年癸巳（1653），陶汝鼐身罹叛案论死。时任吏部侍郎的陈名夏（1601—1654）密嘱洪承畴（1593—1665）予以宽赦。然而，陶汝鼐牢狱之灾终未能免，仍因此案系狱近两年。直到南明永历九年、清顺治十二年乙未（1655），陶汝鼐始得脱身。陶汝鼐晚年在宁乡沩山逃禅为僧，号忍头陀，又改字忍草，托迹空门，寄心禅悦。

作为湘人引以为豪的"湖湘二庵"之一（另一位则是陶汝鼐至交，号"些庵"的郭都贤），陶汝鼐谨承其父陶显位之志，潜心于《周易》的经学研究。明清易代之际是经学由明代衰微转向清代昌明的承启际会时期。古语云："居丧读《礼》，患难读《易》。"适逢家国丧难，以《礼》学、《易》学为主流的遗民经学勃然兴起。《易》学在遗民学术中的地位尤为显赫。读《易》当时近于标准的遗民行为。陶汝鼐也因《易》学造诣而闻名遐迩。

在诗文中，陶汝鼐怆怀故国，感念苍生的衷肠从未冷却。因此，陶汝鼐的诗歌多感慨兴亡之作，弥漫在一片黍离之悲中，萧瑟凄楚：

---

① 赵尔巽等.清史稿［M］.北京：中华书局，1977：13861.

> 填海移山事岂成，湘天不明人夜行。
>
> 十年离乱各风雨，一劫修罗共死生。
>
> 辽鹤乍来城郭变，枯树纵去江潭平。
>
> 归欤莫负雄慈力，好着袈裟安钓耕。①

甲申后第十年，陶汝鼐逐渐产生皈依佛法的念头。然而，就其郁勃慷慨、深沉忧愤的兴亡之作来看，实际上完全不是僧侣了无牵挂、超然世外的心态。

崇祯十四年辛巳（1641），黄周星自南京赴湘潭奔养父周逢泰之丧。次年，即崇祯十五年壬午（1642），黄周星在服丧守制期间，结识了陶汝鼐，遂成一生至交。生平以朋友为性命、以文章道义为骨肉的黄周星对这份友情尤为看重。康熙十一年壬子（1672），黄周星在《陶密庵诗序》中说：

> 余与陶子燮友交，殆非恒俗形貌之交也。盖生平有四同焉。燮友楚人而生于湖南，余虽非楚人而亦尝寄籍湖南，则其地同。当庚午积分创复，时燮友为北雍第一人，余为南雍第二人，则其贡天府同。癸酉之役，燮友举于楚，余举于燕，名次亦复相亚，则其登贤书同。嗣后，穷达隐见，虽稍有参差，而变革颠危、流离跋蹇，金石相信、九死弗渝，则其志操又同。噫嘻！古今来文章性命之交如吾两人者，可多得哉！②

深陷身世之困与养父之丧的伦常困境之中，面对着几近陌生的族

---

① 陶汝鼐.放还贻别诸同难者［M］//荣木堂诗集：卷七.顺治刻本.

② 黄周星.陶密庵诗序［M］//九烟先生遗集.道光二十九年刻本.

人，相类的治学、仕进经历，让黄周星在三十年后回望早年在湘潭度过的那三年艰难时光的时候仍然能够清晰地在脑海中描摹与陶汝鼐等人交往的情形。然而，鼎革纷乱后，黄周星离开湘潭，辗转闽越，陶汝鼐则淹留湖湘。南明永历八年、清顺治十一年甲午（1654），黄周星在南京为生父黄一鹏守制期间作《梦陶仲调年兄》一诗：

> 不见陶生久，人传在薜萝。
>
> 十年犹日月，万里各山河。
>
> 落落星将老，绵绵草正多。
>
> 明夷闻尔厄，幽梦意如何。[①]

薜萝，薜荔和女萝，是两者皆野生植物，常攀缘于山野林木或屋壁之上。《楚辞·九歌·山鬼》："若有人兮山之阿，被薜荔兮带女萝。"王逸注："女萝，兔丝也。言山鬼仿佛若人，见於山之阿，被薜荔之衣，以兔丝为带也。"[②]后世借薜萝以指隐者或高士的衣服。黄周星诗中所言"人传在薜萝"当是指陶汝鼐狱后逃禅学佛、隐身避世。由"十年"句可知，自国变后，黄陶二人已十年未谋一面。时局逐渐平稳之后，黄周星、陶汝鼐开始了书信往来。在《寄陶参公》一文中，黄周星写道：

> 忆昔仆暂归湖南，知交落落，尔时诗酒唱酬，有长沙冯子、攸邑李子，与足下而为三。今冯、李皆久赴修文之召，独足下在耳。闻足下已作皤然一老僧，想潇湘屿嵝之间，有坐一叶小艇泛急滩，痛哭读《离骚》者，非他人，必参公也。秋夜

---

①　黄周星.梦陶仲调年兄［M］//九烟先生遗集.道光二十九年刻本.

②　屈原.山鬼［M］//王逸.楚辞章句：卷二.上海：上海古籍出版社，2017.

正长，灯光虫响悄然，伤怀连宵，复感君入梦，恍如平生。醒来枕上口占一绝云："乾坤吴楚半蒿莱，日落人间尽可哀。此夜洞庭千里月，不知我去是君来。"偶因鸿便，写以寄君，想见开缄时，襟袖浪浪也。①

曾经青春少年，而今已作皤然老僧。在《得陶仲调年兄书》《屡梦与仲调同上公车》中均记载了时光没能稀释的黄周星与陶汝鼐之间的友情。是怎样的一段经历，又是怎样的一份情谊，让黄周星在别后的半生岁月里时常在梦中与陶汝鼐跨越湖山再续少年游！荆吴相隔，烟水苍茫。二人虽友情深挚，也只能千里神交，遥寄心怀。

三　杜濬

杜濬，原名诏先，字于皇，号茶村，又号西止，晚号半翁，别号黄鹤山樵、黄鹤山农、睡乡祭酒、钟离濬水、金陵山傭、两龚乡人不一，黄冈（今湖北省黄冈市）人。生于明万历三十九年辛亥（1611），与黄周星同年，卒于清康熙二十六年丁卯（1687），享年七十七岁。杜濬是明清之际颇有声望的遗民，也是卓有建树的诗文家、小说批评家、戏曲理论家，著述颇丰，现存《变雅堂诗文集》，其中诗集十卷，文集八卷。杜濬诗文以其独具的豪迈浑融、古雅冲淡的风格而被当时文坛称为"茶村体"，在明清之际的诗坛留下重要一笔。

杜濬少有才学，倜傥不羁，耿介孤傲以至终老。崇祯十二年己卯（1639），杜濬中乡试副榜。明季倾危，杜濬避乱僦居金陵。与邢昉（1590—1653）、顾梦游（1599—1660）、吴伟业（1609—1672）、方文（1612—1669）等名士及范凤翼（1575—1655）等

① 黄周星.寄陶湤公［M］//九烟先生遗集.道光二十九年刻本.

东林重要人士结交于秦淮，涉足明末文坛及政治活动。这是明亡之前，杜濬度过的啸傲烟霞、流连山水、名士社集、激扬文字的美好时光。

杜濬才华横溢，诗文一时冠盖南北。南明永历七年、清顺治十年癸巳（1653），黄周星由杭州返金陵，奔亲丧。此后数年间，黄周星、杜濬二人深为相知，在明朝故都留下大量酬唱诗作。这些诗作大多抒写黍离麦秀之感、铜驼荆棘之悲，其中不乏《仲夏同诸子登雨花台集高座寺》《秋日与杜苍略过高座寺登雨花台》等凭吊故国、感怀身世的佳作，其前一首诗有云：故乡仅见黄冠返，高座何妨汉语通。这是"乙酉之难"后，第一次回到金陵。[①]恍惚山河依旧，地老天荒，然而，目之所及，分明是山河破碎，人世沧桑。明明是仲夏三伏，黄周星与杜濬诸人的社集早已不复是早年的华亭胜饯，残阳夕照之中顿感秋风凄凉。其后一首诗有云：披发何时下大荒，河山举目共凄凉。黄周星在秋风秋雨中与杜濬登临望远，家国愁绪，瞬间涌上二人心头，刚直的秉性在清廷的统治下无所遁隐，迫不得已只能佯狂于世。所幸，他不是一个人！所谓地老天荒吾"辈"在，河山举目"共"凄凉。歌哭与共，群体中每一个个体的悲泣在彼此的声音中达成了和谐的共鸣，销蚀了屈辱，降解了孤独。

黄周星、杜濬交游酬唱过程中的另一些作品反映了个人生活，饶有情趣。黄周星所作《香橼代妾诗并序》即属此类：

> 杜子新亡爱姬，歌哭无绪。偶同余入市，买香橼四枚。余笑曰：贫士何需此。杜子曰：吾聊以当妾。与余分携袖归，因感而为诗：

---

① 黄周星在《闻先人变奔归金陵二首》有"八年畏向故乡归，昔日高堂蝶梦飞"句。

> 宛转情何极，空花色假真。
>
> 当年应共命，此日再生身。
>
> 鼻观非非想，魂香了了因。
>
> 孤山容甲帐，梅畔李夫人。

杜濬当即和诗一首：

> 自我幽兰折，真香记不真。
>
> 春容无妙手，秋色俩前身。
>
> 岂入湘累怨，还修水月因。
>
> 魂归衣角枕，误认有新人。[①]

　　杜濬晚年生活窘困而行事不减猖狂。南京在当时作为四方冠盖往来的会冲枢纽，诸公贵人，求诗名者蜂拥而至，不过常常在杜濬这儿吃了个闭门羹。傲岸孤介如杜于皇，却能与黄周星欣欣然同入肆中，并吟咏闺阁情事，足见二人私交甚笃。

　　康熙二十四年乙丑（1685），黄周星自沉后的第五年，应黄周星之子黄楠之拜请，杜濬作《跋黄九烟户部绝命诗》一文：

　　佛氏戒嗔。若夫事至宏巨，名节所关，人禽之界，而亦复不嗔，则是形骸苟具而苶然无气。古今无气之人，莫如冯道、留梦炎，而可以为法乎？吾与老友、故户部周九烟先生盖深恶之。而嗔益日甚，至于无终食之间违嗔，以此取憎于世，以致

---

① 黄周星. 香橼代妾诗并序［M］//前身散见集编年诗续钞. 民国二十八年《南林丛刊次集》铅印本.

困穷危殆弗顾也。然吾之嗔，仅托诸空言，而九烟之嗔，则见诸实事。观其无故沉渊，无病辞世，非实事乎？盖积嗔有年，而发挥于一旦。世人但见其猝然，而不知其所以然。宜其反指醒人为醉，而不自觉其如泥也，可哀也矣！今读其绝命诗二章，其首章固已自明其嗔之故。次章直欲与三闾大夫方驾齐驱，岂欺我哉！夫一部《离骚经》缘嗔而作也，故屈子不嗔则无《离骚》。由是，武侯不嗔则无《出师表》，张睢阳不嗔则无《军城闻笛》之诗，文文山以嗔故有《衣带铭》《正气歌》，谢叠山以嗔故有《却聘书》。九烟犹是也。盖嗔者生气，故九烟不死；不嗔无气，故若辈不生。世有我辈人，不可以不辨。此皆畴昔之日，与九烟互相砥砺之概。至是，其令子榷、字禹公者过访，出二诗再拜，以为先人知己同调莫逾老仆，请识数语，遂书此意归之。禹公负才，有志能终身无改于父之道乎！则可谓孝矣。乙丑阳月黄冈杜濬题于金陵流寓之再造草堂。①

　康熙十九年（1680），蹉跎一生、落寞一生的黄周星选择在五月五日赴水自沉。在遗民圈子里造成极大影响。杜濬作为黄周星至交，应黄周星长子黄榷之请撰写挽词实在是最合适不过的人选："先君目空一世，独推先生为胜己，今观先君之不朽，得先生是文而益光，益信其推服之诚。"②因与黄周星同年，彼时杜濬也已经是一位年过七旬的老者。回首前尘往事，当有许多记忆可以诉诸笔端。令人诧异的是，杜濬只着一"嗔"字于老友，并反复点染。贪、嗔、痴、慢、疑为佛教所言五毒心，会使人造作恶业，妨碍人修行，所以"佛氏戒嗔"。然

①　杜濬.跋黄九烟户部绝命诗［M］//变雅堂文集：卷四.同治九年刻本.
②　黄周星.绝命诗题词［M］//九烟先生遗集.道光二十九年刻本.

而，在杜濬看来，事至宏巨，名节所关，而亦复不嗔，则是形骸苟具而了无生气。至于故去的黄周星，正是杜濬所推崇的在困穷危殆之际敢于发声、勇于践行之人。孤标傲世、不同俗流的黄周星因嗔恚而走向毁灭，也因嗔恚而获得了生气，进而走向不朽。

四　冒襄

冒襄，字辟疆，号巢民，又号朴巢，如皋（今江苏省如皋市）人。出生于明万历三十九年辛亥（1611），与黄周星同年，去世于清康熙三十二年癸酉（1693），享年八十三岁。冒襄身当明清鼎革之际，是才子更是文人，早年立身行事具有浓厚的政治色彩，与复社名流交往密切，与陈贞慧（1604—1656）、方以智（1611—1671）、侯方域（1618—1654）并称"四公子"，晚年拒博学宏词之荐而不就，结庐隐居，在诗酒自娱中砥砺操守，并收获了丰硕的著述，传世之作有《巢民诗集》《巢民文集》，以及辑选的《六十年师友诗文同人集》，而广为流传的《影梅庵忆语》追忆他和妾室秦淮名姝董小宛的爱情故事，更因其间冒董的缱绻情致和独特的忆语体式将冒襄推到清初文学家的高位。

与黄周星的身世相同之处在于，甲申国难是包括冒襄在内的诸多遗民的前后半生的分水岭。冒襄也同样面临着这样的一道坎，在明则富贵福泽风雅文章，入清则风刀霜剑草莱窜亡。越过山丘，满眼荒芜，只剩下时不我与的哀愁。亡国之后，黄周星选择上疏复本姓、认祖归宗，冒襄选择营建水绘园、退隐山水，从本质上说都是在歌哭无绪之际迫不得已之地去将就，去寻找精神的依托、生命的支撑。许多故事或者历史正是以虚虚实实的园林为背景得以敷演、展开。黄周星的戏曲《人天乐》依托虚构的"将就园"，冒襄则通过构筑水绘园，为自己的现实人生打造一个"壳儿"，退守其中，一边感念着过往，一边以决绝的姿态与新朝较劲——"将就园"与水绘园里守护了一代遗民最后的尊严与倔强。康熙三十二年癸酉（1693），潦倒的冒襄作别破败的水绘园，阖上双眼，东南故旧，流风余韵，于是乎歇绝。

　　南明永历八年、清顺治十一年甲午（1654），黄周星在南京服丧守制期间，在秦淮河畔与冒襄第一次晤面。在长诗《鸳鸯梦引寄东皋冒子辟疆附纪梦》中，黄周星对此有记述：

> 我闻君名三十年，甲午秦淮始握手。
> 尔时有客语葛藤，咄嗟无计掩其口。
> 坐间披牍稍论文，转喉触讳时复有。
> 素心真率类如斯，世人皮相惊牝牡。
> 此中实乃无他肠，倾盖知心定白首。
> 与君惜未久周旋，曹刘沈谢十得九。 ①

　　这是甲申国难后的第十个年头，也被史家视为清朝能否最终稳定天下的关键一年。东南沿海的抗清烽烟依然在飘荡。虽然降清的郑芝龙在这一年被清朝封为同安侯，但是郑成功在闽南也逐步奠定了持续抗清的基础。张名振、张煌言则率水军从崇明入镇江，登金山，遥祭明孝陵，再达仪征，后攻至南京燕子矶，对清廷造成了巨大的压力与冲击。对于黄周星、冒襄而言，共有的话题不言而喻。但是，因客语葛藤，二人咄嗟掩口，难表真率素心，交流仅止于披牍论文，短促的时光，基本都消耗在文章品评上了。不过，确认过眼神，遇上对的人。这并未妨碍黄周星在心中悄悄埋下友谊的种子，以至于别后冒襄常常出现在梦中，以至于八年之后黄周星直以老友相呼，"我辈友朋本姓

---

① 黄周星.鸳鸯梦引寄东皋冒子辟疆附纪梦［M］//九烟先生遗集.道光二十九年刻本.

名，精诚所至无遐荒"。①

南明永历十五年、清顺治十八年辛丑（1661）黄周星第二次见到冒襄就是在水绘园。

位于如皋县城内东北角的水绘园，始建于万历年间，历四世至冒襄时始臻完善。园中筑有妙隐香林、壹默斋、枕烟亭、寒碧堂、洗钵池、小浯溪、鹤屿、波烟玉亭、湘中阁、涩浪坡、镜阁、烟树楼、碧落庐等十余处佳境。各处景点精心设计，巧妙勾连。单就园林本身来看，水绘园已然风姿绰约、仪态万方。国变后，冒襄遂无意用世，因家故有水绘园擅池沼亭阁之胜，招致四方名士，竟无虚日。最初的十来年间，冒襄对水绘园的构建绝不仅仅是亭台楼阁的改造与扩建，这位前朝风流贵胄在执掌水绘园后，广延宾朋，缅怀故国，为江海一隅的这一片山水园林注入了强劲的时代旋律与厚重的文化内涵。

不过，黄周星再访水绘园的这一年距南明永历五年、清顺治八年（1651）董小宛病逝已经整整十年，也是在这一年郑成功从荷兰殖民者手中收复了台湾——这也就意味着清朝的统治在除台湾外的所有区域内已基本稳定，水绘园宴饮、雅集、游园、观剧依然如故。但是，冒襄的心境早已不复从前。名士们、志士们麻醉于碧波柳荫、花木池石之间，所谓的豪情盛事，也不过是曲水流觞、兰亭修禊，抑或者投壶对弈、辋川归隐。流光容易把人抛，曾经是八年之前秦淮河畔黄、冒二人所不屑为之而无奈为之的，而今竟也只能将就为之——时光流转，复国之念早已无望，对于黄、冒而言，模山范水、雕章琢句俨然成为交游的全部。

也许正是这样的微妙的心态变化，水绘园反倒成为激发黄周星

---

① 黄周星. 后鸳鸯梦引再寄东皋冒子辟疆附纪梦［M］//九烟先生遗集. 道光二十九年刻本.

"构建"将就园的直接动因，其《将园十胜》《就园十胜》中举凡"竹径三亭""至乐湖""醉虹堤""饮练桥""万松谷""桃花潭"等诸多景致，虽止于墨庄幻景，聊以自娱，就其艺术的源头或者雏形来看，与水绘园是存在艺术与生活的逻辑关系的：

> 古水绘在治城北，今稍拓而南，延袤几十亩。西望峥嵘而兀立者，曰"碧霞山"。由碧霞山东行七十步得小桥，桥趾有亭，以茅为之。逾亭而往，芙蕖夹岸，桃柳交萌而蜿蜒者，曰"画堤"。堤广五尺，长三十余丈。堤行已，得水绘庵门。门夹黄石山，上安小楼阁，墙如埤堄，列雉六七，门额"水绘庵"三字，即主人自书也。门以内，石衢修然。沿流背阁，径折百余步，曰"隐香林"。由是以往，有二道……①

这是《水绘庵记》中对水绘园景致的部分描述，亭桥湖堤一一写来，山水相连，亭台交错，恍惚黄周星在《将就园记》里用笔墨为自己搭建的东将西就的那一片"将就园"。在游历冒襄水绘园之后，又怎能草率认定黄周星是完全凭空想象的呢？

五　吴嘉纪

吴嘉纪，字宾贤，号野人，安丰场（今江苏省东台市）人，生于明万历四十六年戊午（1618），卒于清康熙二十三年甲子（1684）。吴嘉纪传世有《陋轩诗集》，收诗逾千首。

东台地处黄海之滨，自古盛产盐，历史上曾是重要产盐区。安丰，古名小淘浦，雅称东淘，汉初以煮盐入史，南宋设小淘盐场，元代名

---

① 冒襄.水绘庵记［M］//同人集：卷三.清刻本.

安丰盐课司，明清以盐名世而富甲淮南中十场。明清易代之际，东淘遗民文化活跃，海内承学者未之或先。吴嘉纪就是明清之际著名的盐民诗人，他的"盐场今乐府"诗，以质朴的语言直面海滨盐民的艰辛，成为清初诗歌史上具有厚重思想内涵的重要组成部分。

崇祯十年丁丑（1637），二十岁的吴嘉纪，参加府试，考中第一名秀才。甲申、乙酉国难之际，吴嘉纪目睹耳闻"扬州十日""嘉定三屠"，悲愤满腔，顿消仕念。自此，吴嘉纪隐居乡里，自称"野人"，自题居室"陋轩"。"陋轩者，草屋一楹，环堵不蔽，与冷风凉月为邻，荒草寒烟为伍。"①虽衣食难周，朝不保夕，吴嘉纪却绝口不谈仕进。

虽身为一介布衣，但是明清之际特殊的时局为吴嘉纪的交游创造了客观条件。南明永历十三年、清顺治十六年己亥（1659），汪楫（1626—1699）避难东台结识吴嘉纪，以诗会友，引为知音。后经汪楫引荐，吴嘉纪结识户部右侍郎周亮工（1612—1672）。南明永历十六年、康熙元年壬寅（1662），周亮工为吴嘉纪刊刻《陋轩诗》。在此期间，吴嘉纪还结识了康、雍诗坛盟主王士禛（1634—1711），并深得赏识。由于周、王二名流的推崇与赞誉，吴嘉纪诗名不胫而走，冠于布衣诗人之首。

作为杰出的遗民诗人，吴嘉纪的诗作以强烈的民族气节作为基调，直面民生疾苦，深刻反映社会黑暗、民不聊生的时局。经由朴实的文字，人们可以直观感受以盐民为主体的底层民众的苦难。诗作写在低矮的草房里劳作在烈火旁的灶户（煎盐工人）走进酷暑六月的炎炎烈日竟近乎是"乘凉"，经由朴实的文字构造出艺术上的反衬，寄托满腔的悲悯与愤懑：与其说盐民是在煎煮海盐，毋宁说是在煎煮血汗。

吴嘉纪不独诗作成就高，人品也卓卓可颂，为人钦敬。这为吴嘉

---

① 陈鼎. 吴野人［M］//留溪外传：卷五：隐逸部上. 康熙三十七年刻本.

纪的交游圈出了另一个群体：遗民与逸民——汪楫之外，还有汪懋麟（1639—1688）、孙枝蔚（1620—1687）等。

据现有资料来看，黄周星、吴嘉纪二人似未曾谋面。查吴嘉纪《陋轩诗集》，唯于康熙十九年庚申（1680）作《嗟老翁》一诗。诗前自序云："吊黄周星也。字九烟。汪扶晨云：'九烟于庚申五月五日，投钱塘江死。'"诗云：

> 嗟老翁，征聘来。翁应称疾卧乡里，不则遁迹异县，云山之内，烟霾之隈。

> 征聘来，未及翁。翁避地已三十有六载，曷为一旦谢人群？捐躯体，不待天年终？

> 吁嗟哉！翁阅世间，亦有翁隐南山，亦有翁隐北山。

> 求贤诏书下，庞眉皓发，纷纷乘车骑马别松关。

> 童稚识翁颜，儒生诵翁文词，当代遗老非翁谁？

> 年七十，立路岐，出不可，处不可，茕茕一老，不死复安之？

> 吁嗟哉！翁求死，死何方？海内久无家，首丘奚所望！

> 月辉不藉星，孤苣能芬芳。丈夫蹈义，宁必牵衣洒泪，啼泣妻孥旁！

> 延颈眺远峰，晻晻茸茸，中有人兮饮飞瀑，依长松，要欲蹑其踪。

> 披兰带蕙佗白适，志士难与言心胸。

> 嗟老翁，浙江鸣，高潮低潮忽怒生。思俏俏兮人抱石，来瞻狂澜兮眦血沾缨。

> 愿见彭咸愿从屈平，野雨浸溦沙渚暮，浪啾啾兮江鬼迎。

> 嗟老翁，几时还！清仪癯影行企企，乾坤迫窄罢留连。

> 歌呜呜兮酒伴，色怆怆兮渔船。嶂微阴，月半圆，林花发

红水蒲绿，岁岁年年啼杜鹃。①

这是吴嘉纪以黄周星拒绝鸿博之征转而赴水为背景创作的诗作，感怀颇深，非为同志，难为此声。客观地说，黄周星仅长吴嘉纪七岁，且二人在前朝均取得功名，但是吴嘉纪在听闻黄周星赴死之后，称以"老翁"是充满了敬重之情的，在诗作三嗟两吁之中，对黄周星身历国难，歌哭无绪，忍辱半世，将就一生，面对征召，终至殉国的经历充满哀叹，是悼亡，也是自悼。此外，吴嘉纪的诗作多以质朴的语言反映时况，这首《嗟老翁》对于身世扑朔迷离的黄周星而言，也具有一定的澄清作用，比如卒年、卒地、赴死的方式与动机等等，可作黄周星一人诗史观。

六　尤侗

尤侗，字展成，一字同人，早年自号三中子、西堂，中年号悔庵，晚年号艮斋、西堂老人、鹤栖老人、梅花道人等。长洲（今江苏省苏州市）人。生于明万历四十六年戊午（1618），卒于清康熙四十三年甲申（1704），享年八十七岁。作为明清之际以至清初广负盛名的戏曲家、文学家，尤侗在清曲、词、诗、文等多个领域均有建树。尤侗受知两朝，恩礼始终，顺治帝誉之"真才子"，康熙帝称之"老名士"，众所荣羡，名重一时。尤侗著作繁多，现存《西堂全集》《西堂余集》《鹤栖堂稿》等共142卷。尤侗擅制曲，其杂剧《读离骚》《吊琵琶》《桃花源》《黑白卫》《清平调》五种，及传奇《钧天乐》，流传甚广。

崇祯十二年己卯（1639），尤侗赴南京乡试，不第。嗣后数年间，尤侗大多与同里诸子社集交游。甲申国变，尤侗适逢祖丧国亡，悲痛

---

① 吴嘉纪.嗟老翁［M］//陋轩诗集：卷十.道光二十年重刻本.

交集。南明隆武二年、绍武元年、清顺治三年丙戌（1646）夏，尤侗苏州童子试得第一，却在同年八月南京秋闱中落第。南明永历五年、清顺治八年辛卯（1651），悔庵以贡谒选，除永平推官，任上作有《煮粥行》，备写清初圈地大背景下天灾人祸中民众的悲惨境遇，遭弹劾，降职调用。尤侗愤然辞官，收心归隐。康熙十八年己未（1679）三月，尤侗应博学鸿词之试，名列二等，授翰林院检讨，与修《明史》。康熙二十二年癸亥（1683）在史局以撰述第一的成就致仕返乡，归隐苏州。

尤侗之父尤沦（1592—1672）在明朝终生未仕，尤侗本人在明朝未获功名，且入仕清朝后颇受康熙礼遇。然而，身处复杂的政治环境，尤侗心情是矛盾的，在遗民群体此起彼伏的声浪里间有丝丝缕缕的身世之感、家国之思在有意无意之间流露——这也成为黄周星悦纳尤侗的一块情感基石。事实上，在尤侗的交游名单中，的确有不小的一部分是隐逸江湖、徜徉山林的布衣甚或遗民人士，比如冒襄、杜濬、归庄等。与这批因气节而自我隔离于当朝的边缘群体的交游酬唱，可以在一定程度上管窥尤侗亦仕亦隐的另一种生态与心态。

康熙八年己酉（1669），尤侗闲居多暇，葺理亦园，构水哉轩、揖青亭，前架板棚，周设栏槛，每客至，则与立而望，坐而嘻，饮食盘桓，高卧流连。同年，浙江海盐周行为园画作《水亭垂钓图》，尤侗自作《小影自赞》题于上。其后吴伟业（1609—1672）、归庄（1613—1673）、余怀（1616—1696）、施闰章（1619—1683）、吴绮（1619—1694）、魏禧（1624—1681）等多有题诗。康熙九年庚戌（1670），黄周星经吴门过访尤侗，作有《题尤展成水亭垂钓图》，盛赞尤侗笔扫千军，胸函万斛，曾奏赋于上林，今则拂衣归田。吸引黄周星的应当不仅仅是尤侗的才情，亦园将山水与亭台巧妙布局，其山亭相望、水木相接的精致格局更是让多年漂泊的黄周星流连忘返。①黄周星创作《将就园记》，构建属于自己的纸上花园，与其亦园之行，应该是有关联的。

尤侗曾写过一篇著名的游戏八股文《怎当他临去秋波那一转》，以时文与词曲相结合进行创作。据说，作品流传到宫中，康熙读后十分欣赏。受尤侗启发，黄周星作《秋波六艺》，并在《秋波六义小引》详述了自己的创作背景、心路历程且兼及对尤侗"以传奇语为时义"创新之举的称赏：

> 以传奇语参禅，自古未有也。以传奇语为时义，尤自古未有也。……尤君展成集中则取其语（按，即《西厢记》中"怎当他临去秋波那一转"）为时义一首，业已名噪上林。而友人辈尚欲余别创新裁，余亦不禁技痒，乃戏为前后作，效颦点睛于个中。②

可见黄周星与其友人不仅读过尤侗的文章，还曾共同讨论并对尤侗赞誉有加。过访亦园期间，黄周星向尤侗出示了《秋波六义》。尤侗在《黄九烟秋波六义序》一文中说："白门黄九烟先生，于予为前辈，而好予特甚，一旦出所拟《秋波六义》示予，奇思妙解，侧生挺出。"③能够集中表现二人之间情谊的还有黄周星《过吴门喜晤尤侗十首》、尤侗《白门黄九烟先辈贻诗十首口号答之八首》等诗歌酬唱。

黄周星长尤侗七岁，加之黄周星为前朝进士，所以尤侗多执后学之礼，对黄周星孤绝尘世之外而落魄潦倒的境遇更是充满了钦敬。黄周星对于尤侗的才名也是仰慕日久。黄周星为人刚直，言行不苟，入

---

① 黄周星.题尤展成水亭垂钓图［M］//九烟先生遗集.道光二十九年刻本.
② 黄周星.秋波六艺小引［M］//九烟先生遗集.道光二十九年刻本.
③ 尤侗.黄九烟秋波六义序［M］//西堂全集.康熙间刻本.

清以后，性情更加耿介孤傲，歌哭笑骂，感触无端，他对尤侗的这份仰慕与后者虽入仕清朝却又愤而辞官是密切相关的。

黄周星与尤侗的交游还有一桩雅致有趣的公案。在《过吴门喜晤尤侗十首》首章中，黄周星这样写道：云龙时地每难同，千古才人恨不穷。踏破吴门知几度，今朝喜得见尤侗。许是多年夙愿一朝得偿的喜不自禁，许是"同""穷"在先、合仄押韵的行文需要，黄周星在诗中直呼已过知天命之年且颇有声望的"尤侗"之名，时人颇以为异，招致非议。对此，尤侗专门撰写《答黄九烟》一文中予以解释：

> 予与九烟初不相识，一旦贻诗十绝，其首云："云龙时地每难同，千古才人恨不穷。踏遍吴门知几度，今朝始得见尤侗。"见者讶之，予曰："无异也。唐人诗题皆名而不字，即子美诗'白也诗无敌'，太白诗'饭颗山头逢杜甫'，可知今人少所见多所怪耳。"因答八首，其末云："迟我谈心二十年，众人欲杀尔犹怜。从今相乐还相泣，慷慨悲歌黄九烟。"或问："黄先生名君，而君字黄先生，何也？"予笑曰："且让前辈。"①

在尤侗看来，黄周星赠诗之中直呼己名，并非流俗之人所认为的失礼，真挚的情谊远胜于虚假的客套，自己的姓名正因为黄周星行文押韵之需而在文字的流传中走向不朽——今天看来事实也正如此。黄周星为人之率真、尤侗为人之宽和，二人才情之灵动、脾性之投契，由此足可见一二。

黄周星与尤侗相见的具体情形于史无载，但可以想见这必是一场诗人的欢会。值得一提的是：次年，即康熙十年辛亥（1671），黄周

---

① 尤侗. 答黄九烟 [M] // 西堂全集. 康熙间刻本.

星就酝酿并着手创作传奇《人天乐》，显然受到了尤侗的影响。与尤侗的交游，对于黄周星的文学创作尤其是戏曲创作来说是具有推动力的。

七　徐枋

徐枋，字昭法，号俟斋，长洲（今江苏省苏州市）人。生于明天启元年辛酉（1621），卒于清康熙三十三年甲戌（1694），享年七十三岁。徐枋是明朝殉节官员徐汧（1597—1645）之子，崇祯十五年壬午（1642）举人。作为书画家，徐枋书擅行草，画擅山水。书画之外，徐枋著述颇丰，存有《读史稗语》和《居易堂集》。

徐枋入清，遵父遗命不仕异族，于天平山麓"涧上草堂"隐居不出。徐枋与吴县杨无咎（1636—1724）、昆山朱用纯（1627—1698）并称"吴中三高士"，与宣城沈寿民（1607—1675）、嘉兴巢鸣盛（1611—1680）并称"海内三遗民"。作为高士、遗民，徐枋以孤绝之姿主动选择了社会性死亡，被认为自律最严，在明遗民中具有相当高的声望，近于楷模。

南明弘光元年、南明隆武元年、清顺治二年乙酉（1645），南都沦陷。徐汧义不欲生。明清之际的遗民世界里基本遵循着及身而止的原则。于是，当徐枋意欲随同父亲赴死的时候，徐汧以自己固不可以不死而徐枋耕读不出即为无愧为由拒绝了。最终，徐汧在一个月明如昼的夜晚，借着酒力，纵身跃入深潭。徐汧赴水自沉以殉国殉君的一幕，在若干年后，黄周星又重新上演了一遍。徐汧殉国后，徐枋谨遵父亲的遗志，严夷夏之防，避地山野川泽，辗转金墅、灵岩等地，最终定居于天平山"涧上草堂"，过着极其清苦的生活。

在困境中，徐枋佣书鬻画，躬耕自食。四十年中，前二十年不入城市，后二十年不出户庭。非其同志，虽通家世好，踵门而不得见，比屋经年，人莫睹其面。至于外人一切馈赠，坚却不收。如此韬光晦迹，近于自我禁闭。也正因此，衣食生计时时困扰着徐枋，家贫至日不再食，仅可日食一饭一糜，一衣外无他衣，冬夏止服一苎衣。然而，徐枋却固守节操，概不轻受人一粟一丝，以致二儿一女先后在饥寒交迫中殒命。

又据，徐枋的姊婿吴祖锡（1616—1679）图谋恢复日久，出入于张煌言、郑成功义军中，惜乎功败垂成，呕血而死。徐枋悲痛万分，在寄与友人魏禧（1624—1680）的信笺中，有"操舟之人则已逝矣，苟有人心，能不痛绝"之语。[①]"操舟人"或指吴祖锡。魏禧早年有据山抗清的义举，康熙年间仍念念不忘于抗清复明，他先后四次深入考察江浙一带的地理形势，广泛结纳各地抗清志士，与徐枋等明遗民交接往来，以谋求恢复。再审视徐枋积年累月杜门绝人，可能并非遗世高蹈，实则有恢复之谋。凡此种种，足见徐枋并非一般意义上的"遗民"，更不是"逸民"，其出处行止异于常人之处颇多，他和吴祖锡或有居者、行者之不同，而图谋恢复应该是同一的。

康熙九年庚戌（1670）七月，黄周星携家眷由长兴移家南浔，作《庚戌仲夏自长兴移家南浔载咏》，诗云："琐尾流离我命宜，辛苦糟糠累儿女。仰天大笑苍狗多，移家更值黄梅雨。"[②]紧随其后的一年间，黄周星屡过嘉兴、苏州。黄、徐二人在彼此之间惺惺相惜的情感之外，对外界的那份警惕与敏感似乎超越了普通民众乃至遗民之间正常交接的范畴。瞿源洙在《国朝耆献类征·黄周星传》著录了这样一段文字：

（黄周星）往吴门访徐昭法……昭法未老，几失明矣，又饿不能出户庭，强起揖客。既相见则抱持大哭。时，日已暮。昭

---

① 徐枋.答宁都魏凝叔书［M］//居易堂集：卷三.四部丛刊影印本.
② 黄周星.仲夏同诸子登雨花台集高座寺［M］//前身散见集编年诗续钞.民国二十八年《南林丛刊次集》铅印本.

法不能具灯烛，盎中绝粒已三日矣。先生（按，黄周星）解囊贸米数升盐少许，共炊作糜。食讫，……两人联床对语，……夜过半，两人皆作隐语。……达旦，又痛哭而别。①

所谓分若芝兰，坚逾胶漆，按照徐枋隐居之后韬光晦迹的行事做派与精神状态，倒是与愤世嫉俗、磊砢抑塞的黄周星正相投契。此外，当时，徐枋未到五十岁，颓然衰瘁，耳聋眼暗。②这与瞿文"昭法未老，几失明矣"的描述也正相合。瞿源洙当录之有据，绝非戏说或者附会。至于，黄、徐二人夜半作隐语，似乎可以进一步印证徐枋与吴祖锡力图恢复的良苦用心。而黄周星也必定是抗清复明的同道中人。

数年之后，清朝的政治统治进一步稳定，尖锐的民族矛盾逐渐为阶层对立冲淡，在吴祖锡们的努力化作东流之水后，黄周星终于放弃了隐忍偷生的屈辱与无奈，毅然决然而又从容洒脱地赴水自沉——这恰恰是徐枋之父徐汧殉国的方式，细细想来与徐枋之间的交游或不无干系。

八　吕留良

吕留良，字庄生，一字用晦，号晚村，别号耻翁老人、吕医山人、东海夫子、南阳布衣。崇德（今浙江省桐乡市崇德镇）人。生于明崇祯二年己巳（1629），晚年于吴兴埭溪之妙山，筑风雨庵，带发为僧，法名耐可，字不昧，号何求老人，卒于清康熙二十二年癸亥（1683）。吕留良是明清易代之际著名的思想家、学者、诗人和卓有成就的出版家。生前自编自选《何求老人诗稿》，分《万感集》《怅怅集》《梦觉

---

① 瞿源洙.黄周星传［G］//李桓撰.国朝耆献类征：卷四七三.光绪湘阴李氏刻本.
② 徐枋.与吴子佩远书、与冯生书［M］//居易堂集：卷三.四部丛刊影印本.

集》《真腊凝寒集》《零星稿》《东将诗》《气集》七卷，共收诗460首，真实记录了吕留良一生的经历、交游，反映了强烈的民族思想和深切的亡国之痛。

吕留良出身仕宦之家，颖悟绝人，八岁能文，十岁时举凡天文、星卜、算术、谶纬、乐律、兵法、丹经、梵志之书，广为涉猎。未满十三岁即以诗文入征书社。东南士子千余人，往来聚会，征选诗文，评议朝政，旋即国变，成长中的吕留良耳濡目染，深受影响，陶铸了强烈的民族情结，进而终其一生致力于反抗清朝的统治。

明亡后，吕留良于南明弘光元年、南明隆武元年、清顺治二年乙酉（1645）散家财招募义勇。兵败后，吕留良以行医自给。许是迫于生计，他于南明永历七年、清顺治十年癸巳（1653）改名光轮，应试得诸生，然而，此举又令他悔恨交集，自责不已，成了一生难以救赎的原罪、无法释怀的心结。吕留良一直以"失脚"来比喻这次在新朝的应试，拒绝原谅自己。同样拒绝原谅他的还有未来的清世宗雍正。在《大义觉迷录》中雍正指责他于顺治年间应试，得为诸生，按其岁月，吕留良身为清朝诸生十余年之久，幡然易虑，忽号为明遗民，实乃千古悖逆反复之人。早在康熙五年丙午（1666），浙江学使于嘉兴考试士子，吕留良决心与清廷决裂，避不应试，终以学法除名，被革掉秀才，引起了社会不小的震动。嗣后，吕留良归隐田园，一面行医救世，一面著书讲学，选刻时文，交游旧友。但吕留良更多的精力还是投入到抗清复明的义举和严夷夏之防的呼告中。康熙十七年戊午（1678），清廷开博学鸿词科，浙江试官举荐吕留良。吕留良固辞方得脱免。康熙十九年庚申（1680），清廷再度征聘普天之下山林隐逸之士，以进一步笼络遗民，稳定政局。吕留良拒不应荐，遂带发为僧，更名改号，隐居妙山。吕留良逝后遭遇更令人瞠目。雍正十年壬子（1732），由于受湖南儒生曾静（1679—1736）反清一案的牵连，业已去世四十九年的吕留良被雍正钦定为"大逆"罪名，惨遭剖棺戮尸枭首，其子孙、亲戚、弟子广受株连，铸成震惊全国的文字重狱。吕留良著述也被列为禁书，遭到禁毁。

吕留良一生交游甚广。建立在共同的政治抱负的基础上，吕留良先后结识了黄宗羲、黄宗炎、吴之振、吴自牧、高世泰、高斗魁等一批遗民中的才俊乃至魁首。虽然因为张扬不羁的个性或者不愿苟同的志趣，甚至仅仅是日常交接中的鸡零狗碎，吕留良与黄宗羲、吴之振等人终于不欢而散，但是，友谊的小船翻掉之前，彼此还是诗文酬唱的友兄恭弟；友谊的小船翻掉之后，各自还是宁死不屈的抗清志士。

南明永历十五年、清顺治十八年辛丑（1661），黄周星自芜湖移居浙江不久，就结识了吕留良和他身边的小伙伴。他们经常聚集在吕留良家的水生草堂或者吴之振家的寻畅楼雅集分韵酬唱诗文。吕留良《伥伥集》中的《同黄九烟黄复仲黄晦木高且中万贞一饮西湖舟中，招谢文侯画像，分韵二首》《同黄九烟陈湘殷陈紫绮吴孟举诸子集东庄梅花下联句，醉归，仍分韵五首》等诗作中对此作了记载。诗人的交游当然离不开诗艺的切磋与比试。在《惭书序》中，黄周星对吕留良的文才也予以了高度评价：

> 仆生平有二恨，其一阿堵，其一帖括。……昨得用晦制义，读之乃不觉惊叹累日。夫仆所恨者，卑腐庸陋之帖括耳！若如用晦所作，雄奇瑰丽，诡势瑰声，拔地倚天，云垂海立，读者可以为词赋，可以为制策，可以为经、史、子、集，诸大家皆无不可。何物帖括有此奇观？真咄咄怪事哉！使世间习此技者皆如用晦，则八股何必不日星丽而岳渎尊也。[①]

① 黄周星. 惭书序 [M] //九烟先生遗集. 道光二十九年刻本.

如果结合黄周星在《匏瓜五义自注》中对自己兴会所至、泚笔为之而作的时艺之作的踌躇满志的状态，那么他对吕留良文才的评价应该绝非庸俗乏味的奉承之语。诗艺文章切磋之外是操守气节的砥砺。其间，黄周星赠吕留良以《奇才吟》，吕留良则作有《黄九烟以〈奇才吟〉见赠歌以答之》《次韵和黄九烟民部思古堂诗五首》《人日同九烟饮》《谷日又同饮》等多首诗歌。这些诗作或抒写易代的悲愤或表达对黄周星作为前辈遗民坚守气节的仰慕。

康熙元年（1662），吕留良作《真进士歌赠黄九烟》。此诗在吕黄二人交游中是比较晚出的一份文献，可以视为吕留良对黄周星民族气节的一份告白，诗中有云：

> 我听此语一沾巾，如君进士方为真。请看宝祐四年榜，六百一人何麟麟。宇宙只存文陆谢，其余五甲皆灰尘。今日有君便无彼，那得令彼不发嗔。如君进士方为真，天下纷纷难立身。半非略似君尚云，此曹岂复堪为人。①

康熙十七年戊午（1678）清廷开博学鸿词科，笼络天下名士，吕留良固辞乃始得免，而与他同时代的汤斌（1627—1687）、李来泰（1630？—1684）、彭孙遹（1631—1700）等前朝进士或者死节之后却欣然应试。虽然在官方看来，这186人者皆才高学博。但是，客观来说，所录一等20人、二等30人中不乏因缺乏竞争方才脱颖而出。当然，与前人比较，最刺痛人心的还是宋理宗宝祐四年（1256）文天祥、陆秀夫、谢枋得所在的进士题名录。正是在两相参照之后，吕留良给黄周星的赠诗一面热情赞颂黄周星崇高的操守与气节："如君进士

---

① 俞国林撰.吕留良诗笺释［M］.北京：中华书局，2018：274.

方为真"，另一面则是意在揭露伪进士——新科博学鸿儒们屈节仕清的丑态，声讨以至鞭挞清廷笼络人心、分裂遗民的伎俩。

图4-1　吕留良披发僧装像
（张宗祥摹黄周星绘本，据桐乡市档案馆藏照片）

个性同样鲜明的两位诗人的交游时间是短暂的。康熙二年癸卯（1663），黄周星辞别吕留良及一干小伙伴，移寓海宁（今浙江省海宁市）。自此以后，二人再难谋面，只是间或有书简相投。康熙六年丁未（1667），黄周星与吕留良书并示潇湘近诗，吕留良作《得黄九烟书并示潇湘近诗》《次韵答黄九烟》回赠。康熙十九年庚申（1680），吕留良拒应鸿博之征，避世为僧以表明立场，黄周星亲往为之画披发僧装像，相与砥砺。嗣后，黄周星即自沉以殁。这一面便是诀别！

在吕留良《伥伥集》中另有《寄黄九烟》一诗，有云："闻道新修谐俗书，文章买卖价何如？"自注："时在杭州，为坊人著稗官书。"其中的"修谐俗书""著稗官书"之说为厘清黄周星的《西游证道书》公案提供了有用的线索。

九　张潮

张潮，字山来，号心斋，又号三在道人。歙县（今安徽省黄山市歙县）人。出生于顺治七年庚寅（1650），去世约在康熙四十八年己丑（1709）。张潮颖异绝伦，沉静寡欲，著作等身，加之喜好交游，礼遇宾朋，重情重义，名走四海，虽黔、滇、粤、蜀，僻处荒徼之地，皆知江南有心斋居士。作为清初文学家、批评家、编选家、刻书家，张潮自著诗文、词曲、笔记、杂著数十卷，辑成《檀几丛书》《昭代丛书》。《虞初新志》奠定了他文言小说编选家和批评家的历史地位。洋溢着传统文士见识、智慧、情趣、品味的清言小品《幽梦影》恍如张潮的"朋友圈"，各路名流纷纷点赞其后，交相评论其间。

张潮家境优裕。其父张习孔为顺治六年己丑（1649）进士，历仕数年，最终绝意仕进，侨居扬州，经营家业，为张潮提供了优越的生活与读书环境。张潮早年也曾致力于科举，或因各种缘由不第而最终告罢，转而以编选、刻书为业。殷实的家业为其刻书提供了坚实的经济基础，而编选、刻书事业的成功反过来又进一步拓宽了张潮的交游。

黄周星年长张潮三十九岁，二人之间的交往堪称忘年之交。张潮对这位前朝遗民、文坛尊宿怀有强烈的仰慕与钦敬之情。作为有着较高文学素养与见识的选家，张潮在编选《虞初新志》的过程中，经由"凡例"明确提出了自己表彰佚事、传布奇文的选文原则与立场。张潮强调选文自身的魅力，力求超越经济的羁绊和人情的束缚，至少在黄周星的多篇选文中，张潮是独具慧眼的，《补张灵崔莹合传》《将就园记》《制曲枝语》《小半斤谣》等选文基本上代表了黄周星在文言小说、散文、戏曲理论、杂艺等不同文体领域的最高成就。张潮成书最早的《檀几丛书》距离黄周星去世也已经过去了十五个年头，据此，可以推断张潮作为选家并非碍于情面，倒是出于对黄周星其文其人的真心欣赏。在《酒社刍言跋》文中，张潮说：

> 余尝同黄先生饮，所谈亦复不拘何事，大约不喜苛耳。余则谓苛于令可也，苛于酒，不可也。令取其佳，酒随乎量，俾客不以饮酒为苦，而以觞政为乐，不亦可乎。①

两人在交往过程中的姿态突破了年辈的拘囿与束缚，自由随意而又亲切真挚。二人的诗文酬唱更能见证交往的频繁。仅张潮就有《酒楼黄九烟吴蕑次先生》《赠黄九烟先辈》《招黄九烟先辈吴蕑次先生暨同学闵湘人程未能小饮，分得二萧》等多篇诗作。《尺牍偶存》则保存

---

① 张潮. 酒社刍言跋［G］//昭代丛书：甲集：卷三十九. 上海：上海古籍出版社，1990：3164.

了张潮写给黄周星的三封书札，张潮在信中表达了真挚的后学之礼：

> 潮自束发受书以来，即知有黄九烟先生，然以为天上神仙，无从识其面也。今先生以老前辈居然设帐此间，使潮得以亲承色笑，何幸如之。理应执贽，以备门墙之末。①

张潮与黄周星的书信往来，最早可能发生在康熙十三年甲寅（1674）。这年春天，六十四岁的黄周星创作了《将就园记》，完成了纸上花园的构建。张潮在《将就园记题跋》中说：

> 九烟先生以《将就园记》示余，将就云者，盖自谦其草率苟简云尔。余笑谓之曰："公此园不将就。"及览乩仙事，乃知不惟不将就而已，且大费彼苍物料，公其谓之何？夫世人之园，经营惨澹，乃未久而即废为丘墟，孰若先生此园，竟与天地相始终乎？②

此时黄周星《将就园记》已经作成。选家张潮对于将就园的肯定在一定程度上强化了黄周星将将就园纳入后续戏曲文学创作的信心。

从黄周星的角度来看，他是最早打开张潮的"朋友圈"，参与《幽梦影》"点赞"与"评论"的名流。对于正文仅有219则的《幽梦影》来说，同样精彩的各家评语高达701条，这些评语为这部薄薄的清言小品平添了思想的分量与情趣的韵味。作为最早的一批集评人，黄周星以其个人魅力厥功至伟，为《幽梦影》及其作者张潮吸引了越来越

---

① 张潮. 与黄周星先生［M］//尺牍偶存：卷一. 乾隆四十五年刻本.
② 张潮. 将就园记题跋［M］//九烟先生遗集. 道光二十九年刻本.

多的关注，成就了明清小品文领域的一部奇书。

在编选、辑录、刻书的过程中，张潮给予黄周星文学创作以全面关注。于是，在黄周星故去后：

康熙三十四年乙亥（1695）张潮辑刊《檀几丛书》，其"卷三十三"辑录黄周星《郁单越颂》一卷；其"余集"卷下辑录黄周星《小半斤谣》一卷。

康熙三十六年丁丑（1697）张潮辑刊《昭代丛书》，其"甲集"第三帙"射"辑录黄周星《将就园记》一卷；第五帙"书"辑录黄周星《制曲枝语》《廋词》《酒社刍言》各一卷；"戊集续编"辑录黄周星《衡岳游记》一卷。

康熙三十九年庚辰（1700）张潮辑刊《虞初新志》，其"卷十三"辑录黄周星《补张灵崔莹合传》一卷。

时光荏苒，对于黄周星那早已消失在湍急河流中的生命而言，张潮所做的这一切才是跨越生死与虚实的最深情的告白。

黄周星除了在诗、文、曲、稗领域开展了丰富文学创作实践，在诗歌批评、小说评点、戏曲理论乃至编选、刊刻等领域也有建树，从而拥有更开阔的交游范围。他和书坊主、刻书家、小说家汪象旭（1604—1669）合作评点、刊刻的《西游证道书》成为"西游"故事源流演变进程中极其重要的一环。[①]

明清之际遗民，其可考论者往往泰山北斗，其难以历数者大海星辰。不过，他们大都有着相近的人生经历：早年怀揣着起衰救弊、力挽狂澜的梦想，中年经历了山崩地坼、皇朝易代的劫难，晚年承受

[①] 《西游证道书》目录题"钟山黄太鸿笑苍子、西陵汪象旭儋漪子同笺评"，正文题"西陵残梦道人汪儋漪笺评，钟山半非居士黄笑苍印正"。

着新廷软硬兼施、威逼利诱的折磨，更有着相近的生活方式、政治立场、情感态度，故而，遗民们即使慎于交接，以至杜门晦迹，仍多有往来。黄周星为人操守高洁，为时人所重，除与前述诸人交游唱和，黄周星与钱谦益（1582—1664）、高世泰（1604—1676）、丁雄飞（1605—1687）、黄宗羲（1610—1695）、陈台孙（1611—?）、黄宗炎（1616—1686）、杜齐（1617—1693）、陈轼（1617—1694）、董说（1620—1680）、孙枝蔚（1620—1687）、叶梦珠（1624—1704）、戚玾（1633—1686）、王晫（1636—?）、吴之振（1640—1717）等人也有交往。另外，明清之际"西泠十子"崛起于杭州，黄周星方此之时也曾寓居于杭州，他们或有诗艺的切磋。惜乎黄周星诗文散佚阙失太多，难以确考，姑存挂一漏万之憾，不复一一赘述。

第二节　匆 匆 那 年
——年谱简编

先是，明万历八年庚辰（1580）林古度（茂之）出生于福建福清。万历二十九年辛丑（1601）陶汝鼐（仲调）出生于湖南宁乡。

明万历三十九年辛亥（1611）　公一岁

公出生于江苏南京。其《复姓纪事》云："是岁辛亥冬杪，届弥月，母果举一子，即星也。"同年，由生父黄一鹏出继给湘潭人周逢泰为嗣。据陈轼《黄九烟传》，公生父黄一鹏，上元人，向执役国子监，家素贫。养父周逢泰，湘潭人，万历四十三年乙卯（1615）举人，先授颖州学正，后迁南京国子监教授。

杜濬（于皇）出生于湖北黄冈。

冒襄（辟疆）出生于江苏如皋。

李渔（笠鸿）出生于江苏如皋。

陈台孙（阶六）出生于江苏淮安。

张履祥（考夫）出生于浙江桐乡。

万历四十年壬子（1612） 公二岁

吴三桂（长伯）出生于辽宁锦州。

爱新觉罗·多尔衮出生于辽宁新宾。

周亮工（元亮）出生于河南开封。

王穉登（伯谷）卒，年七十八。

万历四十一年癸丑（1613） 公三岁

臧懋循（晋叔）始编《元曲选》。

归庄（玄恭）出生于江苏昆山。

顾炎武（宁人）出生于江苏昆山。

万历四十二年甲寅（1614） 公四岁

福忠王朱常洵离京就藩，国本之争稍息。

万历四十三年乙卯（1615） 公五岁

是年十一月，努尔哈赤在赫图阿拉把满族原有的黄、白、红、黑四族中的黑旗改成蓝旗，并增加了镶黄、镶白、镶红、镶蓝，共八旗，正式建立八旗制度。

梃击案发。

公养父周逢泰举孝廉。

顾起元（太初）在南监任祭酒。

臧懋循刻所辑《元曲选》五十种。

梅鼎祚（禹金）卒，年六十八。其剧作以《玉合记》成就最高。

钱谦益（受之）为汤显祖（义仍）文集作序。

万历四十四年丙辰（1616） 公六岁

努尔哈赤在赫图阿拉即大汗位，建元天命，国号大金（史称后金）。后金迅速崛起强大，成为明皇朝在东北的主要威胁力量。

河南、山东大饥，饥民起事不断。

公能文，有神童之誉。周系英《九烟先生传略》云其"幼有神童之目，六岁能文"。

臧懋循续刻《元曲选》五十种，与前刻合为百种。

汤显祖卒，年六十八。其剧作《临川四梦》广为流传。

万历四十五年丁巳（1617） 公七岁

各地水、旱、蝗灾频繁，饥荒瘟疫严重。

顾起元著《客座赘语》。

陈轼（静机）出生于福建福州。

万历四十六年戊午（1618） 公八岁

明廷调募约九万人集于辽东，任命兵部右侍郎杨镐经略辽东。"辽饷"加派，民不聊生。

努尔哈赤在兴京告天誓师，宣读与明朝结有"七大恨"的讨明檄文。

公临摹曹娥碑。周系英《九烟先生传略》云其"八岁刻周郎帖"，又云："端劲风逸，有二王笔意。虽纸成堆、墨成冢者，未能过也。"

尤侗（展成）出生于江苏苏州。

吴嘉纪（宾贤）出生于江苏泰州。

万历四十七年己未（1619） 公九岁

萨尔浒之战，明军大败。六月，任命熊廷弼为兵部右侍郎兼右佥都御史，经略辽东。再次加派，每亩征辽饷三厘五毫。

公书乐毅、黄庭帖。周系英《九烟先生传略》云："又周郎帖三种，其临曹娥碑，题曰八岁小子周星，乐毅、黄庭则皆九岁书。后有周郎景明星二印。"

钟惺（伯敬）官南京礼部仪制司主事。

万历四十八年（泰昌元）庚申（1620） 公十岁

明神宗朱翊钧病逝，太子朱常洛继位，是为光宗，年号泰昌。

红丸案发。光宗在位一月，卒于乾清宫。

移宫案发。皇长子朱由校继位，以1621年改元天启。

第三次加派"辽饷"，各地民心异动。

努尔哈赤集结军队，攻打明朝。

公能为诗文。其《复姓纪事》云："性亦沉潜嗜好古，十龄即操觚为文。"

臧懋循卒，年七十一。

明天启元年辛酉（1621） 公十一岁

熊廷弼（飞白）升任兵部尚书兼都察院右副都御史，驻扎山海，经略辽东等处军务。魏忠贤升司礼监秉笔太监。

努尔哈赤率后金重兵围攻沈阳、辽阳，都城随之从赫图阿拉迁移至辽阳。

天启二年壬戌（1622） 公十二岁

山东徐鸿儒、河北于弘志先后在多地率众起义。

努尔哈赤调动兵马，继续向辽河以西推进。

公入南监。

徐枋（昭法）出生于江苏苏州。

天启三年癸亥（1623） 公十三岁

魏忠贤提督东厂。

齐楚浙党、阉党与东林党势同水火，党争愈炽。

天启四年甲子（1624） 公十四岁

后金收蒙古科尔沁部。

阮大铖（集之）因吏科给事中官职升迁事与东林党人左光斗、魏大中等结怨，转而投靠魏忠贤。

张溥（天如）、张采（受先）等人于江苏常熟创立应社。

郑成功（明俨）出生于日本平户。

钟惺卒，年五十一。

叶梦珠（滨江）出生于上海松江。

天启五年乙丑（1625） 公十五岁

魏忠贤以党人姓名罪状，榜示海内，伪造罪名，将杨涟、左光斗等人下狱。阮大铖晋升吏科给事中。

经抚不和，广宁陷落。熊廷弼弃市。

努尔哈赤将后金都城从辽阳北迁至沈阳。

天启六年丙寅（1626） 公十六岁

实行"辽饷"预征制。

魏忠贤专权，东林尽毁。

努尔哈赤去世，皇太极被议立为新汗，改次年为天聪元年。

公参加科考。其《复姓纪事》云："承父师命，以新例就试成均。"

天启七年丁卯（1627） 公十七岁

八月，熹宗朱由校病死，异母弟朱由检即位，建元崇祯。

十一月，魏忠贤死，诏磔其尸。

陕西澄城爆发民变，杀知县张斗耀。

公娶妻萧氏。其《复姓纪事》云："丁卯，娶于萧，固媭人女也。"

明崇祯元年戊辰（1628） 公十八岁

陕北大旱，各地接连起义。安塞高迎祥自称闯王、汉南王大梁自称大梁王，揭开了明末农民大起义的序幕。

公自为门庭。其《复姓纪事》云："心伤家政陵夷，思自为门庭计。至次年冬，遂力请于公，乞析爨别居。"

崇祯二年己巳（1629） 公十九岁

崇祯帝召见阁臣于文华殿，谕定魏忠贤逆案。

陕西大饥，百姓相牵，李自成、张献忠聚众起义。

皇太极率军避开宁锦，从喜峰口突入关内，蓟州被围，京师戒严。

张溥等于江苏吴江以兴复古学、致君泽民为号召，成立复社，声动朝野。陈子龙（人中）、夏允彝（彝仲）等于上海松江肇举几社。

吕留良（用晦）出生于浙江崇德。

吴之振（孟举）出生于浙江桐乡。

朱彝尊（锡鬯）出生于浙江嘉兴。

顾起元卒，年六十五。

沈泰（林宗）《盛明杂剧》编定付刻。

崇祯三年庚午（1630）　公二十岁

陕西义军由神木渡河进入山西，起义烽火遍燃晋、陕。

公为南京国子监第二，秋，乡试下第。其《复姓纪事》云："以第二人贡于廷。是年秋闱下第。"又其《陶密庵诗序》："当庚午积分创复时，燮友为北雍第一人，余为南雍第二人。"

崇祯四年辛未（1631）　公二十一岁

李自成从其舅高迎祥，号为"闯将"。

后金兵围大凌城，守将祖大寿杀副将何可纲、张存仁等降后金。后金制造红衣大炮，始用火器。皇太极定官制，设户部、礼部、兵部、刑部、工部，各司其事。

公归湘。其《复姓纪事》云："会涂孺人思归楚，星亦闻楚地饶鱼稻，犹可居，乃于辛未岁，奉孺人挈家过中湘。"

崇祯五年壬申（1632）　公二十二岁

农民军高迎祥、张献忠等聚集山西，攻克大宁、泽州、寿阳诸州县。李自成攻陷修武县，杀知县刘凤翔。

皇太极攻打受明册封并与后金为敌的蒙古察哈尔部，占领呼和浩特。

公居湘。少年磊砢，感愤易生，据其《芥庵和尚诗序》，此间作有"啸傲江东二十年，不知忧地与愁天。一朝泛宅过湘浦，始信低眉是圣贤"等诗。

崇祯六年癸酉（1633） 公二十三岁

高迎祥、李自成等率义军从山西垣曲等地驰马越过黄河，进入河南渑池县境。后又连陷赵州、西山、顺德、真定等地，声势大震。

孔有德、耿仲明、尚可喜先后投后金，登州、旅顺失守，明朝辽东海防渐次奔溃。

复社在苏州虎丘举行大会，至者数千余人，盛极。

公以湖广湘潭籍入北雍，登顺天乡榜。其《复姓纪事》云："至癸酉春，复由金陵就试北畿，是岁遂得列贤书。再试南宫，皆下第。"又其《陶密庵诗序》："癸酉之役，燮友举于楚，余举于燕，名次亦复相亚。"周系英《九烟先生传略》云："崇祯癸酉，售北闱。"

崇祯七年甲戌（1634） 公二十四岁

李自成等入汉中，张献忠率部赴信阳，后合兵攻取澄城，直逼平凉等州县，呈逐渐联合之势。

后金军进围宣府，兵掠大同，京师震动。

公居湘。江河日下，大厦将倾，据其《芥庵和尚诗序》，此间作有"屈子放来悲泽畔，贾生谪去怨长沙。由来才子伤心地，不是彷徨即咄嗟"等诗。

杜濬、弟杜岕（苍略）自黄冈侨寓南京。

崇祯八年乙亥（1635） 公二十五岁

多尔衮统军三征察哈尔部，招降林丹汗遗孀苏泰太后及其子额哲，漠南蒙古，完全纳入了后金帝国的版图。

张献忠随高迎祥入安徽，破凤阳，烧毁皇陵。

洪承畴率主力在河南信阳大会诸将，围剿义军。

公居湘。境遇所触，往往发为声歌，据其《芥庵和尚诗序》，此间作有"此身何故落潇湘，闷对长天泪儿行。山水无缘供酒碗，文章多病恼诗囊。人情只向黄金热，世法难容白眼狂。明日扁舟吴越去，从渠自作夜郎王"等诗。

崇祯九年丙子（1636） 公二十六岁

高迎祥在陕西周至黑水峪遭陕西巡抚孙传庭伏击，战败被俘，押至北京，凌迟处死。义军推李自成为"闯王"。

五月，皇太极在沈阳称帝，改国号"大金"为"大清"，改元崇德。

七月，清兵入京畿，攻陷昌平、良乡、顺义及宝坻、定兴等近畿州县。

公出洞庭湖遇盗，死里逃生，惟其早年诗文著述为盗贼攫掠，损失殆尽。

吕留良八岁，已聪颖能文。

崇祯十年丁丑（1637） 公二十七岁

九月，李自成入川，兵围成都，连克数十城。洪承畴率军入援四川。

公还于南京，觅馆授经，偶遇生父黄一鹏，"相见拜哭，然知周翁怒甚，嘱亲故往解之，不得白，公乃避迹广陵"。时，妻子仍在湘潭。事详见其《复姓纪事》、叶梦珠《阅世编》等。

公编《新笺百家姓》。《四库全书总目提要》卷二三八《姓氏谱纂》云："新笺者湘潭黄周星所编，以朱王万寿为首句者也。然周星为崇祯庚辰进士，新笺后有自跋称成于崇祯丁丑。"

崇祯十一年戊寅（1638） 公二十八岁

李自成与洪承畴战不利，率余部走还陕西。

崇祯帝召宣、大、山西三总兵入卫京师，京师戒严。清兵绕道入长城，深入京都南，进攻高阳城。孙承宗登城拒守，城破被擒，自杀殉国。

公觅馆扬州。其《复姓纪事》云："秋八月，渡江而北，避迹广陵，彷徨羁旅，资粮乏绝，于除夕偶逢故友邀过其家，得不困。"

爱新觉罗·福临出生于辽宁沈阳。

崇祯十二年己卯（1639） 公二十九岁

总督洪承畴和陕西巡抚孙传庭率军北上入卫京师。张献忠受抚之后，再度起义。

清兵攻克济南、泰安等七十余城。清兵再次进攻宁远，守将金国凤战死。

公坐馆扬州。春，游于镇江金山等地。其《复姓纪事》云："至己卯岁，遂馆于广陵延令之间，刍饩差足自给。"

冒襄等人再次到南都应试。李渔赴乡试，不第。

崇祯十三年庚辰（1640） 公三十岁

崇祯帝告谕吏部破格用人，通行察缺，依次填补。

吴伟业（骏公）赴南京任国子监司业。

张献忠突入四川。李自成尽焚辎重，轻骑入河南。

清兵在义州修城筑屋，开垦屯田。

公中庚辰科二甲进士。陈轼同榜。观政后，南归。养父周逢泰已挈家归湘。公单舸疾趋，以除夕前抵中湘。其《复姓纪事》云："是岁遂得举制科，实庚辰岁也。"又其《复姓疏》云："追臣叨中庚辰科二甲进士，即于本年给假南还。"周系英《九烟先生传略》云："庚辰，成进士。授户部，未就职。"

崇祯十四年辛巳（1641）　公三十一岁

正月，李自成攻克洛阳，福王朱常洵被杀。二月，张献忠袭占襄阳，杀襄王朱翊铭和贵阳王朱常法。

清兵围攻锦州。

公居湘，日侍医药于周翁病榻。游南岳，撰《游南岳丹霞寺》诗。其《九烟先生遗集》卷三《游南岳丹霞寺》："五岳今才游一角，百年吾已历三旬。"

公养父周逢泰丧，公丁外艰，居湘潭守制。其《复姓疏》云："迨臣叨中庚辰科二甲进士，即于本年给假南还，至次年养父见背，在籍守制三载。"又其《复姓纪事》云："至辛巳仲夏，而颖川公捐馆舍矣，星于是遂丁外艰。"周系英《九烟先生传略》云："明年父殁。"

崇祯十五年壬午（1642）　公三十二岁

张献忠攻克舒城、庐州。李自成攻陷开封。

洪承畴、祖大寿投降，清兵直逼宁远、山海关。

公守制湘潭。结识诗人陶汝鼐。然，知交落落。其《寄陶骖公》云："忆昔仆暂归湖南，知交落落，尔时诗酒唱酬，有长沙冯子、敝邑李子，与足下（按，陶汝鼐）而为三。"另有《登祝融峰遥嘲冯子》《登峰后书壁间遗陶子》等作。

冬，与族人不睦，愤然离去。事详见《复姓纪事》。其《有感》诗云："此身何故落潇湘，闷对长天泪几行。山水无缘供酒椀，文章多病恼诗囊。人情只向黄金热，世法谁客白眼狂。明日扁舟吴越去，从渠自作夜郎王。"即言此。周系英《九烟先生传略》云："与族人不相能，岔然去。"

崇祯十六年癸未（1643）　公三十三岁

李自成攻克潼关、西安等地，张献忠部陷蕲州、黄州等地。

史可法（宪之）官拜南京兵部尚书，参赞机务。

清太宗皇太极去世，福临在沈阳（盛京）继帝位，多尔衮辅政。

公由湘潭经豫章，于秋末逃往南京，与生父黄一鹏相见。事详见《复姓纪事》。

崇祯十七年，清顺治元年甲申（1644） 公三十四岁

是年，正月，李自成定都西安，建"大顺"政权，年号"永昌"。三月，起义军攻克北京。

三月十九日，明思宗朱由检自缢于煤山（今景山），殉国难。

四月，吴三桂降清。清兵入关击败农民起义军，于五月二日进占北京。

五月，福忠王朱常洵长子朱由崧在南京建立南明政权，改元弘光。马士英、阮大铖专权，挟私怨迫害复社文士。

九月，清世祖顺治帝将都城从盛京迁出，定鼎北京，建元顺治，以绥中国。

十一月，张献忠于四川成都称帝，国号"大西"，年号"大顺"。

公九月赴南京授户部浙江司主事。十月，向弘光帝上疏复姓，改名黄周星。其《复姓纪事》云："时星已服阙，亲知多趣星赴都谒选者。星以亲老子独，且素无宦情，不欲脂车。至今年甲申夏五，南都肇造，星乃赴铨曹，于九月得授户部浙江司主事。既受事后，始乞复星本生籍系。旋蒙谕旨报可。于是，以黄为氏以周星为名，不欲更前名者，亦示不忘周也。"

南明弘光元年、南明隆武元年、清顺治二年乙酉（1645） 公三十五岁

四月，兵部尚书史可法在扬州率民众抗击多铎率领的清兵。四月

二十五日，城破，清兵纵兵屠掠，十日封刀。

五月，清兵渡过长江，攻克镇江，众大臣献南京投降清兵。弘光帝出奔芜湖，被掳获，送往北京处死。弘光朝覆亡。

六月，鲁王朱以海在浙江余姚、会稽、鄞县等地抗清义军及故明官吏缙绅的扶持下监国于绍兴。

六月，清廷颁"剃发令"，江南抗清义军纷起，掀起了反薙发的抗清斗争。嘉定绅民拒不从命，起义反清，惨遭三屠。

七月，唐王朱聿键在郑鸿逵、郑芝龙等人的拥立下，在福州监国称帝，改元隆武。

公逃难出南京，后由浙入闽，辗转流寓吴越间，开始了颠沛流离的遗民生活。于福州得遇同年陈轼，时陈在唐王幕下。其间，公授隆武朝礼科给事中。其《戏为逆旅主人责皋伯通书》云："乱后无家，往往侨寄逆旅。逆旅主人不礼焉，至乞一椽不可得。"又其《道山堂集序》云："至乙酉秋，板荡间关，崎岖岭海，余乃复得与静机相见于榕城。"周系英《九烟先生传略》云："浪游吴越间，布衣素冠，寒暑不易。"

南明隆武二年、南明绍武元年、清顺治三年丙戌（1646）公三十六岁

是年，义军在江浙及沿海一带坚持抗清。

六月，清兵打败了黄道周（幼玄）的义兵，由浙入闽，进逼福建，陷仙霞岭，隆武帝朱聿键出奔汀州，被执，绝食而死。

六月，清军渡钱塘江，攻克绍兴，鲁王朱以海被迫出海至舟山。

郑芝龙降清，其子郑成功坚持抗清。

十月，桂王朱由榔在肇庆被拥立监国，十一月称帝，改明年为永历元年。

十一月，隆武帝之弟朱聿鐭于广州被苏观生等人拥立称帝，年号绍武，前后止一月绍武政权即被清军摧毁，朱聿鐭被俘死。

绍武、永历之争，外惧方张，又生内忧，耗去了南明最后的根基。

清廷派兵入川，攻大西军，张献忠卒。

公在隆武朝灭后羁留福建建瓯，生活窘困，或持焦饭为粮，偶为儿童所见，呼为"锅巴老爹"。其《锅巴老爹诗四首并序》云："儿童相笑非无谓，惭愧西山有此生。"后依郑工部家。凡高人韵士与郑善者，诗酒皆得欢洽。另作有《丙戌春，余于役建州，朔十日，将之延津。先一日移寓城外小楼，方拟登舟，适内子自新安携幼女来相问讯。因为半日之留，至诘朝，余匆匆解维下延津，内子亦返。此别黯然，诗以纪之》诗。

黄道周卒，年六十二。

王思任（季重）卒，年七十一。

阮大铖卒，年六十。

冯梦龙（犹龙）卒，年七十三。

南明永历元年、清顺治四年丁亥（1647）　公三十七岁

正月，永历帝放弃肇庆，逃走桂林，后欲移驾湖南，经瞿式耜桂林大捷后，于年底返驾桂林。

郑成功率施琅等到闽粤交界招兵举义，于海上抗清复明。

《大清律》成。京畿大规模圈地基本结束。

公夏秋之间避乱福建古田西庄僧院。贫病交加，药粒俱断，凄苦万状，"虽油豉姜茗亦了不可得"，自度必危，后终于转危为安，渡过了一劫。时兵乱四塞，著述再遭盗掠，所剩无几。

陈子龙卒，年四十。

夏完淳（存古）卒，年十七。

南明永历二年、清顺治五年戊子（1648） 公三十八岁

永历帝由桂林回迁至肇庆，内部吴、楚党争日趋激化。

清廷始设六部汉尚书、都察院汉左都御史各一员。清廷令许满汉通婚。

公是岁年初仍羁留闽中。暮春，喜与家人在浦城团聚，作《喜家人至浦城》，有"已判音尘绝，何期性命全。依然同旅梦，月比旧时圆"句，苦中作乐，聊以自慰。

自夏至冬，公复经仙霞、苔溪、兰溪、严陵等地，由闽入越。其《大竿岭》："几年怀越地，此日别闽天。恰过秋冬际，重来风雨边。津梁疲未足，性命乱仍全。吾道应何往，凭高意惘然。"

同年仲冬，公至西湖，作《戊子仲冬初至西湖十首》，其一云："乍见防唐突，熏香盥露时。想何从预设，貌不敢全窥。北苑传神笔，东坡得意诗。扬州那可死，留命配西施。"后此五载，顺治九年壬辰（1652），公作《和韵复程子西湖诗并引》，其引言说："往予初至西湖，作诗十首，中有'留命配西施'之句，颇为骚客传诵。有新安程子奕先不平，亦作诗十首争之。争之甚力，尺楮间几成广武昆阳之势。余乃以痴聋付之。此湖亦默然退处田间矣。别去五载，至壬辰之秋，余偶由武林溯三衢，程子复投余一诗，末句云：'扁舟一棹兰江去，赢得西湖不字黄'。噫！岂程子余妒犹未忘耶？昔何报之速，今何衔之深。且西湖之字黄久矣，程子未知之耶。因复和一诗，以挑其怒，怒则来战。有'酒垆多为黄公醉，肯信兹湖不姓黄'句。"这就是在当时诗坛传为佳话的"西湖三战诗"。

南明永历三年、清顺治六年己丑（1649） 公三十九岁

清廷颁布《垦荒令》，命令各级官府对各处逃亡民众不论原籍、别籍均招徕劝耕，并编入保甲，使之安心乐业。

郑成功在闽粤沿海抗清。山西等地抗清运动如火如荼，清廷陷入危机。

公寓居西子湖畔，以"佣书鬻文"为生，留下《客中过西湖，见吴岩子、卞元文诗，步韵写怀》《己丑过西湖，见吴岩子、卞元文诗，步韵写怀》等酬唱诗作，其中有"辛苦佣书更鬻文，云雷心热博山纹"语。

冬，公移寓苏州，作《自武林移家过禾水，以诗别西湖》，诗云："无计移君去，初心为尔来。寻欢何刺促，惜别更徘徊。芍药聊相赠，芙蓉未许媒。客囊青片片，疑是贮楼台。"

南明永历四年、清顺治七年庚寅（1650）　公四十岁

清兵破桂林，瞿式耜、张同敞死之。

清摄政王多尔衮卒，年三十九。

复社余波分慎交、同声两派，相为水火。

公寓居苏州。

秋，公游常州，结识万允康、邹虎臣等诗人，相与唱和。

是年，黄宗羲、黄宗炎抗清兵败。宗羲自苏州返家并于同年四月赴常熟与钱谦益相见，共谋抗清。

张潮（山来）出生于安徽歙县。

陈鼎（定九）出生于江苏江阴。

南明永历五年、清顺治八年辛卯（1651）　公四十一岁

顺治帝颁诏天下，始亲国政。

永历帝封孙可望为秦王。

舟山失守，鲁王朱以海逃往金门，投依郑成功。

郑成功左前锋施琅降清，任水师提督。

公游于扬州，作《重游广陵有感二首》，其一云："十载扬州梦，重来感慨多。炎凉新岁月，歌哭旧山河。世态尊袁马，天心吝麦禾。玉人桥廿四，风雨共谁过？"

公后经由丹阳游镇江，作《丹阳舟中夜雪》《京口舟中》等诗。

是年，公作长篇歌行《楚州酒人歌》，赠陈台孙，诗中有云："与尔痛饮三万六千觞，下视王侯将相皆粪土。但愿酒人一世二世传无穷，令千秋万岁酒氏之子孙，人人号尔酒盘古。酒人闻此耳熟复颜酡，我更仰天感慨多。即今万事不得意，神仙富贵两蹉跎。酒人酒人当奈何？噫吁嘻！酒人酒人吾今与尔当奈何，尔且楚舞吾楚歌。"

南明永历六年、清顺治九年壬辰（1652）　公四十二岁

清兵破南宁，孙可望迎永历帝驻安隆。

李定国入广西，克桂林，乘胜北上，连克永州、衡阳，天下震动。

郑成功占有金厦诸地后，围攻漳州。

公仍游于扬州、镇江间。作《人日同诸子游平山堂大明寺迷楼故址一带，还，剧饮法海寺》诗，诗云："十载龙蛇记昔游，凭高细认旧扬州。名悬二耀谁家寺，舞破千峰此处楼。对九客星莲社笑，寄诗人日草堂愁。兴亡满眼莺花老，空想斜阳叹故侯。"

公又作《平山春望》，诗云："春风万里客登台，平楚苍然雾色开。百雉似连孤塔涌，群峰欲渡大江来。生前富贵杨婆笑，乱后文章庾信哀。满眼烟花今古梦，天荒地老独徘徊。"此外，还作有《新春同广陵诸子郊游绿野馆》《重游金山》《述怀》等诗。

秋冬间，公至杭州，作有《三衢道中风雨》《登钓台谒子陵祠》。

南明永历七年、清顺治十年癸巳（1653）　公四十三岁

清廷命洪承畴经略湖广、广东、广西、云南、贵州等处地方，总

督军务兼理粮饷。为笼络汉族地主阶级，遣礼部右侍郎高珩祭明末"殉难"诸臣。

李定国率军围攻广州。

明鲁王朱以海自去监国号。

公由杭州返南京，奔生父黄一鹏丧，作《闻先人变奔归金陵二首》，有"八年畏向故乡归，昔日高堂蝶梦飞"句。这是黄周星"乙酉之变"后第一次回到南京。

公于南京作《仲夏同诸子登雨花台集高座寺》《秋日独登清凉山》《秋日与杜苍略过高座寺登雨花台》等凭吊故国、感怀身世的诗作，诗云："依然花雨与秋风，台阁苍凉感慨同。六代兴亡流水外，百年歌哭夕阳中。故乡仅见黄冠返，高座何妨汉语通。地老天荒吾辈在，一樽谁酹大江东。"

是年，吕留良被迫应清廷试，并于试场结交吴之振。

南明永历八年、清顺治十一年甲午（1654） 公四十四岁

八月，清廷派使臣与郑成功议和。

张名振、张煌言则率水军从崇明入镇江，登金山，遥祭明孝陵，再达仪征，后攻至南京燕子矶。

公于南京与杜濬、林古度等人酬唱诗文，作有《秋日与杜于皇过高座寺登雨花台》《重九前五日同诸子剧饮鸡笼山望湖亭，即席赋成》《香橼代妾诗》《题乳山老人万人缘疏》《又和林茂之来韵》《次韵再答林茂之》等诗。

公从林古度处得悉楚女节烈故事，并获楚女诗，秋撰《和楚女诗十首》，后因梦得楚女之名为"佛莲"，冬复作《梦得楚女姓名并序》诗纪之。

公结识丁雄飞（菡生），二人于古欢社共阅藏书，作《古欢社诗三

首以赠》《寿丁菡生五十》。

爱新觉罗·玄烨出生于北京。

南明永历九年、清顺治十二年乙未（1655） 公四十五岁

清廷颁异姓公以下、文官三品以上《资政要览》《范行恒言》《劝善要言》《儆心录》各一部，加强培育忠臣孝子、贤人廉吏的文治。

孙可望欲挟永历君臣由安隆入贵阳。

公过铜陵，获悉楚女姓名为"青莲"，作《妄得楚女姓名四首》，其四有"三楚精神屈宋魂，《离骚》日月至今存"语。

公又作《黄人谣》《江上三友诗》。在《江上三友诗》前有小序云："余比年拘系江馆，形槁心灰，足音断绝，几不闻人间有文章声气四字矣。每薄暮出户怅伫，但见夕阳江水冷暖相亲，因呼夕阳为老友江水为淡友。又念友不可无三，遥望江外数峰，缥缈映接，似亦可以晤语者，爰招彼青山，号为远友，而各赠以诗。"

南明永历十年、清顺治十三年丙申（1656） 公四十六岁

清廷实施《禁海令》，强令江南、浙江、福建、广东沿海居民内迁，商船民船一律不准入海。

李定国等人迎永历君臣至云南昆明。

郑成功援粤失利，归怒斩其将苏茂，并罚总兵黄梧。梧献海澄降清。

公客寓芜湖，五月，罗世绣等友人刊刻其时艺《瓠瓜五义》。

后二年，公仍寓居芜湖，为谋生计，于江南诸地多有往返。

南明永历十一年、清顺治十四年丁酉（1657） 公四十七岁

十月，顺天丁酉科场行贿舞弊案发。十一月，江南科场行贿舞弊

案发。

郑芝龙等人流放宁古塔，家产籍没入官。

郑成功自金门、厦门启程，带领将士第三次北伐，八月，攻占浙江台州府。

孙可望兵败李定国后降清。清廷部署进兵云贵事宜。

公是岁秋于芜湖坐馆，与叶瑞屏共事两月。事详见其《答门人叶瑞屏》。

南明永历十二年、清顺治十五年戊戌（1658） 公四十八岁

清廷重治科场狱。

清军进兵云南，永历帝退守缅甸。

永历帝册封郑成功为延平郡王和招讨大将军。郑成功攻占浙江瑞安。

公于芜湖坐馆，辗转获悉楚女真实身份为湖南丙子孝廉徐立偕之女徐青鸾，再作《真得楚女姓名六首》，其四云："几行清泪涨潇湘，花落黄陵更断肠。纵道峰高无雁到，化为精卫过衡阳。"

公馆课出"贫而无谄"题，遭主人訾议。后南闱试题至，首题正符。终失主人欢，席未暇暖而退。

南明永历十三年、清顺治十六年己亥（1659） 公四十九岁

清立明崇祯帝碑，为崇祯加谥号曰庄烈愍皇帝。

吴三桂率清军与李定国战于滇西，永历帝由腾冲走缅甸。

郑成功联合张煌言北伐，从海道入长江，占领镇江、芜湖等府州县，以重兵围困南京。麾旗所指，州府尽占，东南大震。

公是岁春离开芜湖，过浙江武水（或名鹤湖），叶瑞屏据传闻武夷、鹅湖，前往相访。事详见其《答门人叶瑞屏》。

毛晋（子久）卒，年六十一。

五月，郑成功再次率师北征，七月包围南京城。

南明永历十四年、清顺治十七年庚子（1660） 公五十岁

清廷严申结社订盟之禁。

吴三桂领兵进攻缅甸和我国云南边境。

郑成功与清安南大将军达素战于福建沿海。

公登太湖洞庭西山缥缈峰，作《六月六日登洞庭西山缥缈峰放歌》
长诗，有"何不乘风便飞去，乃犹恋此纷纭龌龊区区九点之州齐"语。
其《具区志序》云："余自髫时，即向慕两峰之名，至年日艾，而始一
登缥缈。"

孙可望卒。

南明永历十五年、清顺治十八年辛丑（1661） 公五十一岁

清世祖顺治帝福临崩。玄烨即位，为康熙帝。

郑芝龙等人被清廷处死。郑成功面对清兵进逼，决定从厦门进兵
收复台湾。

清廷实施《迁海令》，申严海禁，以断绝郑成功物资、人力之
接济。

缅甸国王莽达之弟莽白发动政变。取得王位后，莽白发动"咒水
之难"尽杀永历重臣。

苏州抗粮哭庙案发，杀秀才倪用宾、金人瑞等十八人。

公交游吕留良，赠以《奇才吟》。吕留良作《黄九烟以〈奇才吟〉
见赠，歌以答之》，并有《次韵和黄九烟民部思古堂诗》等酬唱，后一
首有云："随他水草时相傍，不见王孙故国春。"

仲冬，与吕留良、黄宗炎（晦木）等人同游西湖，相与砥砺。

南明永历十六年、清康熙元年壬寅（1662） 公五十二岁

清廷晋封吴三桂为平西亲王。吴三桂成为汉族官员中受封亲王爵位的第一人。

吴三桂将永历帝从缅甸俘回云南昆明。五月，永历帝朱由榔在云南昆明被弦绞杀处死。李定国闻讯，悲愤成疾，六月于勐腊病逝。

六月，郑成功在收复被荷兰占据三十八年之久的台湾后病逝。

十二月，鲁王朱以海在金门去世，家眷投奔台湾郑氏政权。

公与吕留良、黄宗炎、高斗魁等人酬唱诗文，歌哭无绪。吕留良作《真进士歌赠黄九烟》等长诗，有云："我听此语一沾巾，如君进士方为真。请看宝祐四年榜，六百一人何麟麟。宇宙只存文陆谢，其余五甲皆灰尘。今日有君便无彼，那得令彼不发嗔。如君进士方为真，天下纷纷难立身。半非略似君尚云，此曹岂复堪为人。"

公作《自改名号》诗，有云："略似人形已半非，道人久与世相违。须眉无恙千秋绿，意气全灰十载饥。猿鹤虫沙同是化，鲲鹏龙象竟何归。向平愿了终须去，千仞峰头看振衣。"自此，公变姓名曰黄人，字略似，号半非道人。

康熙二年癸卯（1663） 公五十三岁

公过石门，之杭州，并于是年夏于杭州结识绍兴书商汪象旭。据《西游证道书》后公跋文所述，"单阏维夏，始邀过蜩寄，出大略堂《西游》古本属其评正"。公与汪象旭联手笺评《西游记》，成《西游证道书》。是书广行于世，成为西游故事传承演变历程中一座重要的里程碑。

是年秋冬之际，公移寓海宁。吕留良作《送黄九烟移寓海宁》，吴之振作《送九烟移居海昌》，后一首有云："夜航来往便，莫忘寄诗筒。"

同年，黄宗羲（太冲）应吕留良之邀设馆语溪。公与太冲失之交臂。

康熙三年甲辰（1664）　公五十四岁

公于是岁夏五与芥庵和尚相见于盐官，其《芥庵和尚诗序》中云："昨岁甲辰夏五始与芥公相见于盐官，握手通名，凄然话旧，相向失声。"

四月，吕留良继顺治十八年辛丑（1661）后，二度赴江苏常熟探望钱谦益。五月，钱谦益病卒，年八十三。

康熙四年乙巳（1665）　公五十五岁

公为芥庵出新诗一编作《芥庵和尚诗序》，其中有云："迄今三十年来，华表铜驼，人代皆非故矣。"又云："余尝谓世人皆不宜作诗，独僧宜作诗，取其有云水情，有松石意，其旨趣或不相远也。"

康熙五年丙午（1666）　公五十六岁

公迁嘉善。夏秋之交，游湖州及长兴，作《游湖州诸山水歌》，诗中有云："湖州山水多幽旷，古称清远良不妄。"又作《题苕溪名胜八首》等诗。冬，游青浦及九峰，作《九峰诗十首》等诗一百五十八首。

同年，吕留良避不应试，被革掉秀才功名。

林古度病卒，年八十七。

康熙六年丁未（1667）　公五十七岁

康熙帝亲政。

公仍寓嘉善。四月，生长男楛，当时黄周星已经育有四女，作《生子志喜二首》，诗中有云："婚嫁休嫌向累多，生男且复慰蹉跎。"

秋冬两次游嘉兴，得诗八十二首。与吕留良书并示潇湘近诗，吕留良作七律诗二首记之，前一首云："不见黄公又四年，短书入手泪双悬。近来客路差强不，到处人情大抵然。愁思结成湘水梦，歌词散落渊湖船。何当倚棹春风便，烂醉桑畦麦垄边。"

康熙七年戊申（1668） 公五十八岁

清廷于秋闱恢复八股取士。

公仍寓嘉善。春游杭州。夏过苏州，作《灵岩山观石畔西施履迹戏咏》等诗。冬游海宁及湖州南浔。

康熙八年己酉（1669） 公五十九岁

公仍寓嘉善而设馆于南浔程氏。四月，黄周星举家由嘉善移居长兴，作《留别嘉善八首》《移家长兴舟中口占》等诗。

九月，生次男椰，作《己酉秋喜生次子》等诗，有云："近来一事差强意，膝前昨岁新添丁。"

公有意戏曲创作。作《余将有事填词，故人许以百种杂剧见赠，戏为四绝索之》，有云："罢官赢得五车书，我辈无应饱蠹鱼。风雅让君称独步，乞分后稗到三余。"

康熙九年庚戌（1670） 公六十岁

华北、华中以至华东江浙皖赣等地连降大雪。

公仍馆于程氏。春，得见陶汝鼐诗札，次韵和之。

七月，公由长兴移家南浔，作《庚戌六十生日》《庚戌仲夏自长兴移家南浔载咏》其后一首云："琐尾流离我命宜，辛苦糟糠累儿女。仰天大笑苍狗多，移家更值黄梅雨。"

公撰《将就园记》。其《仙乩纪略》中云："余之将就两园，经始于庚戌之冬，落成于甲寅之春。"

一年之间，公屡过嘉兴、苏州。在苏州喜晤尤侗，赋诗十首以咏，其一云：“一编杂俎出西堂，异锦明珠字字香。著述近来知更富，青天万丈吐光芒。”尤侗为其《秋波六议》序，并答诗八首。尤侗《悔庵年谱》载：“（康熙九年）白门黄九烟周星户部来访，赠诗十首。其一云：‘云龙时地每难同，千古才人恨不穷。踏破吴门知几度，今朝始得见尤侗。’见者讶之。然黄公嵚崎历落固当世外相赏。尝拟予秋波文六篇其奇，予亦答诗八首。”

康熙十年辛亥（1671） 公六十一岁

公作书缄寄陶汝鼐，遥寄思念之情。先是，公从宝云和尚处得读陶燮友文。其《陶密庵诗序》：“庚戌之春，余流寓浔溪，偶从宝云和尚所，得睹燮友笺篚。越一载，辛亥冬，始作一箴寄燮友。”

公开始酝酿戏曲创作。其《制曲枝语》云“至六旬，始思作传奇”。

康熙十一年壬子（1672） 公六十二岁

公着手创作传奇《人天乐》。此为其戏曲代表作，计三十六出，敷演生性正直忠厚的士子轩辕载，少负才名、早登科第，然而江山易代、干戈扰攘的世事让其四海漂泊、无以为家，在历经磨难中积德累功、刻苦修行，终于人福天报、登入仙园，过上了自然衣食、宫殿随身的如意生活。

公作《陶密庵诗序》。其中有云：“自壬午判袂以来，迄今三十年矣。……壬子春，则燮友俨然先以一箴寄我，且示我《啸古集》数卷。”

吴伟业卒，年六十二。

康熙十二年癸丑（1673） 公六十三岁

吴三桂起兵乱，称周王于昆明，以明年为周元年。耿精忠、尚之信起兵响应，波及十余省，史称“三藩之乱”。

公拟评古今人诗。公作有《余尝欲评选古今人诗，自葩骚而外釐为三集，一曰惊天，一曰泣鬼，一曰移人，而总名曰诗贯。先以一诗识之》。其后《既为长歌复系以一绝句》自识云："此余癸丑冬所咏也。初欲名为《诗贯》，复改为《诗别》，后以泗滨戚子缓耳珥言，遂定名《诗快》云。"又作有《余自癸丑岁有选诗之咏，忽忽又数载矣。至己未之春，馆于岑山程子斋中，因从事斯役。于是先成〈唐诗快〉十六卷，复笑咏四首识之》。

归庄卒，年六十一。

康熙十三年甲寅（1674） 公六十四岁

公完成《将就园记》创作。过乩仙坛，乩仙自托文昌帝君将阅是记，抄而焚化。事详见《仙乩纪略》。纪中有云："自古园以人传，人亦以园传。今天下之有园者多矣，岂黄九烟而可以无园乎哉？然九烟固未尝有园也。九烟曰：'无园'，天下之人亦皆曰：'九烟无园。'九烟心忖之。一日者九烟忽岸然语客曰：'九烟固未尝无园也。'客问九烟之园安在，九烟曰：'吾园无定所，惟择四天下山水最佳胜之处为之所。所谓最佳胜之处者，亦在世间，亦在世外，亦非世间，亦非世外。盖吾自有生以来求之数十年而后得之，未易为世人道也。'客曰：'请言其概。'九烟曰：'诚然！其地周遭皆崇山峻岭……名皆不著。著者惟左右两山，左曰将，右曰就。山高各数千仞……参错起伏。此吾园之所在也。园分东西二区，东近将山者曰将园，西近就山者曰就园，统名之曰将就园……人居两园之中，自号曰将就主人。此则吾园之大概也。'……将就主人之'将'者，言意之所至，若将有之也；'就'者，言随遇而安，可就则就也。"作品详细描写了"将园十胜"和"就园十胜"，对传奇《人天乐》有重要影响。

张履祥卒，年六十四。

康熙十四年乙卯（1675）　公六十五岁

公奉仙乩之命编纂龙沙八百字，并撰《仙乩杂咏十二首》诗。

公作散曲《秋富贵曲》，序云："乙卯秋杪，偶过武水友人读易草堂，见丛菊骈罗，烂如霞绮，因命酒酣赏竟日。余顾而叹曰：此真秋富贵也。遂以小曲写之。"又，跋云："世以牡丹及玉兰海棠诸种为春富贵，尚矣。从未有名菊以秋富贵者。名之盖自余始。然余谓秋之胜春者复有五焉：其一独殿群芳，其二五色变眩，其三凌霜耐久，其四随萎不谢，其五可移植堂室中。此皆花王所不逮也。使傅延年闻之，亦以余为知己，否耶？"

公作散曲《黄叶村庄曲》咏吴之振新购语溪黄叶村庄，曲中有云："语溪自古多佳况，美名士风流无两，的是黄叶江南第一庄。"

康熙十五年丙辰（1676）　公六十六岁

公避"三藩之乱"至福建福清，后由西陈移居东漈，诗文著述再为盗掠。

公作《集唐六十首：千春一恨》，漫咏自适。其序云："某与王孙同避乱福唐西陈村，……移寓东漈，……因漫次前后所集唐人语，共得绝句六十首。藏之名山，传之后世，以告天上人间千秋万代之情痴如白门黄九烟者。"其"初集十首"之四写道："白日姮娥旱地莲，当时求梦不曾眠。人生岂得长无谓，闲过春风六六年。"

康熙十六年丁巳（1677）　公六十七岁

公创作完成传奇《人天乐》。

公作戏曲理论《制曲枝语》。《制曲枝语》凡十条，在对明后期曲论家王骥德等人的进步理论精神有所继承的基础上，又吸收了同时代著名戏曲理论家李渔等人的戏曲理论的有关内容，涉及戏曲的文体属性、教化功能、风格意趣，而主要论述了戏曲的创作方法，认为曲是"诗之流派"，作曲应"合调叶律""发天然""能感人"，力求"雅俗共赏"。《制曲枝语》在我国戏曲理论史上占有一定的地位。

冬，公与陈轼相见于苏州，为陈轼《道山堂集》作序。其《道山堂集序》云："至今年丁巳冬，乃忽与静机相见于吴门。"

康熙十七年戊午（1678） 公六十八岁

清廷议修《明史》，顾炎武拒不就荐。

清廷开博学鸿词科，令天下名儒应试。

公在受到地方官员举荐后，避走湘潭。吕留良亦固辞得免。

吴三桂卒，年六十七。

康熙十八年己未（1679） 公六十九岁

江浙灾荒。"三藩之乱"平定。

清廷试博学鸿儒，取中彭孙遹、尤侗等五十人，官授翰林，皆入史馆，纂修《明史》。

公仍馆于湖州岑山程氏，并辑成《唐诗快》十六卷。作有《余自癸丑岁有选诗之咏，忽忽又数载矣。至己未之春，馆于岑山程子斋中，因从事斯役。于是先成唐诗快十六卷，复笑咏四首识之》诗。又其《选唐诗快自序》有云："兹年届古稀，始勉成此一书。"

康熙十九年庚申（1680） 公七十岁

夏，清廷为进一步笼络明遗民，征聘天下山林隐逸。吕留良等人为逃避征召，遁身空门。

公为吕留良绘披发僧装像，相与砥砺。

公再次遭到入仕新朝的催逼。无奈之余，仰天叹息："吾苟活三十七年矣，老寡妇其堪再嫁乎？"是年夏五，痛饮大醉，手书绝命词："成仁取义本寻常，婴杵何分早晚亡。三十七年惭后死，今朝始得殉先皇。"嗣后，身负平身著述，于南浔马家港三度投水，最终自沉以殁。享年七十岁。

世人感其行志，于咸丰年间在南浔镇马家港长生桥畔为其立碑。墓碑镌刻诗句："异乡飘泊孑然身，五日魂归故国民；饮罢蒲觞怀酒意，长生桥下吊灵均。"

李渔卒，年七十。

后此，康熙二十二年癸亥（1683）陶汝鼐卒，享年八十三岁；吕留良卒，享年五十五岁。康熙二十三年甲子（1684）吴嘉纪卒，享年六十七岁。康熙二十六年丁卯（1687）杜濬卒，享年七十七岁。康熙三十二年癸酉（1693）冒襄卒，享年八十三岁。康熙三十三年甲戌（1694）徐枋卒，享年七十三岁。康熙四十三年甲申（1704）尤侗卒，享年八十七岁。康熙四十八年己丑（1709）张潮卒，享年六十岁。

结语　心将身就

将就，是一种困于当下的处境与心境。言说不尽。

即使在春风驰荡的早年，黄周星也需要面对黄周取舍的抉择，作出复姓归宗的努力。看似稳妥姓氏解决方案："黄周星"——养育自己的"周"延续下来了，生育自己的"黄"增补上去了——事实上，黄、周二姓对这个结果都觉得不过是将就。

黄周星在三十岁高中崇祯庚辰科二甲进士，但是因为养父病重继而故去，他只能归湘守制。服丧期满后，李自成打进了北京，崇祯帝身殉国难。虽然，黄周星辗转赶赴南京授弘光朝户部浙江司主事，但是，清兵很快就渡过长江，弘光帝被俘虏。一官才授，九鼎俄迁：时代抛弃你的时候，连声招呼都没打。

由明入清后，漂泊海内，潜隐山河，交游旧友，砥砺气节，在诗文词曲的创作中寻求精神慰藉。不过，正是在与他人的交游唱和中，遗民群体间逐渐建构起来的共通的语境强化了黄周星的认知，原本错愕的应激情绪被固化为一种悲愤的意志和再也无法醒来的梦魇：此身未了，家国不在。

颠沛流离的日子里，黄周星从对胜朝的缅怀，转向对家园的渴望。黄周星能安顿自己的也就只是租下一处茅庐和用纸笔为自己筑成的一片墨庄幻景：将就园。由此，他开始逐渐进入到幻想的世界。不过，神仙之志也不能使黄周星摆脱将就的不堪，虚幻的妄念反而加剧了他本已不可愈合的精神创伤。

往日种种，渐行渐远，记忆早已经模糊，让人不免怀疑曾经的时光是否真的存在过。至于明天又该从何说起呢？在空间翻转后，时间似乎也静止不前了。早年的黄、周过继的身世，让家对于黄周星来说沦落成为一个不确定的概念。原本可以在最艰难的时刻迎接他、包容他的"家"到底在哪儿实在不好说。更何况，国已破。于是，无处容身的黄周星只能困在当下。

"将者，言意之所至，若将有之者；就者，言随遇而安，可就则就也。"① 在"将"之理想与"就"之现实的裹挟中，黄周星用七十年的时光试图去打开一条介乎心将与身就之间隐微而玄妙的通道，却终究困守当下，而当下的时空又是如此的不堪，黄周星只能将就。

将就，是一种对抗当下的姿态与心态。将就，竟是一生。

---

① 黄周星. 将就园记［M］//九烟先生遗集. 道光二十九年刻本.

参考文献

1. 脱脱等. 宋史［M］. 北京：中华书局，1985.

2. 脱脱等. 金史［M］. 北京：中华书局，1975.

3. 宋濂等. 元史［M］. 北京：中华书局，1976.

4. 张廷玉等. 明史［M］. 北京：中华书局，1974.

5. 李东阳等. 明会典［G］. 明正德四年刻本.

6. 计六奇. 明季北略［M］. 北京：中华书局，1984.

7. 计六奇. 明季南略［M］. 北京：中华书局，1984.

8. 赵尔巽等. 清史稿［M］. 北京：中华书局，1977.

9. 蓝应袭. 乾隆上元县志［M］. 扬州：江苏广陵古籍刻印社影印本，1989.

10. 张云璈. 嘉庆湘潭县志［M］. 清嘉庆二十三年刻本.

11. 吕燕昭. 嘉庆江宁府志［M］. 清嘉庆十六年刻本.

12. 范来庚. 道光南浔镇志［M］. 清道光二十年刻本.

13. 陈嘉榆. 光绪湘潭县志［M］. 清光绪十五年刻本.

14. 阎秀卿. 吴郡二科志［M］. 明嘉靖顾氏大石山房

刻本．

15. 王穉登．国朝吴郡丹青志［M］．黄氏鸣玉堂刻本．

16. 顾起元．客座赘语［M］．明万历四十六年刻本．

17. 叶梦珠．阅世编［M］．北京：中华书局，2007．

18. 王晫．今世说［M］．清康熙二十二年新安张氏霞举堂刻本．

19. 张廷玉等．词林典故［M］．文渊阁四库全书本．

20. 李桓．国朝耆献类征［G］．清光绪十年至十六年湘阴李氏刻本．

21. 陈鼎．留溪外传［M］．清康熙三十七年刻本．

22. 孙静庵．明遗民录［M］．杭州：浙江古籍出版社，1985．

23. 朱保炯，谢沛霖．明清进士题名碑录索引［M］．上海：上海古籍
出版社，1980．

24. 黄周星．夏为堂别集［M］，清康熙二十七年刻本．

25. 黄周星．九烟先生遗集［M］，清道光二十九年刻本．

26. 黄周星．前身散见集编年诗续钞［M］．民国二十八年铅印本．

27. 黄周星．九烟诗钞［M］，民国七年上海有正书局铅印本．

28. 黄周星．唐诗快十六卷选诗前后诸咏［M］．清康熙二十六年书带
草堂刻本．

29. 黄周星，汪象旭．镌像古本西游证道书［M］．康熙西陵汪氏蜩寄
刊本．

30. 陶汝鼐．荣木堂诗集［M］．清顺治刻本．

31. 杜濬．变雅堂全集［M］．清同治九年刻本．

32. 冒襄．同人集［M］．清道光五年刻本．

33. 归庄．归庄集［M］．上海：上海古籍出版社，2010．

34. 顾炎武．顾亭林诗文集［M］．北京：中华书局，1983．

35. 陈轼．道山堂前集［M］．四库全书存目本．

36. 吴嘉纪．陋轩诗集［M］．清道光二十年重刻本．

37. 尤侗. 西堂全集 [M]. 清顺治至康熙间刻本.

38. 徐枋. 易初堂集 [M]. 四部丛刊影印本.

39. 俞国林. 吕留良诗笺释 [M]. 北京：中华书局，2018.

40. 欧初，王贵忱. 屈大均全集 [M]. 北京：人民文学出版社，1996.

41. 洪昇. 长生殿 [M]. 清康熙十八年稗畦草堂刻本.

42. 张潮. 尺牍偶存 [M]. 清乾隆四十五年刻本.

43. 朱奇龄. 拙斋集 [M]. 清康熙三十八年抄本.

44. 陆九渊. 陆九渊集 [M]. 北京：中华书局，1980.

45. 王直. 抑庵文集 [M]. 台北：台湾商务印书馆景印文渊阁四库全书本.

46. 吴光等. 王阳明全集 [M]. 上海：上海古籍出版社，2015.

47. 徐祯卿. 新倩籍 [M]. 民国影印明代刻本.

48. 吴承恩. 新刻出像官板大字西游记 [M]. 万历二十年金陵世德堂刊本.

49. 李贽. 李贽文集 [M]. 北京：社会科学文献出版社，2000.

50. 汤显祖. 牡丹亭还魂记 [M]. 清康熙怡府刻本.

51. 袁宏道. 袁宏道集 [M]. 上海：上海古籍出版社，1979.

52. 陆次云. 北墅绪言 [M]. 济南：齐鲁书社影印本，1997.

53. 程羽文. 清闲供 [M]. 明读书坊刻本.

54. 周德清. 中原音韵 [M]. 上海：新文化书社，1933.

55. 高棅. 唐诗品汇 [G]. 明嘉靖十八年刻本.

56. 高棅. 唐诗正声 [G]. 明嘉靖二十四年何城重刻本.

57. 王骥德. 曲律 [M]. 明天启四年刻本.

58. 钟惺. 古诗归 [M]. 明万历四十五年刻本.

59. 冯梦龙. 情史 [M]. 清乾隆四十九年刻本.

60. 钱谦益. 列朝诗集小传［M］. 上海：上海古籍出版社，2008.

61. 李渔. 闲情偶寄［M］. 北京：中国社会出版社，2005.

62. 卓尔堪. 明遗民诗［G］. 北京：中华书局，1961.

63. 叶燮. 原诗［M］. 北京：人民文学出版社，1979.

64. 张潮. 昭代丛书［G］. 上海：上海古籍出版社，1990.

65. 查为仁. 莲坡诗话［M］. 清乾隆蔗塘外集刻本.

66. 范锴. 浔溪纪事诗［M］. 清道光十五年刻本.

67. 邓显鹤. 沅湘耆旧集［G］. 清道光二十三年新化邓氏南村草堂刻本.

68. 陈田. 明诗纪事［G］. 上海：上海古籍出版社，1993.

69. 邓之诚. 清诗纪事初编［G］. 上海：上海古籍出版社，1980.

70. 何文焕. 历代诗话［G］. 北京：中华书局，1981.

71. 丁福保. 历代诗话续编［G］. 北京：中华书局，1983.

72. 丁福保. 清诗话［G］. 上海：上海古籍出版社，1963.

73. 郭绍虞. 清诗话续编［G］. 上海：上海古籍出版社，1983.

74. 俞为民，孙蓉蓉. 历代曲话汇编［G］. 合肥：黄山书社，2008.

75. 杨伯峻. 论语译注［M］. 北京：中华书局，2006.

76. 杨伯峻. 孟子译注［M］. 北京：中华书局，1960.

77. 杨伯峻. 春秋左传注［M］. 北京：中华书局，2006.

78. 龙榆生. 东坡乐府笺［M］. 上海：上海古籍出版社，2009.

79. 蒋瑞藻. 小说考证［M］. 上海：上海古籍出版社，1984.

80. 吴毓华. 中国古代戏曲序跋集［G］. 北京：中国戏剧出版社，1990.

81. 沈新林. 李渔新论［M］. 苏州：苏州大学出版社，1997.

82. 周啸天. 元明清名诗鉴赏［M］. 成都：四川人民出版社，2001.

83. 黄卓越. 明中后期文学思想研究［M］. 北京：北京大学出版社，2005.

参
考
文
献

84. 罗宗强. 明代文学思想史 [M]. 北京: 中华书局, 2013.

85. 金生奎. 明代唐诗选本研究 [M]. 合肥: 合肥工业大学出版社, 2007.

86. 孙琴安. 唐诗选本六百种提要 [M]. 西安: 陕西人民教育出版社, 1987.

87. 贺严. 清代唐诗选本研究 [M]. 北京: 人民出版社, 2007.

88. 谢国桢. 明清之际党社运动考 [M]. 北京: 中华书局, 1982.

89. 余英时. 士与中国文化 [M]. 上海: 上海人民出版社, 1987.

90. 赵园. 明清之际士大夫研究 [M]. 北京: 北京大学出版社, 2014.

跋

言不尽意。且说几句。

20世纪90年代末的一个夜晚，我在故乡安徽的一所中学里守着备战高考的学生晚自习。不远处传来渐近又渐远、却不会在这个小镇暂停片刻的火车轰鸣声。忽然间，想起杨敏和万春老师给我的建议：要出去看一看！那天是1999年11月23日，小雪。

一念起，万水千山。

2000年9月12日，中秋。在新世纪的第一个开学季，父亲在田垄间抬起头，放下手中的活计，陪同我一道前往东方最美丽的校园——南京师范大学报到。踌躇满志的另一个侧面，是无处安放的艰难与不适。是在导师沈新林教授分享了他早年的求学生涯与治学经历后，步履蹒跚地，我迈出了治学的第一步。沈老师从20世纪80年代起开始研究李渔，在其硕士学位论文《李渔研究》的基础上，先后出版了《李渔评传》《李渔与无声戏》《李渔新论》《话说李渔》《闲情偶寄注评》五部学术专著，被学界誉为"李渔研究第一人"。一个人专注于一个作家、一部作品或者一个流派的研究，在南京师大中国古代文学学科俨然是一个传统。之后，在参编《中国文言小说家评传》过程中，我负责"黄周星"这位"文言小说家"——随后我发现这是一位值得着力研究的大家。也许，我也可以像沈老师研究李渔一样，以"黄周星"作为真正意义上的起点……

2002年6月21日，夏至，南京进入梅雨季。我从随园出东门，向南步行到南图古籍部，在氤氲的书香中第一次触摸到《九烟先生遗集》，用最古朴的方式向黄周星呈上敬意。当天下午，我的师妹杨丽静带着铅笔匆匆赶来。接下来一周，我们把集子中最重要的作品都抄录了下来。在随园图书馆、华夏图书馆奋笔疾书的那些静好的日子里，不仅留下了一篇还算优秀的硕士学位论文《黄周星研究》，更有事隔多年仍念念不忘的深挚情谊——和师弟沈昊、师妹王丽青等切磋问难的那些时光，已经成为我生命中恒久不变的天青色记忆。

一年后，硕士学位论文《黄周星研究》顺利通过了答辩。在暮春时节，我决定作别江南，越渡江河而后北上。

流光容易把人抛。当我终于决定用一部题名为《将就：1611—1680——黄周星研究》的书稿致敬青春的时候，父亲已经故去三年。他认真读过儿子的硕士学位论文《黄周星研究》，却无法再替儿子过一遍《将就：1611—1680——黄周星研究》。师妹杨丽静也远在大洋彼岸。所有关乎《黄周星研究》的感怀与思绪仰赖杨敏与沈新林二位老师慰藉。沈老师欣然允之，写下《将就人生写精神》的长序，是书序，更是师生情分的刻镂。

是出版人，更是学者的孙晶老师秉持学术出版要跟学科教学与研究同步开展的理念，对《将就：1611—1680——黄周星研究》给予了热情的关注，就体例、文风提出了高屋建瓴的框架性建议。中国出版集团东方出版中心的马晓俊老师，为本书的出版提供了弥足珍贵的专业支持与帮助；责任编辑黄升任老师为本书的编辑加工付出了艰辛且令人钦敬的劳动。这次合作更让我深深地体会到，一部经得起推敲的学术著作的问世，除了作者自己呕心沥血、钻之弥深之外，往往也离不开出版专家、编辑老师们默默无闻、润物无声的奉献。

2022年11月22日，又是一个小雪节气。从硕士学位论文《黄周星研究》到《将就：1611—1680——黄周星研究》，其间已是二十年。世事虽难免缺憾，但一路总有温暖。因为你们，还有我的家人，人生终究值得，人间明媚永在。

只言片语。得意忘言。

离岸后，我把海当作故乡。

胡正伟

2022年11月